Repensando os estudos organizacionais

Repensando os estudos organizacionais

por uma nova teoria do conhecimento

FAPEMIG

FGV EDITORA

Copyright © 2015 Ana Paula Paes de Paula

Direitos desta edição reservados à
EDITORA FGV
Rua Jornalista Orlando Dantas, 37
22231-010 | Rio de Janeiro, RJ | Brasil
Tels.: 0800-021-7777 | 21-3799-4427
Fax: 21-3799-4430
editora@fgv.br | pedidoseditora@fgv.br
www.fgv.br/editora

Impresso no Brasil | *Printed in Brazil*

Todos os direitos reservados. A reprodução não autorizada desta publicação, no todo ou em parte, constitui violação do copyright (Lei nº 9.610/98).

Os conceitos emitidos neste livro são de inteira responsabilidade do(s) autor(es).

1ª edição – 2015

Preparação de originais: Sandra Frank
Revisão: Aleidis de Beltran
Projeto gráfico de miolo e diagramação: Mari Taboada
Design de capa: Ilustrarte Design e Produção Editorial
Imagem da capa: Gurgen Bakhshetsyan / Shutterstock.com

Ficha catalográfica elaborada pela Biblioteca Mario Henrique Simonsen/FGV

Paula, Ana Paula Paes de

Repensando os estudos organizacionais: por uma nova teoria do conhecimento / Ana Paula Paes de Paula. – Rio de Janeiro: Editora FGV, 2015.
300 p.

Inclui bibliografia.
ISBN: 978-85-225-1811-1

1. Teoria da organização. 2. Teoria do conhecimento. 3. Sociologia organizacional. I. Fundação Getulio Vargas. II. Título.

CDD – 658.001

A todos aqueles que se angustiam e sofrem porque precisam escolher entre "isto" ou "aquilo", quando o conhecimento admite bem mais de uma possibilidade.

Triste época! É mais fácil desintegrar um
átomo do que um preconceito.

ALBERT EINSTEIN

A mente que se abre a uma nova ideia
jamais voltará ao seu tamanho original.

ALBERT EINSTEIN

Agradecimentos

Em primeiro lugar, gostaria de agradecer pela oportunidade de atuar nos programas de Mestrado e Doutorado do Cepead/Face/UFMG, ambiente no qual as aulas e as pesquisas realizadas possibilitaram amadurecer as ideias desenvolvidas neste livro. Nessa trajetória, muitas pessoas participaram ativamente de minhas investigações e experimentos pedagógicos, partilhando comigo a alegria de tantas descobertas. Assim, fica a minha gratidão àqueles que me acompanharam nessa jornada, sejam alunos, orientandos, leitores ou pares. Saibam que todos vocês, que se sentem inspirados pelo meu trabalho, estão guardados na minha memória e no meu coração.

Do ponto de vista institucional, agradeço o apoio obtido das agências de fomento (CNPq e Capes) nesses últimos anos e, especialmente, da Fapemig, que cofinanciou este livro com a Editora da FGV. Também sou grata ao Instituto de Estudos Avançados Transdisciplinares (Ieat) da UFMG, onde permaneci como professora residente durante o ano de 2014, o que me permitiu aprimorar e aprofundar os originais deste trabalho, além de prosseguir com a minha pesquisa sobre epistemologia.

Cabe um agradecimento mais que especial para Marco Aurélio Rodrigues, amigo e incentivador constante, que partilhou de minhas angústias e esperanças nesses últimos 10 anos. Fica também minha gratidão aos professores que vivenciam comigo a labuta diária na UFMG, com destaque para a amiga Janete Lara de Oliveira. Entre os companheiros de luta para defender a perspectiva crítica na academia, gostaria de citar, pela amizade e contribuições frequentes, Fernando Guilherme Tenório e Maurício Roque Serva de Oliveira. Merece ainda carinhosa menção um aliado talentoso que veio reforçar esses embates: Rafael Diogo Pereira, que compartilha comigo a coordenação do recém-criado "Núcleo de Estudos Organizacionais Críticos e Transdisciplinares" (Neoct) e está renovando minhas expectativas acadêmicas e intelectuais. Alguns pensadores foram grandes companheiros nessas últimas décadas e só tenho a agradecer tão fiel e enriquecedora presença em todos os dias da minha vida. Na elaboração deste livro, fica minha dívida à grandeza intelectual de Sigmund Freud e Jürgen Habermas, cujas ideias constituem o cerne do trabalho. Faço ainda meu agradecimento aos bons espíritos que me inspiram transcendentalmente, meus queridos *outsiders*: Maurício Tragtenberg, Alberto Guerreiro Ramos, Fernando Prestes Motta e Walter Benjamin.

Sumário

Prefácio, por Maurício Serva 13
Preâmbulo, 19
Introdução, 25

CAPÍTULO I
Um breve panorama dos estudos organizacionais:
teorias em busca de uma prática, 33

CAPÍTULO II
A tese da incomensurabilidade e a "guerra paradigmática", 49

CAPÍTULO III
Questionando o uso dos paradigmas e da teoria kuhniana
do desenvolvimento do conhecimento nos estudos
organizacionais, 65

CAPÍTULO IV
Indo além dos paradigmas: conhecimento e interesse, 81

CAPÍTULO V
Em busca de um novo referencial: o círculo das
matrizes epistêmicas, 105

Matriz empírico-analítica | Matriz hermenêutica | Matriz crítica |
Uma nova teoria do desenvolvimento do conhecimento: a tese
da incompletude cognitiva e a tese das reconstruções epistêmicas

CAPÍTULO VI
Matrizes epistêmicas e abordagens sociológicas nos estudos organizacionais, 141

Abordagem funcionalista | Abordagem interpretativista | Abordagem humanista | Abordagem estruturalista | Abordagem pós-estruturalista | Abordagem realista crítica | Alcance e limites das abordagens sociológicas

CAPÍTULO VII
Uma reconstrução epistêmica: a abordagem freudo-frankfurtiana, 181

Epistemologia crítica frankfurtiana | Epistemologia freudiana | A articulação entre a epistemologia freudiana e a epistemologia crítica frankfurtiana | O freudismo na epistemologia habermasiana

CAPÍTULO VIII
Uma abordagem freudo-frankfurtiana para os estudos organizacionais: suporte teórico-analítico, caminhos metodológicos e estratégias de investigação, 247

Suporte teórico-analítico | Caminhos metodológicos: as contribuições da psicossociologia e da socioanálise | Estratégias de investigação: pesquisa teórico-analítica e pesquisa-ação

Considerações finais, 273
Referências, 277

Prefácio

MAURÍCIO SERVA

O convite para prefaciar este novo livro de Ana Paula Paes de Paula me causou um misto de alegria, prazer e curiosidade. Em primeiro lugar, sem dúvida, a alegria por constatar que uma colega conseguiu elaborar um livro, pois ao recordar as atuais condições em que os professores pesquisadores vivem e trabalham no Brasil, sou invadido por um profundo sentimento de alegria quando me deparo com um livro finalizado; percebo-o como uma vitória num momento em que os livros foram lamentável e inexplicavelmente desconsiderados na avaliação da criação científica em nosso país. Quanto ao prazer, confesso que ele provém da honra proporcionada pela autora ao me escolher para empreender tão significativa tarefa. Já a curiosidade origina-se de uma breve antecipação sobre o conteúdo do livro, mais exatamente no IV Colóquio de Epistemologia e Sociologia da Ciência da Administração, oportunidade em que a autora havia apresentado um *paper* abordando os temas agora mais explicitados. Desde essa apresentação, criei uma grande expectativa pelo livro que estava por vir.

A expectativa não era pequena, tanto pelas reflexões e discussões desenvolvidas ao longo de 14 anos lecionando epistemologia da administração em cursos de pós-graduação, como também por conhecer a trajetória intelectual de Ana Paula, conquistada pela seriedade e dedicação que perfazem uma obra marcada pelo refinamento científico e qualidade de suas realizações.

A atenção voltada para a reflexão e o debate epistemológicos observados nas últimas décadas no âmbito da ciência da administração nos deixa esperançosos para o futuro dessa disciplina que nos é tão cara. Após quase 80 anos de produção teórica, enfim alguns atores do campo científico, no qual atuamos, assumem, gradativamente, porém corajosamente a tarefa de rever criticamente os fundamentos de nossa disciplina. A esperança decorre da nossa plena concordância com a forte afirmação divulgada em 1981 por Alberto Guerreiro Ramos em sua obra capital *A nova ciência das organizações*. Ao constatar que até então a administração não havia desenvolvido a capacidade analítica necessária à crítica de seus alicerces teóricos, o autor afirma que ela estaria, portanto, condenada a permanecer na "periferia da ciência social". A emergência e o avanço da discussão epistemológica concorrem decisivamente para a reversão de tal condenação.

Ao voltarmos a nossa atenção para análise epistemológica em nossa área, constatamos que, de forma geral, ela tem tomado caminhos diferenciados na literatura de língua francesa e na de língua inglesa. A literatura divulgada pelos francófonos, produzida notadamente na França e no Québec, elabora uma discussão com uma amplitude que revela claramente o interesse pelo estabelecimento de uma configuração disciplinar de uma "epistemologia das ciências da gestão", com seus autores não hesitando em empregar tal denominação. Já a literatura elaborada por autores anglófonos parte do debate sobre a questão paradigmática para discutir os alicerces filosóficos e teóricos em nosso campo. As passagens de acesso são diferentes, mas as trilhas convergem para sítios semelhantes, nos quais viceja, ainda que tardia, a tão esperada e necessária discussão epistemológica.

Tomando como ponto de partida o debate sobre os paradigmas, Ana Paula reporta o desconforto de pesquisadores e, principalmente de pesquisadores em formação – mestrandos e doutorandos –, com a noção de paradigma aplicada às teorias organizacionais; em seguida elabora uma proposta alternativa para a apreensão da diversidade que caracteriza a produção científica nessa área. A argumentação em prol da criação de alternativas vai desde a constatação de que a proposta de Thomas Kuhn se dirigia exclusivamente às ciências naturais, não cabendo assim

Prefácio

sua transposição para as ciências sociais, passa pelo questionamento da explicação das mudanças via processos denominados "revoluções científicas" e se estende até a relativização da noção de "incomensurabilidade" entre paradigmas no caso das ciências sociais, em particular no estudo do fenômeno organizacional. Tal ponto de partida descortina o horizonte criativo culminando na defesa da substituição da incomensurabilidade pela "tese da incompletude cognitiva", bem como na substituição das revoluções científicas pela "tese das reconstruções epistêmicas".

A incompletude cognitiva, própria à limitação imposta à criação científica pelo isolamento do pesquisador numa única opção epistêmica, forçaria o produtor de ciência organizacional a abandonar o isolamento ensejado pela pretensa obediência aos cânones de um dado paradigma. Tal tese revela, sobretudo, a humildade que proporciona o crescimento do produtor de ciência, quando ele reconhece os limites das teorias adotadas, das suas próprias escolhas, bem como quando aceita a incapacidade que lhe é intrínseca ao tentar apreender e teorizar sobre a complexidade dos fenômenos sociais. A autora afirma que a tentativa de superação da incompletude cognitiva exige dos pesquisadores um "trabalho de escavação" em busca de elementos perdidos ou desconsiderados nos processos anteriores de construção de sistemas de conhecimento empreendidos por outros cientistas. A resultante mais exitosa dessa "escavação" seria manifestada pela criação e também pelo aprimoramento de teorias e metodologias, evidenciando o caráter dinâmico da produção do conhecimento sociológico.

Neste ponto, gostaria de me concentrar um pouco mais no "trabalho de escavação" por considerá-lo como a mensagem principal que o livro veicula. A analogia me parece muito adequada para representar o esforço de aprofundamento, de busca nas profundezas da criação científica e na história das ideias das raízes do conhecimento acumulado no campo em que o pesquisador ousa dar sua contribuição. Se eu pudesse sintetizar a essência do meu próprio esforço ao longo dos anos de trabalho dedicados ao ensino da epistemologia junto aos pesquisadores em processo de formação, sem a menor dúvida indicaria o incentivo à conscientização e à prática sistemática do "trabalho de escavação". Essa espécie de trabalho expressa em sua plenitude a responsabilidade do cientista para consigo próprio e, por extensão, para com a sociedade. Expressa também o zelo e o amor com os quais ele realiza seu trabalho. A reflexão profunda sobre o conhecimento que abordamos parte da crucial questão e nos faz a ela sempre retornar, enredando-nos num círculo sem fim: que ciência estamos produzindo? Círculo frutuoso, prodigioso, como também sofrido, pois veículo do autoquestionamento e da consequente autocrítica. Veículo de crescimento do pesquisador que se assume necessariamente pequeno. Feliz analogia nos é ofertada pela autora. Quanto mais profunda for a "escavação", maior será a possibilidade de encontro e de melhor compreensão das bases sedimentares dos conhecimentos com que tentamos lidar. Eis aqui, talvez, a analogia mais adequada para o esforço que implica a preocupação epistemológica enquanto parte indissociável do trabalho do cientista responsável. Ademais, a escavação revela-se fecunda ao inaugurar horizontes para a criação.

É justamente o tratamento do processo de criação que perfaz a segunda tese defendida no livro: a reconstrução epistêmica. A "escavação" permite também ao cientista a experiência da liberdade na busca por contemplar outros interesses cognitivos, possibilitando não somente a identificação dos elementos anteriormente perdidos, mas, sobretudo, a recombinação com os elementos conhecidos do pesquisador, segundo a autora, "gerando teorias e metodologias que realizam novas explicações dos fenômenos e trazem novas soluções para os problemas sociais". Sabemos que a liberdade é a mola mestra da criação. Nesse sentido, Ana Paula nos propõe olhar de frente para o processo criativo em nossa profissão: a liberdade de trafegar responsavelmente entre *épistémés* diversas é a condição *sine qua non* para engendrar o novo. É sempre bom lembrar – e isso a autora não se esquece de destacar

Prefácio

– que subjacente ao novo está a possibilidade de oferecer soluções originais aos problemas sociais. Para ilustrar a paisagem onde se dá a reconstrução epistêmica, Ana Paula elabora o "círculo das matrizes epistêmicas", composto pela matriz empírico-analítica, a matriz hermenêutica e a matriz crítica. A cada matriz correspondem determinadas escolhas filosóficas, com suas respectivas lógicas e interesses (na acepção habermasiana) que orientam a elaboração de sistemas de conhecimento, perfazendo abordagens sociológicas, teorias e metodologias. Na tentativa de ressaltar a dinâmica da criação teórica nas ciências sociais e, por conseguinte, das teorias sobre o fenômeno organizacional, a autora introduz uma nova analogia: a figura do círculo, por oposição à figura do quadrado proposta por Burrell e Morgan. A reconstrução epistêmica admite infinitas possibilidades de inovação teórica, pela recombinação de elementos em princípio percebidos como pertencentes a diferentes matrizes epistêmicas, como também pela circulação do pesquisador nas fronteiras e limites dessas matrizes.

Com a consideração dos interesses inerentes à construção do conhecimento inspirados na obra de Habermas, Ana Paula não se esquiva do grande desafio posto a todos os pesquisadores da administração: dar conta das exigências próprias de uma ciência social que se quer aplicada. Mapeando tais interesses como técnicos, prático-comunicativos e emancipatórios, a autora demonstra a versatilidade que sua proposta enseja, ilustrando como o tráfego pelo círculo da matriz epistêmica pode ajudar ao cientista elaborar teorias e não se distanciar das questões de ordem prática. Na parte final do livro, a ilustração é complementada pela apresentação das grandes linhas teóricas e de uma discussão sobre como realizar pesquisas embasadas numa proposta elaborada pela autora: a "abordagem freudo-frankfurtiana para os estudos organizacionais". Ao fazê-lo, ousa tocar no provável calcanhar de aquiles grande parte dos pesquisadores que participam de abordagens críticas: o desprezo da dimensão prática, da ação propriamente dita no âmbito das organizações. Aqui reside mais uma razão que nos faz prever que o livro poderá suscitar intensos debates. Mas a autora não nos parece nem um pouco receosa, pois a obra que aqui expressamos o prazer de prefaciar compreende um *mix* de humildade, responsabilidade e ousadia.

A humildade é percebida desde sua motivação para escrever o livro e confessada na primeira frase do preâmbulo: a inquietação gerada na sua própria atividade de pesquisadora e professora, compartilhada pelos alunos. Nesse sentido, saudamos com ênfase um conhecimento que é produzido a partir da prática e a ela pode então retornar com facilidade, ensejando um círculo tão virtuoso como o que pode ser o das "matrizes epistêmicas". Essa humildade é reafirmada na defesa da tese da incompletude epistemológica. A responsabilidade permeia todo o texto, revelando claramente a seriedade e a honestidade profissionais que guiam seu fazer ciência, notadamente no livro em questão. Vê-se claramente que o livro é fruto das próprias "escavações" empreendidas por Ana Paula. Por fim, a ousadia em propor abertamente o novo – segundo a autora, as teses da incompletude cognitiva e das reconstruções epistêmicas sustentam uma nova teoria do desenvolvimento do conhecimento – num tema tradicionalmente marcado pela produção de pesquisadores estrangeiros inseridos em instituições que gozam de ótima reputação e bem mais equipadas que as universidades brasileiras.

A autora se despede do leitor com o seguinte convite: "Convido você, leitor ou leitora, a viver também esta experiência". Faço eco, sem reservas, a esse convite, pois já estou vivendo a promissora experiência.

Florianópolis, julho de 2014

Preâmbulo

Este livro é fruto de uma inquietação acadêmica e de problemas práticos de ensino e pesquisa. Sou professora e pesquisadora na área de estudos organizacionais há 20 anos, sendo que 10 deles foram dedicados ao ensino na pós-graduação, e durante todo esse tempo duas dificuldades a serem superadas se apresentaram. A primeira delas se refere ao fato de não prescindir do uso do livro *Sociological paradigms and organisational analysis*, de Gibson Burrell e Gareth Morgan, publicado em 1979, em minhas aulas e orientações de pesquisa, apesar das críticas que são frequentemente dirigidas pelos investigadores ao diagrama de paradigmas sociológicos apresentado nesse texto. Em seu modelo, os autores apontam apenas quatro possibilidades de posicionamento epistemológico, que são colocadas como excludentes, devido à *tese da incomensurabilidade dos paradigmas*: funcionalismo, interpretativismo, estruturalismo radical e humanismo radical. Essa tese, inserida pelos autores a partir da perspectiva desenvolvida por Thomas Kuhn no livro *A estrutura das revoluções científicas*, publicado em 1962, gerou uma significativa rivalidade entre os pesquisadores da área, além de angústias nos mestrandos e doutorandos, que precocemente se veem obrigados a posicionar-se como defensores de apenas um dos paradigmas apresentados pelos autores. O segundo obstáculo é a dificuldade de propor aos meus alunos e orientandos um referencial teórico e metodológico preciso para guiar as pesquisas inspiradas em uma perspectiva crítica, abordagem com a qual venho trabalhando todos esses anos, trazendo-as para o âmbito da prática.

O livro que você tem em mãos é resultado de um trabalho de consolidação teórica, que é consequência de um intenso processo de investigação, que envolveu algumas disciplinas optativas[1] implantadas na pós-graduação *stricto sensu* do Centro de Pesquisas em Administração da Faculdade de Ciências Econômicas da Universidade Federal de Minas Gerais, além de uma série de projetos de pesquisa apoiados pelo CNPq e pela Fapemig.[2] Essa consolidação se tornou possível com a oportunidade de redigir minha tese para o concurso que me concedeu a posição de professora titular na UFMG em novembro de 2012. Como se trata de um trabalho de perfil teórico, que é produto de muitos anos de exercício reflexivo e criação epistêmica, não foi possível descrever exatamente qual foi o percurso metodológico realizado para confeccioná-lo. A principal preocupação em relação à elaboração do texto foi aprofundar a discussão de conceitos e definições pertinentes ao tema pesquisado com rigor teórico. Busquei ser fiel ao pensamento dos autores envolvidos, fazendo leituras sistemáticas de seus textos e, ao mesmo tempo, procurei fazer uma crítica do pensamento deles, acrescentando minhas elaborações de modo a realizar avanços teóricos e analíticos.

O que é possível dizer desse percurso é que ele começou com meus estudos sobre gestão pública, em 1995, desenvolvidos durante meu mestrado e doutorado, que foram consolidados no livro *Por uma nova gestão pública*, lançado em 2005. A investigação realizada me estimulou a pesquisar mais o pensamento de autores nacionais que constituem uma importante referência na teoria das organizações: Maurício Tragtenberg, Alberto

---

1. Estudos organizacionais, crítica e marxismo (2008); imaginário e subjetividade nas organizações (2009); psicanálise e subjetividade nos estudos organizacionais (2009); neuroses e vida organizacional (2010); e esfera pública e intersubjetividade (2011).

2. Estudos Organizacionais Críticos em uma Perspectiva Comparada: o Movimento Critical Management Studies e a Produção Nacional (CNPq/Fapemig, 2006-2009); Estilhaços do Real: o Ensino da Administração em uma Perspectiva Benjaminiana (CNPq, 2008-2010); Esfera Pública, Intersubjetividade e Práticas Transformadoras em Organizações (Fapemig – Programa Pesquisador Mineiro, 2011-2013).

Guerreiro Ramos e Fernando Prestes Motta. Esses autores foram objeto da minha investigação de pós-doutorado e dos primeiros projetos de pesquisa que desenvolvi em torno da perspectiva crítica. Realizei comparações entre as abordagens desses autores e os trabalhos desenvolvidos no âmbito do movimento Critical Management Studies, o que resultou no livro *Teoria crítica nas organizações* (2008) e em diversos artigos (Paula, 2002, 2007, 2008b, 2009a).

Paralelamente, realizei leituras sistemáticas de trabalhos de autores da escola de Frankfurt, começando por Max Horkheimer, Theodor Adorno e Herbert Marcuse, que também resultaram em artigos (Paula e Wood Jr., 2002; Paula, 2003, 2009b) que relacionam conceitos desenvolvidos por eles e questões atinentes aos estudos organizacionais. Mais recentemente, explorei intensamente o pensamento de Walter Benjamin para tratar da problemática do ensino da administração, esforço que originou o livro *Estilhaços do real*, publicado em 2012. O envolvimento de Fernando Prestes Motta com a psicanálise, bem como a grande aproximação de todos esses autores da escola de Frankfurt com o pensamento freudiano, constituíram temáticas que foram trabalhadas em meus projetos de pesquisas e em algumas disciplinas optativas que implementei na pós-graduação, envolvendo questões como a subjetividade e a utilização da psicanálise como referencial para o estudo das organizações.[3] Quando alcancei essas reflexões, tornou-se perceptível que, para avançar, deveria aprofundar meus estudos sobre o pensamento de Freud. Isso somente seria possível com uma orientação especializada, motivo pelo qual iniciei meus estudos no Círculo Psicanalítico de Minas Gerais (CPMG) em agosto de 2009, finalizando minha formação teórica em dezembro de 2013. Durante o ano de 2014,

---

3. Imaginário e subjetividade nas organizações (2009); psicanálise e subjetividade nos estudos organizacionais (2009); neuroses e vida organizacional (2010); e esfera pública e intersubjetividade (2011).

apresentei a monografia *Afinidades entre Sigmund Freud e Walter Benjamin: por uma epistemologia dos vestígios*, que me permitiu acesso à formação clínica, atualmente em curso.

Nos últimos anos, retomei os estudos sobre gestão pública, buscando suporte nos conceitos de esfera pública e intersubjetividade, que foram tratados em uma disciplina e em um projeto sobre esses temas. Esse percurso me levou a encontrar no pensamento de Jürgen Habermas a confluência das teorias que vinha estudando, pois o filósofo realiza uma articulação entre o pensamento da escola de Frankfurt e a psicanálise para tratar da questão da intersubjetividade, que é fundamental entre os sujeitos participantes de uma esfera pública. O trajeto que Jürgen Habermas faz para isso passa pela teoria do conhecimento, de modo que a melhor exposição de suas ideias a respeito dessa articulação se encontra no livro *Conhecimento e interesse*, publicado em 1968.

A partir da leitura sistemática desse livro, resgatei as duas dificuldades na prática do ensino e da pesquisa anteriormente apresentadas, ainda que isso não tenha sido previsto como objetivo das investigações que então se encontravam em andamento. A reflexão de Jürgen Habermas me trouxe a chave para propor uma alternativa para a teoria de desenvolvimento do conhecimento engendrada pelo diagrama dos paradigmas de Gibson Burrell e Gareth Morgan, bem como para esboçar um referencial teórico e metodológico para as pesquisas alinhadas à perspectiva crítica. Emergiram assim o *círculo das matrizes epistêmicas*, a tese da incompletude cognitiva, a tese das reconstruções epistêmicas e a abordagem freudo-frankfurtiana, que são os arranjos teórico-analíticos que apresento neste livro. Dessa forma, o caminho que me trouxe até este livro não foi planejado, pois suas elaborações foram resultado de um *insight*, fruto de uma reconstrução epistêmica que me permitiu "juntar as peças soltas" de um longo percurso de investigação e reflexão em um todo coerente, a partir do qual surgiu o referencial que ora apresento para repensar os estudos organizacionais.

Preâmbulo

Considerando o trabalho retrospectivamente, depois de tê-lo realizado, posso também dizer que as formas de ver a ciência e de ver o mundo, bem como as premissas epistêmicas, filosóficas, metodológicas e analíticas recomendadas para a abordagem freudo-frankfurtiana no capítulo VIII deste livro, foram utilizadas como referência para confeccioná-lo. Talvez este tenha sido o caminho metodológico que intuitivamente percorri, de forma que este livro é também um exercício de metalinguagem: a linguagem científica que resultou dele foi ao mesmo tempo a linguagem utilizada para sua elaboração. Dessa forma, é possível que o leitor ou leitora compreenda melhor qual foi o percurso metodológico depois que terminar a leitura do livro. Convido você a realizá-la e a conhecer essa trajetória de perto, apreendendo o resultado deste trabalho que foi elaborado com grande concentração e prazer.

Introdução

Se você é um(a) estudioso(a) das organizações, provavelmente já passou por este tipo de situação. Recém-chegado(a) ao mestrado ou doutorado, cursando alguma disciplina sobre teoria das organizações, ou epistemologia, um belo dia o professor, ou a professora, apresenta em uma aula o diagrama de paradigmas sociológicos de Gibson Burrell e Gareth Morgan. Em um primeiro momento, você provavelmente pensa: "Que interessante, quantas opções temos para abordar as organizações!" No entanto, quando você menos espera, surge a pergunta fatal: "Qual é seu paradigma? Como vocês se enquadram?" E nesse momento, você constata: "O quê? Eu tenho de escolher?". Então, de repente, aquilo que parecia a solução para as questões epistemológicas da sua dissertação ou tese se transforma em um interminável dilema. No calor das discussões que se seguem, algum aluno ou aluna sempre pergunta, ainda que timidamente: "Não é possível ser funcionalista e um pouquinho interpretativista, ou crítico?" Alguns docentes talvez até digam que sim, mas que isso pode ser complicado. No entanto, a grande maioria sustentará que não, porque há uma "incomensurabilidade dos paradigmas".

Você vai para casa e passa dias e noites preocupado(a) com seu paradigma, principalmente porque é muito provável que se sinta atraído(a) por mais de um deles, embora saiba que seu orientador, ou orientadora, talvez não aprove tal simpatia. Quer compreender os fenômenos a partir de novos ângulos e também busca transformar as organizações na prática, mas teme que qualquer intervenção no mundo real seja imediatamente rotulada, pois os paradigmas parecem separar os pesquisadores entre aqueles que agem (funcionalistas) e aqueles que pensam (interpretativistas e críticos). Passa secretamente a amaldiçoar o fato de tantas portas terem se aberto e você só poder entrar em uma delas. Pergunta-se para que o conhecimento se ampliou tanto se para você restaram poucas opções. Com o tempo, se conforma e faz uma escolha, pois há um projeto de dissertação e ou tese a fazer, uma vez que o dia da defesa se aproxima e o programa de pós-graduação não perdoa atrasos.

Nos congressos que frequenta, presencia uma verdadeira "guerra paradigmática". Mesmo pequenas diferenças entre pesquisadores de um mesmo paradigma são valorizadas e a cooperação parece uma possibilidade longínqua. Debates intensos se seguem, mas um pequeno número de saídas é apontado e você questiona como as sessões poderiam ser mais produtivas. Você volta do congresso um pouco frustrado(a), pois suas dúvidas e aflições só aumentam, especialmente porque sabe que em breve também será professor(a) e pesquisador(a) e empreenderá suas próprias "batalhas". Como profissional responsável que é, insere-se na lógica da produtividade e passa a reproduzir artigos de acordo com o paradigma escolhido, mas com um sentimento de que as coisas poderiam ser diferentes.

Provavelmente você deve ter se identificado com essa singela narrativa, com a qual me arrisco a sofrer algumas críticas pela minha sinceridade. Não é por acaso, pois esses dilemas fazem parte do cotidiano da maioria dos pós-graduandos e pesquisadores na área de estudos organizacionais. Eu também passei por isso e sofri as mesmas angústias, mas recentemente concluí que pode ser diferente. Foi por esse motivo que escrevi este livro, que é dedicado a você, que percebeu nessa narrativa ficcional um pouco de sua verdadeira história. Não, eu não quero simplificar as coisas, pois como você verá, a solução que proponho é complexa e não prometo que ela resolverá todos os seus problemas. No entanto, estou trazendo um novo ponto de vista e propondo um caminho diferente, que me parece viável. Espero que com

Introdução

ele, no futuro, a identificação com essa narrativa seja parte de um passado superado, mas isso também depende de você.

Como alternativa para os paradigmas sociológicos de Gibson Burrell e Gareth Morgan, apresento o *círculo das matrizes epistêmicas*. Ao invés do quadrado que abriga os paradigmas – funcionalismo, interpretativismo, estruturalismo radical e humanismo radical – (figura 1, na p. 51), imagine um círculo dividido em três partes iguais e em cada uma delas uma matriz epistêmica: empírico-analítica, hermenêutica e crítica (figura 3, na p. 116). Lendo *Conhecimento e interesse*, de Jürgen Habermas, constatei que o conhecimento se desenvolve devido aos interesses e que há três deles – o técnico, o prático (compreensão/comunicação) e o emancipatório – que guiam, respectivamente, cada uma dessas matrizes. A ideia é escolher uma delas? Não. Trata-se de mudar completamente a maneira de pensar sobre isso, pois a chave para o avanço das pesquisas do ponto de vista da possibilidade de mudança social seria conciliar esses interesses cognitivos. Isso porque, para Jürgen Habermas, os interesses cognitivos compõem a unidade do conhecimento e não poderiam ser tomados separadamente, uma vez que são interdependentes e não devem perder de vista a realidade social: o interesse emancipatório por si só torna-se crítica pela crítica, visto que depende dos interesses prático e técnico para se concretizar em ações; o interesse prático sozinho se transforma em pura compreensão e descrição, uma vez que necessita dos interesses técnico e emancipatório para interferir na realidade; o interesse técnico isoladamente é instrumental, pois também é preciso contemplar as necessidades sociais de compreensão e emancipação.

Assim, o que defendo é que as matrizes epistêmicas servem de guia, são um referencial para sistemas de produção de conhecimento, que chamo de abordagens sociológicas. Nos estudos organizacionais, identifiquei seis delas: funcionalista, interpretativista, crítica, estruturalista, pós-estruturalista e realista crítica. Cada uma das abordagens sociológicas produz suas próprias teorias e metodologias e percorrem o círculo em busca de suas identidades epistêmicas. O que constatei foi que algumas abordagens sociológicas são puras, pois preferem se situar em apenas uma das matrizes: é o caso da funcionalista (matriz empírico-analítica), da interpretativista (matriz hermenêutica) e da humanista (matriz crítica).

No entanto, outras abordagens sociológicas são híbridas, pois transitam em mais de uma matriz epistêmica ao mesmo tempo: é o caso da estruturalista (matriz empírico-analítica e matriz hermenêutica), da pós-estruturalista (matriz hermenêutica e matriz crítica) e da realista crítica (matriz empírico-analítica, matriz hermenêutica e matriz crítica). O que ocorre nesses casos? Ao invés de se limitarem pelas incomensurabilidades, os pesquisadores percebem que estão experimentando uma incompletude cognitiva, pois poderiam abranger mais interesses cognitivos em suas investigações. Assim, realizam reconstruções epistêmicas, ou seja, buscam as origens epistemológicas das teorias que trabalham e descobrem caminhos para combinar as matrizes epistêmicas, criando uma nova abordagem sociológica. Isso também ocorre com os adeptos das abordagens puras, que também se veem diante de limitações cognitivas e criam teorias e metodologias de fronteira, que não chegam propriamente a combinar matrizes epistêmicas e a produzir outra abordagem sociológica, mas se encontram nos limites da matriz em que tais pesquisadores se situam. No primeiro caso, temos reconstruções epistêmicas avançadas, e, no segundo caso, reconstruções epistêmicas embrionárias.

O que é singular nessa proposta é que não há um limite quanto à criação de novas abordagens sociológicas; logo, novas combinações podem surgir e elas deveriam ser estimuladas, pois integram interesses cognitivos. Por outro lado, ao incentivar o diálogo entre matrizes epistemológicas, mitiga-se a "guerra paradigmática". Na realidade, a proposta que faço coloca em questão o modelo de Gibson Burrell e Gareth Morgan, que se baseia nas

Introdução

ideias e na lógica kuhnianas. Thomas Kuhn defende, em seu trabalho, a existência de "revoluções científicas" que fazem surgir novos paradigmas, sendo que isso ocorreria quando fossem superadas incomensurabilidades. Na proposta que apresento, o conhecimento não se desenvolve porque "paradigmas rivais" geram incomensurabilidades e engendram "revoluções científicas", mas porque os pesquisadores constatam incompletudes cognitivas e realizam reconstruções epistêmicas que geram novas teorias e metodologias e, por vezes, são capazes de abranger outras matrizes epistêmicas. Assim, no lugar dos "paradigmas" temos matrizes epistêmicas, ao invés de "incomensurabilidades" ocorrem incompletudes cognitivas e as "revoluções científicas" são substituídas por "reconstruções epistêmicas". Essa é uma nova teoria do desenvolvimento do conhecimento, que suponho ser mais adequada para as ciências sociais e os estudos organizacionais, teoria que aponta para uma nova forma de se pensar a própria ciência.

Para ilustrar como uma reconstrução epistêmica pode ser realizada, construo uma nova abordagem sociológica: a abordagem freudo-frankfurtiana. Como o próprio nome indica, trata-se de uma abordagem que combina as epistemologias freudiana e frankfurtiana, mas nela enfatizo também a epistemologia habermasiana. Nessa abordagem, procuro combinar três matrizes epistêmicas, pois entrelaço elementos hermenêuticos e críticos, tendo como fundamento a psicanálise. A matriz empírico-analítica é envolvida porque, além do interesse prático e do interesse emancipatório, procuro resgatar o interesse técnico, visto que proponho uma metodologia de intervenção nas organizações baseada na psicanálise e na pesquisa-ação. Com a construção dessa abordagem sociológica, revelo que é possível reconciliar teoria e prática em um estudo crítico das organizações, o que também é um dos objetivos deste livro. Creio que é fundamental evidenciar para os estudiosos das organizações que a inclusão do interesse técnico não significa necessariamente funcionalismo, ou que abraçar uma perspectiva crítica significa se afastar da prática, pois há outras formas de se apropriar desse interesse técnico a partir da matriz empírico-analítica, quando combinamos os interesses prático e emancipatório para guiá-lo.

Para realizar essas proposições e elaborações, no capítulo I, resgato o panorama dos estudos organizacionais no contexto internacional e no Brasil para situar a importância do debate sobre a tese da incomensurabilidade dos paradigmas introduzida por Gibson Burrell e Gareth Morgan, bem como a necessidade de tentar superar os impasses trazidos por ela, em especial a rivalidade que se estabeleceu entre os pesquisadores. No capítulo II, recupero o debate sobre a "guerra paradigmática" nos estudos organizacionais na literatura, apresentando as propostas dos pesquisadores bem como a dificuldade de um consenso ou saída da lógica kuhniana sobre o desenvolvimento do conhecimento. No capítulo III, revelo que a "guerra paradigmática" é estéril porque a lógica kuhniana não se adequa às ciências sociais e aos estudos organizacionais, uma vez que as "revoluções científicas" não explicam como o conhecimento se desenvolve em nossa área, de modo que é recomendável abandonar tal perspectiva, bem como o diagrama de paradigmas sociológicos de Gibson Burrell e Gareth Morgan.

No capítulo IV, apresento uma alternativa à teoria kuhniana do desenvolvimento do conhecimento a partir de Jürgen Habermas, enfatizando a interpretação do filósofo de que o conhecimento se desenvolve devido a interesses cognitivos (técnico, prático e emancipatório), a serem considerados conjuntamente, constituindo uma unidade do conhecimento. No capítulo V, trago um novo referencial para os estudos organizacionais: o *círculo das matrizes epistêmicas*, constituído por três matrizes (empírico-analítica, hermenêutica e crítica) que orientam as abordagens sociológicas (funcionalista, interpretativista, crítica, estruturalista, pós-estruturalista e realista crítica) na produção de teorias e metodologias. Discutindo a dinâmica que anima o

Introdução

círculo, apresento uma nova teoria do desenvolvimento do conhecimento, sustentada pelas teses da incompletude cognitiva e das reconstruções epistêmicas, embrionárias e avançadas. No capítulo VI, debato as abordagens sociológicas, analisando conteúdo de cada uma delas e suas reconstruções epistêmicas, para situá-las em relação ao *círculo de matrizes epistêmicas*, a fim de confirmar empiricamente as teses e a teoria propostas.

No capítulo VII, ilustro como elaborar uma reconstrução epistêmica de modo a constituir uma nova abordagem sociológica. Trata-se da abordagem freudo-frankfurtiana construída partir das epistemologias frankfurtiana, freudiana e habermasiana, que articulam os interesses técnico, prático e emancipatório. No capítulo VIII, sintetizo o suporte teórico-analítico da abordagem freudo-frankfurtiana, apontando seus caminhos metodológicos e estratégias de pesquisa, a partir das contribuições da socioanálise, do método psicanalítico e da pesquisa-ação. Em seguida, apresento as considerações finais. Essa é a síntese do conteúdo do presente livro e podemos agora iniciar nossa peregrinação acadêmica.

CAPÍTULO I

Um breve panorama dos estudos organizacionais: teorias em busca de uma prática

Neste capítulo, resgato a história da constituição dos estudos organizacionais nos Estados Unidos e na Europa, assim como suas repercussões nos estudos organizacionais brasileiros. Para tanto, discuto as perspectivas desenvolvidas por esses dois centros principais de produção do conhecimento, que vêm direcionando os debates e agregam parte significativa da pesquisa realizada na área. O objetivo desse percurso histórico é revelar que o desenvolvimento dos estudos organizacionais ocorreu graças à oposição realizada pelas abordagens alternativas, como o interpretativismo e os estudos críticos, à hegemonia do funcionalismo, uma vez que estas apresentaram novos "caminhos paradigmáticos" para os pesquisadores. Esse foi um movimento positivo realizado pelo campo disciplinar, mas também teve um custo: o estado de "guerra paradigmática" do qual até hoje não conseguimos nos desvencilhar.

A revisão da literatura revela que a história dos estudos organizacionais está entrelaçada à das faculdades e escolas de negócios, pois foi nesses espaços que boa parte dos estudiosos desenvolveu suas pesquisas. Os estudos organizacionais, enquanto disciplina, se constituíram em torno de dois acontecimentos durante a década de 1980 no Reino Unido (Parker, 2000a): a falta de prestígio da sociologia das organizações nos departamentos especializados nas universidades, que estavam interessados em outras áreas da sociologia; e a falta de oportunidades de carreira para os sociólogos, combinada com a massiva expansão do ensino de *business* e *management*. Esses fatos culminaram na migração de sociólogos para a área da administração, o que levou a sociologia das organizações a redefinir suas fronteiras, dando origem a um novo campo disciplinar: os estudos organizacionais. As características dos estudos organizacionais foram moldadas de acordo com três eventos críticos da história do século XX (March, 2007):

- a II Guerra Mundial – nos Estados Unidos, os estudos sobre organizações emergem a partir de investigações de pesquisadores que deixaram a Europa central e lá se refugiaram: Peter Blau, Fritz Heider, Kurt Lewin, Fritz Machlup, Jackob Marschak, Leo Hurwicz, Oscar Morgenstern, Anatol Rappoport, Joseph Schumpeter, Alfred Schütz, Friedrich von Hayek, Ludwig von Mises e John von Neumman. Em 1965, a editora Rand McNally publicou o *Handbook of organizations*, de James March (1965), sintetizando a produção do período, profundamente influenciada pela ciência behaviorista então desenvolvida nos Estados Unidos, que abordava principalmente esferas institucionais específicas: sindicatos, burocracias públicas, partidos políticos, hospitais, escolas, unidades militares, entre outras. Ainda nessa época, outros pesquisadores surgiram e se destacaram, como Charles Lindblom, Seymon Lipset, Robert Merton, Richard Scott, Philip Selznick, Herbert Simon e Karl Weick;
- *os protestos de 1960 e 1970* – na Europa, nas duas décadas que seguem o pós-guerra, alguns estudiosos interessados nas organizações se estabeleceram: Michel Crozier, Walter Goldberg, David Hickson e Edith Penrose. No Reino Unido, também emergiram dois importantes centros de pesquisa, o Aston Group e o Tavistock Institute, que se dedicaram a apoiar investigações e a formar novos pesquisadores. Apesar disso, em consequência dos impactos negativos da II Guerra Mundial, a expansão dos estudos sobre organizações na Europa se atrasou relativamente aos Estados Unidos. É nas décadas de 1970 e 1980 que essa expansão vai ocorrer, com a emergência de no-

vos centros de pesquisa e investigadores: Mats Alvesson, John Child, Stewart Clegg, Barbara Czarniawska, Erhard Friedberg, Alfred Kieser, Cornelius Lammers, Johan Olsen e Andrew Pettigrew. O clima intelectual no qual isso acontece na Europa é bem diferente do que existia nos Estados Unidos. Nas décadas de 1950 e 1960, quando os estudos sobre organizações floresceram no contexto estadunidense, havia mais otimismo em relação à potencialidade das ciências sociais para contribuir com o progresso. A partir de meados da década de 1960 e durante a década de 1970, isso começa a mudar, pois há uma grande influência dos protestos sociais contemporâneos. Adam Smith e Max Weber, então, perdem espaço para Michel Foucault e Anthony Giddens, que embasam uma atitude intelectual mais pessimista em relação ao futuro e à ciência;

- *o triunfo dos mercados* – com o colapso do império soviético em 1991 e o triunfo do neoliberalismo, as bases intelectuais foram afetadas, com certo declínio das posições marxistas e uma expansão das ideias econômicas da *Austrian school*. A geração de 1950 foi influenciada pela visão de ciência, e a geração de 1970 pela visão humanística, mas a geração de 1990 foi moldada pela visão de mercado, de modo que liderança, fusões e aquisições, competitividade e empreendedorismo se tornaram os principais tópicos de pesquisa. Essas mudanças se fizeram sentir nos Estados Unidos e na Europa, mas tal abordagem é ainda mais proeminente nos estudos realizados na Ásia, China e Índia.

Há diferenças relevantes na tradição dos estudos organizacionais nos Estados Unidos e na Europa, que tinham sido identificadas por Geert Hofstede e Sami Kassem, no livro *European contributions of organization theory*, publicado em 1976. Enquanto nos Estados Unidos o interesse é pelo "que ocorre na organização" e pelo "homem na organização", na Europa o interesse é pela "organização como um todo" e pela "organização na sociedade". O foco se desloca da harmonia para uma visão baseada no poder e no conflito, inspirada pelas orientações marxistas, em especial o trabalho de Harry Braverman. Vale observar que a sociologia das organizações e o interesse pela teoria organizacional nesses países existem desde o pós-guerra, mas a denominação "estudos organizacionais" é historicamente mais recente, pois surgiu na década de 1980. Na realidade, muitas pesquisas são tratadas retrospectivamente como estudos organizacionais, ainda que não estivessem agrupadas sob essa rubrica na época em que foram realizadas. Não foi possível precisar exatamente, mas pelo que consta na literatura há sinais de que a denominação surgiu primeiro na Europa, no Reino Unido, sendo em seguida utilizada também nos Estados Unidos.

No Reino Unido, nas décadas de 1970 e 1980, em oposição ao Aston Group, que realizava trabalhos principalmente em torno da teoria da contingência estrutural, surgem perspectivas alternativas para o estudo das organizações (Lammers, 1990; Üsdiken, 2010). Destacam-se então os trabalhos sobre a construção social e o interpretativismo de David Silverman (no livro *The theory of organisations*, de 1970); sobre os "paradigmas alternativos" de Gibson Burrell e Gareth Morgan (no livro *Sociological paradigms and organisational analysis*, de 1979); sobre os "paradigmas radicais" de Stewart Clegg e David Dunkerley (no livro *Organization, class and control*, de 1980) e sobre o simbolismo de Barry Turner (no artigo *Sociological aspects of symbolism*, de 1986). Assim, no contexto da década de 1980, principalmente devido ao debate provocado por Gibson Burrell e Gareth Morgan, se estabeleceram, em oposição à "ciência normal", representada pelo funcionalismo, três perspectivas alternativas que compõem o conhecido diagrama de paradigmas sociológicos dos autores: o interpretativismo, o estruturalismo radical e o humanismo radical. No final da década de 1980 e durante a década de 1990, outros autores britânicos introduziram o pós-modernismo e o pós-estruturalismo nos estudos organizacionais (Hassard e Parker, 1993), sendo que paralelamente abria-se espaço para o delineamento e a organização do movimento Critical Management Studies (CMS) (Alvesson e Willmott, 1992). A partir desses acontecimentos, o Reino Unido se transformou em um "centro secundário" para os estudos organizacionais (Üsdiken, 2010). A consolidação desse "centro secundário" ocorreu por meio da expansão de alguns arranjos institucionais fundamentais, como a fundação do European Group of Organization Studies (Egos) e a constituição da revista *Organization Studies* (OS) no começo da década de 1980, a criação da Standing Conference of Organizational Symbolism (SCOS) alguns anos depois e a organização das conferências bianuais do movimento Critical Management Studies a partir do final da década de 1990. A marca desse "centro secundário" são as perspectivas teóricas alternativas, a orientação para as pesquisas qualitativas e o viés culturalista. A investigação feita a partir dos artigos publicados na Organization Studies (Üsdiken, 2010) não só evidencia que os estudos organizacionais na Europa tomaram uma direção diferente como confirma que esses continuam se caracterizando pela heterogeneidade, admitindo uma diversidade de "paradigmas", o que foi constatado por vários pesquisadores da área ao longo dos anos.[4]

No entanto o triunfo do subjetivismo trazido pelo "centro secundário" não é completo, pois muitos investigadores na Europa, principalmente dos países periféricos (Sul e Oriente), são influenciados por visões mais objetivistas provenientes dos Estados Unidos (Üsdiken, 2010). Além disso, a pesquisa organizacional na Europa sofre pressões em relação à necessidade de maior relevância prática. Isso é congruente com o avanço de perspectivas de mercado, no bojo do processo de Bologna (March, 2007; Czarniawska, 2007), movimento europeu na área

---

4. Conforme Hickson et al. (1988); Clegg e Hardy (1998 [1996], 2001); Tsoukas e Knudsen (2003); Tsoukas, Garud e Hardy (2003); Courpasson et al. (2003).

de educação superior que rejeita um ensino mais humanístico e generalista, defendendo uma educação primordialmente ocupacional. Por outro lado, as diferenças entre pesquisadores europeus e estadunidenses, bem como a heterogeneidade dos estudos organizacionais, sustentam um "paroquialismo" que isola os pesquisadores desses países, alimentando preconceitos mútuos (March, 2007).

Os pesquisadores da área vêm constatando que a emergência de "paradigmas alternativos" contribuiu para caracterizar os estudos organizacionais como um campo pluralista, mas também conflitivo (Newton, 2010), principalmente pela absorção da tese da incomensurabilidade dos paradigmas defendida por Thomas Kuhn, no livro *A estrutura das revoluções científicas*, publicado em 1962, que foi trazida para a área por meio das proposições de Gibson Burrell e Gareth Morgan, no livro *Sociological paradigms and organisational analysis*, publicado em 1979.

A tese da incomensurabilidade dos paradigmas, que reforça a disputa entre paradigmas pela hegemonia no campo, sustenta que o consenso não é possível e nem desejável, posição que inevitavelmente acirrou a competição entre os "paradigmas" nas últimas décadas. Reconhecemos que a "guerra paradigmática" é uma questão política, pois objetiva, sobretudo, combater a hegemonia do paradigma funcionalista, o que criou divisões dentro do próprio domínio dos "paradigmas alternativos", de modo que vêm emergindo novos "paroquialismos" no próprio "centro secundário". Nesse contexto, os estudiosos das organizações tendem a reciclar controvérsias oriundas de outros campos disciplinares, como as ciências sociais (Parker, 2000a apud Newton, 2010), o que vem ocorrendo sem que os pesquisadores aprofundem mais seu conhecimento sobre o que realmente constitui essas controvérsias e como elas fazem sentido para o campo dos estudos organizacionais.

No caso do Brasil, a sociologia das organizações teve dois representantes significativos nas décadas de 1970 e 1980 – Al-

Um breve panorama dos estudos organizacionais 39

berto Guerreiro Ramos e Maurício Tragtenberg –, mas podemos dizer que os estudos organizacionais começaram se estabelecer como um campo disciplinar mais delimitado e organizado em torno de 1988. Uma consulta aos anais do Encontro Nacional de Pós-Graduação em Administração (Enanpad) revela que foi nesse ano que, pela primeira vez, apareceu a divisão *organizações*, nome que persiste até 2005, quando a divisão passa a se chamar *estudos organizacionais*. É possível considerar que esse movimento disciplinar atinge seu auge com a criação do Encontro Nacional de Estudos Organizacionais (Eneo), em 2000, que se estabeleceu logo após o lançamento da versão brasileira do primeiro volume do *Handbook de estudos organizacionais*, em 1998. Dessa forma, no caso brasileiro, a constituição do campo enquanto nova disciplina ocorreu com alguns anos de atraso em relação aos movimentos europeu e estadunidense, seguindo-os mais de perto a partir do final da década de 1990.

Embora as faculdades de administração e as escolas de negócios tenham sofrido grandes influências do modelo estadunidense, quando se consideram as abordagens alternativas nos estudos organizacionais há uma tendência clara pela adoção das posições do "centro secundário". Nos últimos anos, essa tendência foi sustentada principalmente pela publicação e disseminação das ideias do *Handbook de estudos organizacionais* (Clegg et al., 1998 [1996], 2001 [1996], 2004 [1996]), cujo projeto começou em outubro de 1991, quando os pesquisadores brasileiros Suzana Rodrigues, Clóvis Machado-da-Silva e Roberto Venosa entraram em contato com Stewart Clegg propondo uma parceria. O projeto foi levado adiante por Stewart Clegg, Cynthia Hard e Walter Nord e publicado em agosto de 1996 em língua inglesa. Essa edição mapeou o terreno dos estudos organizacionais realizados pelo "centro secundário" e depois foi trazida para o Brasil para uma publicação em três volumes, respectivamente lançados em 1998, 2001 e 2004, tendo sido organizada por Roberto Fachin,

Miguel Caldas e Tânia Fischer, com a inclusão de notas técnicas elaboradas por pesquisadores nacionais.

Entre as razões para a publicação do *Handbook de estudos organizacionais*, seus organizadores apontam que desde o clássico *Handbook of organizations*, publicado em 1965 por James March, nenhum outro mapeamento consistente havia sido feito para dar conta da diversidade temática, epistemológica e metodológica do campo. Na visão dos pesquisadores, ainda que esses mapeamentos sejam incompletos, eles servem como parâmetros essenciais na evolução de áreas científicas, pois indicam pontos de partida e direções para a inovação e o desenvolvimento dessas áreas. Além disso, o livro abriu uma oportunidade para que os pesquisadores brasileiros pudessem se manifestar ao realizarem as revisões e notas técnicas dos capítulos. Assim, a inserção do *Handbook de estudos organizacionais* em nosso meio teve uma intenção técnica, mas também repercussões políticas, pois reforçou o viés anglófilo nos estudos organizacionais nacionais, favorecendo o embate entre as perspectivas *mainstream*, de inspiração estadunidense, e as perspectivas alternativas de inspiração europeia no âmbito da Divisão de Estudos Organizacionais da Associação Nacional de Pós-Graduação e Pesquisa em Administração (Anpad). Um desdobramento desses conflitos foi o movimento iniciado em 2011 por pesquisadores nacionais da área pela criação da Sociedade Brasileira de Estudos Organizacionais, que é um grupo independente em relação à Divisão de Estudos Organizacionais da Anpad, composto por investigadores alinhados com perspectivas alternativas.

É possível perceber a influência que o *Handbook de estudos organizacionais* e as posições do "centro secundário" tiveram na academia brasileira quando se examinam os temas de interesse da área de estudos organizacionais do Enanpad de 2007 a 2012 e os temas de interesse do Eneo de 2008, 2010 e 2012. Estes temas incluem os "paradigmas" de Gibson Burrell e Gareth Morgan, bem como abordagens discutidas pelo *Handbook de estudos organizacionais*, como neoinstitucionalismo, teoria crítica, pós-modernismo, discurso, cultura, gênero, simbolismo, diversidade, identidade, indivíduo, entre outras. Além disso, os periódicos da área também retrataram essa "virada" em direção às perspectivas alternativas. A *Revista de Administração de Empresas*, por exemplo, promoveu uma série abordando o *status* da pesquisa em estudos organizacionais no que se refere aos "paradigmas" de Gibson Burrell e Gareth Morgan: o funcionalismo (Caldas e Fachin, 2005), o interpretativismo (Vergara e Caldas, 2005), a teoria crítica e o pós-modernismo (Vieira e Caldas, 2006). Esses artigos introduzem trabalhos clássicos de cada perspectiva publicados pela revista e fazem um pequeno levantamento da produção nacional em cada uma delas. Além disso, fóruns especiais sobre estudos críticos também foram editados pela *Revista de Administração de Empresas* (Paula e Alcadipani, 2004), pela *Revista de Administração Contemporânea* (Guimarães, 2005) e pelos *Cadernos Ebape* (Guedes e Vieira, 2009).

A influência da literatura estrangeira nos estudos organizacionais brasileiros foi amplamente discutida pelos pesquisadores nacionais (Vergara e Pinto, 2001; Rodrigues e Carrieri, 2001), sendo que se constatou uma ascendência predominantemente estadunidense nas citações, o que é coerente, uma vez que as pesquisas apontavam, até então, uma predominância do *mainstream* funcionalista e behaviorista.[5] No entanto, também já se notavam a influência anglo-saxônica no uso de perspectivas alternativas e a força do apelo realizado pelo *Handbook de estudos organizacionais* (Rodrigues e Carrieri, 2001).

O panorama da pesquisa nacional em estudos organizacionais vem sofrendo mudanças nos últimos 10 anos, desde a publicação de alguns artigos que tentaram mapear o *status* do campo. Trabalhos anteriores sobre os períodos 1985 a 1989

---

5. Conforme Machado-da-Silva, Cunha e Amboni (1990); Bertero e Keinert (1994); Bertero, Caldas e Wood Jr. (1999).

(Machado-da-Silva, Cunha e Amboni, 1990) e 1961 a 1993 (Bertero e Keinert, 1994), além de um artigo mais recente (Bertero, Caldas e Wood Jr., 1999), que comenta ambos os levantamentos, indicavam que até então a pesquisa na área se pautava pela falta de originalidade, pela relevância questionável do ponto de vista prático ou acadêmico, pela qualidade faltosa do ponto de vista epistemológico e metodológico, bem como pelo predomínio do funcionalismo. Embora pesquisas mais recentes ainda evidenciem a hegemonia funcionalista, há indicações da expansão da utilização de perspectivas alternativas, como o interpretativismo, que vêm ganhando cada vez mais espaço nos congressos da área (Dalmoro et al., 2007). Novas pesquisas precisam ser realizadas para apontar possíveis avanços, mas quem frequenta os encontros da área e lê os principais periódicos provavelmente já constatou algumas mudanças a partir das influências do *Handbook de estudos organizacionais*.

Para além do *Handbook de estudos organizacionais*, o "centro secundário" produziu novos *handbooks* que recolocam as questões até então discutidas,[6] em especial as consequências do pluralismo que caracteriza o campo. De acordo com Tony Watson, que resenhou conjuntamente esses *handbooks* em 2006, o livro *The blackwell companion to organizations*, de Joel Baum, publicado em 2002, se excede por tentar enquadrar o universo dos estudos organizacionais sob a rubrica do realismo crítico. Já o livro *Debating organization*, organizado por Robert Westwood e Stewart Clegg, publicado em 2003, segue a direção contrária, enfatizando o pluralismo representado pelo embate entre os positivistas, os interpretativistas, os construcionistas sociais, os pós-estruturalistas, os pós-modernistas e os teóricos críticos. O mérito dessa coletânea foi tentar deixar de lado a noção de "paradigma", pois seus autores declaram que "[...] *the use of the concept of paradigm*

---

6. Ver Baum (2002); Westwood e Clegg (2003a); Ackroyd et al. (2004); Prasad (2005).

Um breve panorama dos estudos organizacionais

has been misplaced and misled the field into a time consuming and redundant debate" (Westwood e Clegg, 2003a:24).

Em sua resenha, Tony Watson faz também uma menção ao livro *Crafting qualitative research: working in the postpositivist traditions*, de Pushkala Prasad, publicado em 2005, que abandona o uso dos "paradigmas" em favor do termo "tradições", que englobam suposições, visões de mundo, procedimentos e práticas que influenciam a condução de uma pesquisa. Estas seriam quatro: as tradições interpretativas (interacionismo simbólico, hermenêutica, etnometodologia e etnografia), as tradições estruturalistas, as tradições críticas (materialismo, teoria crítica e feminismo) e as tradições de "pós" (pós-modernismo, pós-estruturalismo e pós-colonialismo). Tony Watson também aborda o livro *The Oxford handbook of work and organization*, de Stephen Ackroyd, Rosemary Batt, Paul Thompson e Pamela Tolbert, publicado em 2004, que faz uma crítica do uso de abordagens, paradigmas, perspectivas, tradições, mapas e lentes para o estudo das organizações, enfatizando que, mais do que pensar as organizações, deveríamos nos concentrar no que realmente está acontecendo nelas. Os organizadores desse livro também argumentam que a pesquisa organizacional não é nem positivista e nem relativista, fazendo ainda uma defesa do realismo crítico, pois inclusive afirmam que se identificam com a proposta dos autores da coletânea de Joel Baum.

A resenha de Tony Watson sobre esses livros sintetiza o cerne do debate das últimas décadas, apontando os riscos da excessiva heterogeneidade do campo, que estaria se restringindo a uma disputa de intelectuais em torno de suas teorias e paradigmas na "privacidade de seu *playground* acadêmico".[7] Os esforços mais

---

7. *"Whilst a degree of diversity and methodological pluralism in organization studies might be healthy, we need to accept that too much dissension or being too relaxed about methodological dialogues of the deaf is to risk condemning organization studies to a life at the margins of both the academy and the world of practice. Organizational studies can surely aspire to be something more than the*

recentes para reorganizar o campo, presentes nessas obras, refletem que mais do que "conversações", como afirmavam Stewart Clegg e Cynthia Hardy no *Handbook dos estudos organizacionais*, ocorreram, entre os pesquisadores, "embates" que demandam novas reflexões e ações. No Brasil, esse clima de conflito vem se fazendo sentir nos últimos encontros da área (Enanpad e Eneo), com debates acalorados e nem sempre muito produtivos acerca da tese da incomensurabilidade dos "paradigmas", como constataram alguns pesquisadores (Calbino, 2011), de modo que tal preocupação também nos afeta. Stewart Clegg e Cynthia Hardy já estavam atentos na época para a "guerra dos paradigmas", tendo identificado este mesmo acirramento de posições entre seus pares, mas acreditavam que não havia solução para ela, ainda que deixem a questão no ar com o enigma apresentado na última frase da citação abaixo:

> É desnecessário afirmar que não aprenderemos de tal discussão erudita, mas é improvável que iremos encontrar uma "solução" para o "problema" da incomensurabilidade dos paradigmas. Mesmo se encontrarmos uma "solução", não há garantia de que ela seria aceita, nem se ela deixará cair as defesas que alguns indivíduos acreditam ser necessárias para proteger o trabalho "alternativo". Portanto, por essas razões não acreditamos que o debate de paradigmas possa ser resolvido aqui ou em qualquer outro lugar. Então, o debate de paradigmas pode seguir seu curso. Talvez esteja na hora de evidenciá-lo. O gênio deixou a lâmpada, com novas sombras e luzes, novas refrações, mas, talvez, preparado para garantir novos desejos nunca antes imaginados [Clegg e Hardy, 1998 [1996]:38].

Algumas pistas sobre o que "gênio da lâmpada" nos reserva aparecem no artigo de Stewart Clegg e Cynthia Hardy (2001

---

plaything of disengaged intellectuals disputing with each other over their theories and paradigms in the privacy of their academic playground" (Watson, 2006:368).

[1996]) que encerra o *Handbook de estudos organizacionais*, no qual os autores advogam a necessidade de "conversações" entre os pesquisadores e pesquisados e entre a teoria e a prática. No que se refere à conversação entre a teoria e a prática, os autores admitem que pouca atenção tem sido dada a essa questão, o que vemos se repetir ao longo dos anos nas vozes de outros pesquisadores (March, 2007; Czarniawska, 2007; Üsdiken, 2010). Então afirmam que a teoria crítica e o pós-modernismo têm negado a prática que tanto reverenciam, pois as práticas de resistência e emancipação continuarão a ser deixadas de lado enquanto a discussão permanecer em um nível genérico, teórico e esotérico. De um modo geral, para os autores, os funcionalistas ignoram os trabalhadores e os teóricos críticos e pós-modernos ignoram os gerentes: todos desaparecem enquanto sujeitos,[8] os primeiros considerados como "engrenagens do sistema", e os últimos, como os "caras maus". Um caminho, então, seria encetar "conversações" entre pesquisadores e pesquisados, de modo que esses sujeitos ganhem visibilidade e haja aprendizado mútuo.

Não creio que se trate apenas disso. Stewart Clegg e Cynthia Hardy colocam tanta ênfase na necessidade de afirmar as identidades epistêmicas, que acabam *subtraindo a importância das "conversações entre os pesquisadores"*. Ora, esse é um ponto crucial para a sustentação e a sobrevivência das perspectivas alternativas, pois sem uma integração dos pesquisadores que as

---

8. Vale ressaltar que nesta tese fazemos uma distinção entre indivíduo e sujeito. O conceito de sujeito será utilizado do mesmo modo que Dany-Robert Dufor (2005:27): sujeito deriva do latim *subjectus*, que quer dizer assujeitado e submisso, mas no sentido de que o homem "[...] *é uma substância que não tira sua existência de si mesma, mas de outro ser*". Assim, "[...] ser sujeito significa ser reconhecido pelo outro em nossa alteridade, ou seja, naquilo que nos faz singulares e distintos deste outro. Uma qualidade deste sujeito é estar consciente de que concessões precisam ser feitas para que todos tenham uma vida civilizada, mas ao mesmo tempo estar atento para o fato de que é indispensável preservar o que há de mais caro para que ele continue sendo verdadeiramente humano" (Paula, 2012:26).

46 Repensando os estudos organizacionais

defendem, o movimento permanece dividido e perde sua força. Por outro lado, considerando a natureza aplicada da área de administração, nenhuma "conversação" entre teoria e prática pode prescindir de um diálogo entre as perspectivas alternativas e o *mainstream* funcionalista, uma vez que este último é atualmente responsável pela quase totalidade das práticas que se apregoam na área. A busca e a efetivação de outras práticas seriam a maior contribuição que os estudos no domínio das perspectivas alternativas poderiam trazer.

Em um artigo de 2011, "How come the critters came to be teaching in business schools?", Michel Rowlinson e John Hassard afirmam que a vitória dos estudos críticos significaria a abolição das *business schools*, pois a existência de tais estudos no contexto dessas escolas é uma contradição que não se sustentaria no longo prazo. Os autores também explicitam que após cerca de 30 anos de crítica poucos avanços aconteceram no campo da prática. A criação da Sociedade de Estudos Organizacionais no Brasil também parece ser um movimento de afastamento em relação à administração na medida em que busca tornar-se independente da Anpad e alcançar outros campos disciplinares.[9]

Não é acidental que esses estudos tenham começado dentro das *business schools* e me parece prematuro se afastar do seu caráter aplicado e da tarefa de mudar a prática organizacional. A missão está apenas começando, sendo que o momento da busca e afirmação de identidades precisa ser superado para inaugurar

---

9. O trecho a seguir, da carta consulta de 25 de novembro de 2011 sobre a criação da Sociedade Brasileira de Estudos Organizacionais, revela isto: "Em primeiro lugar, entendemos que a importância do fenômeno organizacional transcende a área da Administração e alcança outras áreas das Ciências Sociais. Dessa forma, a Sociedade buscará congregar pesquisadores afiliados não só à Administração, mas também pesquisadores engajados em outras disciplinas, como Sociologia, Ciência Política e Economia. De forma correlata, entendemos que a contribuição à sociedade da qual fazemos parte exige a articulação de pesquisadores preocupados com o fenômeno organizacional, independentemente da disciplina à qual estejam afiliados".

Um breve panorama dos estudos organizacionais 47

uma nova fase nos estudos organizacionais. Nessa direção, alcançarmos "desejos nunca antes imaginados", reconciliando a teoria e a prática, passa pela resolução da necessidade de investir tanto tempo na afirmação de teorias e de posições epistêmicas e pela tentativa de integração de perspectivas em torno de interesses coletivos.

Tal constatação não é nova, pois Martin Parker afirmou, no artigo "The less important sideshow: the limits of epistemology in organizational analysis", publicado em 2000, que a discussão epistemológica estava obliterando o comprometimento ético e político dos pesquisadores (Parker, 2000b). O que é inédito na proposição que faço neste livro é oferecer uma nova lógica de pensamento para os estudos organizacionais, que desloca a perspectiva dos paradigmas sociológicos de Gibson Burrell e Gareth Morgan e tenta provocar o abandono da tese da incomensurabilidade dos paradigmas para a adoção de um novo olhar e posicionamento na condução dos debates e das pesquisas na área. Dessa forma, apresento e discuto, no presente livro, alguns arranjos teórico-analíticos elaborados com a intenção de apoiar essa nova forma de pensar os estudos organizacionais, que colocam em questão a *teoria de desenvolvimento do conhecimento* herdada de Thomas Kuhn: o *círculo das matrizes epistêmicas*, a *tese da incompletude cognitiva* e a *tese das reconstruções epistêmicas*.

CAPÍTULO II

A tese da incomensurabilidade e a "guerra paradigmática"

Neste capítulo, retomo a tese da incomensurabilidade dos paradigmas, trazida para os estudos organizacionais pelos paradigmas sociológicos introduzidos por Gibson Burrell e Gareth Morgan, para revelar como ela desencadeou um debate longo e interminável na área, que até hoje não encontrou um consenso ou resolução. Para isso, em primeiro lugar, discuto brevemente a teoria kuhniana de desenvolvimento do conhecimento e, em seguida, apresento e explico o diagrama dos paradigmas sociológicos de Gibson Burrell e Gareth Morgan. Depois, recupero como o debate sobre a "guerra paradigmática" se desenvolveu no campo dos estudos organizacionais, revelando as posições e propostas dos pesquisadores, bem como sua dificuldade de abandonar essas "batalhas" e buscar outras alternativas de explicação para o modo como o conhecimento se desenvolve na área.

A tese da incomensurabilidade dos paradigmas é tomada de empréstimo, pelos estudiosos das organizações, do livro *A estrutura das revoluções científicas*, de Thomas Kuhn, publicado em 1962. A *teoria kuhniana de desenvolvimento do conhecimento* é derivada da observação de uma sequência de períodos de "ciência normal", que representa a adesão de uma comunidade de pesquisadores a um paradigma, interrompida por "revoluções científicas", nas quais episódios extraordinários se apresentam a partir de anomalias e crises no paradigma dominante, culminando com sua ruptura. A "ciência normal" procura enquadrar os fenômenos nos limites preestabelecidos e relativamente inflexíveis de um paradigma, modelando soluções de acordo com "problemas exemplares". Tal ciência é conservadora e até mesmo dogmática, mas considerada por Thomas Kuhn como necessária para o progresso científico.

Quando a "ciência normal" fracassa na produção de resultados, emergem as anomalias e instaura-se a crise de um paradigma. É o caso, por exemplo, do fracasso do paradigma newtoniano, que abre espaço para o surgimento do paradigma relativístico na física, o que representa uma "revolução científica". O velho e o novo paradigma então competem pela preferência da comunidade científica. Os paradigmas rivais têm padrões científicos e definições diferentes, de modo que surge a *incomensurabilidade dos paradigmas*, o que gera um desentendimento na comunidade. Para que o novo paradigma se estabeleça, é necessário que seus defensores apresentem provas de sua validade e tentem persuadir seus críticos. Além disso, a incomensurabilidade se estabelece porque as diferenças no modo de fazer ciência criam comunidades de linguagem distintas, de modo que é preciso que haja uma "tradução" para que um novo entendimento comum seja alcançado. Assim, as elaborações de Thomas Kuhn consolidam uma *lógica explicativa* para a forma como o conhecimento evolui.

Enquanto pesquisadora e docente, constatei que, no campo dos estudos organizacionais, as discussões epistemológicas são frequentemente realizadas a partir do livro *Sociological paradigms and organisational analysis*, de Gibson Burrell e Gareth Morgan, publicado em 1979, texto no qual os autores realizam apropriações da lógica explicativa kuhniana. A despeito das críticas dirigidas a esse trabalho, dificilmente uma abordagem sobre epistemologia nos estudos organizacionais se isenta de citá-lo, pois sua influência sobre os pesquisadores da área foi significativa. Nos parágrafos seguintes, dedico algum tempo a apresentar e explicar o diagrama dos paradigmas sociológicos dos autores para que os leitores e leitoras possam recuperar seus parâmetros e acompanhar a linha de raciocínio que desenvolvo nas próximas páginas.

O modelo proposto por Gibson Burrell e Gareth Morgan recorre a duas dimensões – a sociologia da regulação e a sociologia da mudança radical –, que são perpassadas pela oposição entre objetividade e subjetividade, resultando em um diagrama com quatro paradigmas: o funcionalismo, o interpretativismo, o estruturalismo radical e o humanismo radical.

FIGURA 1 Diagrama de Gibson Burrell e Gareth Morgan

Fonte: Burrell e Morgan (1979:22).

Para constituir esse diagrama, os pesquisadores recorrem a quatro pressupostos sobre a natureza das ciências sociais, que afirmam se organizar nas seguintes vertentes de debate:
- realismo *versus* nominalismo (o debate ontológico): a posição realista defende que o mundo social externo e a cognição individual são um mundo real constituído de estruturas rígidas, tangíveis e relativamente imutáveis. A posição nominalista, por sua vez, tem como pressuposto que o mundo social externo e a cognição individual são constituídos por nomes, conceitos e rótulos utilizados para estruturar a realidade;
- positivismo *versus* antipositivismo (o debate epistemológico): a posição positivista é utilizada para caracterizar epistemologias

que tentam explicar e predizer o que acontece no mundo social por meio de regularidades e relacionamentos causais entre seus elementos constituintes. Além disso, o positivismo é essencialmente baseado em abordagens tradicionalmente utilizadas nas ciências naturais. A posição antipositivista se coloca contra a utilidade de buscar leis ou identificar regularidades no mundo social. Para os antipositivistas, o mundo social é essencialmente relativista e somente pode ser entendido a partir do ponto de vista dos indivíduos diretamente envolvidos nele: a posição do investigador como um observador, típica do positivismo, é rejeitada e a absoluta objetividade das ciências também;

- determinismo *versus* voluntarismo (o debate da natureza humana): a visão determinista afirma que o homem e suas atividades são completamente determinados pela situação ambiental na qual se inserem. Já a visão voluntarista considera o homem completamente autônomo e autodeterminado;
- teoria nomotética *versus* teoria idiográfica (o debate metodológico): a abordagem nomotética prefere basear a pesquisa em um protocolo sistemático e técnico, valorizando métodos empregados nas ciências naturais, como os testes de hipóteses, bem como o rigor científico. A abordagem idiográfica da ciência social, por sua vez, é baseada na visão de que só é possível obter conhecimento de primeira mão do sujeito sob investigação, de modo que valoriza seu *background* e a história de vida, além de enfatizar a análise das questões subjetivas e seus *insights*.

Esses pressupostos são organizados pelos autores em torno das abordagens objetivistas e subjetivistas da ciência social da seguinte maneira:

- *abordagem objetivista*: realista, positivista, determinista e nomotética;
- *abordagem subjetivista*: nominalista, antipositivista, voluntarista e idiográfica.

A tese da incomensurabilidade e a "guerra paradigmática"

Paralelamente, Gibson Burrell e Gareth Morgan também levam em consideração alguns pressupostos sobre a natureza da sociedade, enfatizando o que eles nomeiam "debate entre ordem e conflito". Baseando-se nos conceitos de Talcott Parsons e Ralf Dahrendorf, apontam duas teorias de sociedade que se ligam às seguintes palavras-chave:

- *visão de sociedade da ordem* (ou integração): estabilidade, integração, coordenação funcional e consenso;
- *visão de sociedade do conflito* (ou coerção): mudança, conflito, desintegração e coerção.

Considerando tal categorização problemática, eles decidem substituí-la pelas noções de regulação e mudança radical. Introduzem, assim, a *sociologia da regulação*, para se referir a teóricos preocupados em elaborar explicações sobre a sociedade em termos de unidade e coesão, uma vez que se interessam pelo entendimento de forças sociais que previnem a visão hobbesiana de "guerra de todos contra todos". A *sociologia da mudança radical*, em contraste, teria como preocupação básica encontrar explicações para a mudança radical, os conflitos estruturais, os modos de dominação e a contradição estrutural. Além disso, também se interessa pela emancipação humana em relação às estruturas que limitam seu potencial de desenvolvimento. Focaliza a privação material e física dos homens e as alternativas à aceitação do *status quo*. Em síntese, os autores acreditam que a distância que separa a sociologia da regulação da sociologia da mudança radical é similar à que separa a sociologia de Émile Durkheim da sociologia de Karl Marx.

Em linhas gerais, Gibson Burrell e Gareth Morgan categorizam as preocupações dessas sociologias da seguinte forma:

- *sociologia da regulação*: *status quo*, ordem social, consenso, integração e coesão social, solidariedade, satisfação de necessidades e realidade;
- *sociologia da mudança radical*: mudança radical, conflito estrutural, modos de dominação, contradição, emancipação, privação e potencialidade.

Partindo dessas elaborações, os autores passam a constituir o perfil de cada um dos paradigmas que integram o diagrama. Assim, o *funcionalismo* está fortemente enraizado na sociologia da regulação, focalizando um ponto de vista objetivista. Sua preocupação é dar explicações racionais ao *status quo*, à ordem social, ao consenso, à integração social, à solidariedade e à satisfação das necessidades, recorrendo a uma abordagem que é realista, positivista, determinista e nomotética para buscar soluções para problemas práticos. O *interpretativismo* também se enraíza na sociologia da regulação, mas de um ponto de vista subjetivista. Os pesquisadores buscam entender o mundo como ele é, compreender a natureza fundamental do mundo social no nível da experiência subjetiva, fazendo o uso de uma abordagem nominalista, antipositivista, voluntarista e idiográfica, que vê o mundo como um processo emergente que é criado pelos indivíduos.

O *estruturalismo radical*, por sua vez, está fundamentado na sociologia da mudança radical, partindo de um ponto de vista objetivista. Ele está comprometido com a mudança radical, a emancipação e a potencialidade, enfatizando o conflito estrutural, a contradição e a privação, e baseando sua crítica radical da sociedade nas relações estruturais dentro de um mundo social realista. Assim, suas abordagens, como as dos funcionalistas, são também realistas, positivistas, deterministas e nomotéticas. Já o *humanismo radical* tem suas bases na sociologia da mudança radical, mas recorre a um ponto de vista subjetivista. Essa perspectiva vê a consciência humana como dominada pelas superestruturas ideológicas com as quais o indivíduo interage, o que faz com que exista um hiato cognitivo entre ele mesmo e sua verdadeira consciência, que seria uma falsa consciência. O humanismo radical também está comprometido com a mudança radical, a emancipação e a potencialidade, enfatizando as mesmas coisas que o estruturalismo radical, mas sua abordagem seria nominalista, antipositivista, voluntarista e idiográfica, como a advogada pelos interpretativistas.

A tese da incomensurabilidade e a "guerra paradigmática"   **55**

O modelo que acabo de apresentar passou a fazer parte do cotidiano e imaginário dos pesquisadores das organizações e gerou intensos debates, principalmente pelo fato de Gibson Burrell e Gareth Morgan sustentarem que os paradigmas, como sugere Thomas Kuhn, são incomensuráveis, ou seja, é necessário realizar uma escolha e se posicionar, pois não seria possível "servir a dois senhores". Com o passar do tempo, esse debate se radicalizou, gerando diversas "batalhas" entre os pesquisadores, constituindo uma verdadeira "guerra paradigmática", que apresento nos próximos parágrafos.

No Brasil, alguns pesquisadores afirmam que *Sociological paradigms and organisational analysis* é um dos textos mais influentes da teoria organizacional, embora efetivamente tenha sido pouco lido.[10] Além disso, o trabalho de Gibson Burrell e Gareth Morgan passou a ser criticado, principalmente porque o modelo de paradigmas simultâneos e concorrentes teria causado polarização e segregação entre os pesquisadores. O recurso à lógica explicativa kuhniana para o desenvolvimento da ciência acirrou a rivalidade entre os defensores de cada um dos paradigmas, e a "tradução" que poderia reconciliar a comunidade raramente tem sido realizada. Recupero essas críticas recorrendo à literatura internacional, pois enquanto no Brasil essa discussão foi realizada principalmente nos bastidores, na década de 1990, após 10 anos de uso do modelo sugerido por Gibson Burrell e

---

10. "Paradoxalmente, a partir de meados da década de 1990, talvez pela divulgação do livro *Imagens da organização*, o trabalho de Burrell e Morgan cai drasticamente de uso. Por exemplo, entre 1997 e 2002, entre as quase 50 mil citações registradas em todos os trabalhos publicados nos Enanpads, apenas 14 são feitas ao livro de Burrell e Morgan, de 1979. No mesmo período, Morgan é citado quase 200 vezes (um terço delas na área de organizações), dois terços das quais são citações do livro *Imagens da organização*. Ou seja, a redução do uso desse importante trabalho, que o livro de Morgan não substitui em nenhuma medida, faz de *Paradigmas sociológicos e análise organizacional* um dos textos mais influentes, porém menos efetivamente lidos, da teoria organizacional" (Caldas, 2005:56).

Gareth Morgan, o debate sobre a *tese da incomensurabilidade dos paradigmas* emergiu nas revistas *Organization Studies* e *Organization*, intensificando-se de tal forma que não há qualquer sinal de consenso entre os pesquisadores sobre a questão. O artigo de 1991, "In defence of paradigm incommensurability", de Norman Jackson e Pipa Carter, resgata as discussões feitas por Lex Donaldson, no livro *In defence of organization theory*, publicado em 1985, e por Michael Reed, no livro *Redirections in organizational analysis*, lançado nesse mesmo ano. Para Lex Donaldson, os paradigmas de Gibson Burrell e Gareth Morgan são irrelevantes, pois o funcionalismo seria o único paradigma que realmente é científico, de modo que não faria sentido considerar os demais paradigmas como rivais, ou seja, defender a incomensurabilidade. Michael Reed, por sua vez, vai até o outro extremo, sustentando uma abordagem pluralista da produção do conhecimento e uma dissolução das fronteiras paradigmáticas, criticando o fato de Gibson Burrell e Gareth Morgan terem se baseado nos paradigmas kuhnianos e na tese da incomensurabilidade. Norman Jackson e Pipa Carter afirmam que os paradigmas de Gibson Burrell e Gareth Morgan não são kuhnianos, mas discordam de Lex Donaldson e Michael Reed no que se refere à crítica à incomensurabilidade, pois defendem que a mesma é um conceito pluralista que permite o desenvolvimento de opiniões divergentes sem sucumbir à ortodoxia, de modo que negar a incomensurabilidade seria como impedir a pluralidade, deixando os paradigmas alternativos reféns da hegemonia funcionalista (Jackson e Carter, 1991, 1993).

Dialogando com Norman Jackson, Pipa Carter e Michael Reed, Hugh Willmott também procura fazer sua crítica dos paradigmas sociológicos no artigo de 1993, "Breaking the paradigm mentality". Seu argumento central é que Gibson Burrell e Gareth Morgan falham ao imprimirem uma mentalidade dualística à análise organizacional porque opõem subjetivismo e objetivismo. Tal dicotomia, na sua visão, teria sido superada pelo desen-

A tese da incomensurabilidade e a "guerra paradigmática"

volvimento da *labour process theory* (LPT), que passa a admitir a subjetividade na medida em que abandona a ortodoxia. Para Hugh Willmott, essa superação realizada pela LPT seria uma comprovação de que a incomensurabilidade não tem sentido, pois a partir dela o estruturalismo radical teria se deslocado do objetivismo para o subjetivismo, mas sem abandonar o compromisso radical de análise da estrutura da dinâmica da reprodução social. Ou seja, o estruturalismo radical, em sua manifestação na LPT, "transita" entre objetivismo e subjetivismo.

Hugh Willmott afirma divergir de Michael Reed, que, na sua visão, procura substituir a mentalidade paradigmática por uma estratégia pluralista. E também discorda de Norman Jackson e Pipa Carter, que sustentam que a tese da incomensurabilidade reflete divisões irreconciliáveis na teoria social, necessárias para reservar espaço para formas de análise não funcionalistas. Para Hugh Willmott, a visão de Michael Reed é limitada porque seu pluralismo universaliza a estrutura social de ação e esvazia os sujeitos de paixão e emoção. Norman Jackson e Pipa Carter teriam se equivocado ao colocarem os pesquisadores diante de um dilema que, na sua visão, é desnecessário: ou defendem a tese da incomensurabilidade ou são assimilados pelo funcionalismo.

Norman Jackson e Pipa Carter respondem com o artigo "'Paradigms wars': a response to Hugh Willmott", publicado em 1993, fazendo uma provocação ao afirmarem que, embora Hugh Willmott critique os paradigmas e a tese da incomensurabilidade dos paradigmas kuhnianos, ainda retém algo do modelo de Thomas Kuhn ao insistir no uso da sua teoria do desenvolvimento do conhecimento, que afirma que as anomalias constatadas nos resultados das pesquisas indicam as prováveis mudanças paradigmáticas. Assim, ao continuar a pensar de acordo com a lógica paradigmática, ainda reconhece, mesmo que involuntariamente, a tese da incomensurabilidade que critica. Em sua tréplica, em 1993, no artigo "Paradigm gridlock: a reply", Hugh Willmott devolve a provocação, dizendo que Norman Jackson e Pipa Carter tentam afirmar que os paradigmas de Burrell e Morgan não são kuhnianos, mas insistem em defender a tese da incomensurabilidade, reconhecendo do mesmo modo os paradigmas que tentam negar. Assim, a literatura evidencia que tanto Norman Jackson e Pipa Carter (1991, 1993) quanto Hugh Willmott (1993a, 1993b), não conseguiram se libertar da armadilha da lógica paradigmática kuhniana.

No artigo de 1991, "Multiple paradigms and organizational analysis: a case study" e no livro de 1993, *Sociology and organization theory: positivism, paradigms e postmodernity*, John Hassard tenta contornar a tese da incomensurabilidade sugerindo uma metodologia de pesquisa multiparadigmática.[11] O autor apresenta um estudo de caso no qual o mesmo objeto é analisado segundo cada um dos paradigmas (funcionalismo, interpretativismo, humanismo radical e estruturalismo radical). Essa tentativa de John Hassard também é realizada por outros autores que seguem a abordagem de metatriangulação,[12] que foi sistematizada por Marianne Lewis e Andrew Grimes no artigo de 1999, "Metatriangulation: building theory from multiple paradigms".

Essa abordagem, no entanto, também sofreu críticas. No artigo publicado em 1991, "Five texts in search of an author: a response to John Hassard's 'multiple paradigms and organizational analysis'", Martin Parker e Gerard McHugh afirmam que, embora a tentativa de John Hassard de realizar um diálogo entre os paradigmas seja importante e válida, isso deve ser feito de forma que a integridade de cada um deles seja respeitada. Para os autores, o trabalho de John Hassard pode sugerir que a diferença entre os paradigmas é uma mera questão metodológica e epistemológica, como se não houvesse questões ontológicas e

---

11. No Brasil, essa perspectiva é discutida por alguns pesquisadores: Silva e Roman Neto (2006); Vieira e Boeira (2006); Ottoboni (2009); Feitosa, Poupadiuk e Drouvot (2009); Ferreira e Alencar (2010); Monteiro e Fontoura (2012).

12. Gioia e Pitre (1990); Weaver e Gioia (1994); Grimes e Rood (1995); Schultz e Hatch (1996); Ybema (1996); Spender (1998).

A tese da incomensurabilidade e a "guerra paradigmática" 59

políticas envolvidas. Em outras palavras, para Martin Parker e Gerard McHugh, a pesquisa multiparadigmática não supera a tese da incomensurabilidade dos paradigmas, e as perspectivas pluralistas que tentam integrá-los cometem o erro de estabelecer consensos onde deveriam permanecer conflitos.

No artigo de 1994, "Paradigms lost: incommensurability vs. structurationist inquiry", Gary Weaver e Dennis Gioia também propõem uma saída multiparadigmática, mas colocam a importância de se preservar a integridade dos paradigmas como ressalva, reconhecendo que a tese da incomensurabilidade dos paradigmas permanece tenaz na pesquisa organizacional. Os autores revelam, tomando como base a teoria da estruturação de Antony Giddens, que coloca em questão dualidades da teoria social (determinismo/voluntarismo; causação/significância; holismo/individualismo; objeto/sujeito; descrição/prescrição), que é possível articular um conjunto de relações entre perspectivas competidoras dentro da pesquisa organizacional. Para os autores, assim como para Hugh Willmott, no artigo de 1993, "Breaking the paradigm mentality", partindo da análise estrutural seria possível amarrar as outras perspectivas paradigmáticas, mas sem privilegiar nenhuma delas. No artigo de 1995, "A rejoinder to and reply from Weaver and Gioia", Christian De Cock e Tudor Richards debatem essa proposta, afirmando que Gary Weaver e Dennis Gioia falham ao considerarem que a teoria da estruturação permite múltiplas opções paradigmáticas no nível ontológico e ao insistirem na possibilidade de integração dos programas metodológicos do estrutural-funcionalismo e da hermenêutica.[13]

---

13. No entanto, como veremos no capítulo VI, Christian De Cock e Tudor Richards talvez tenham se equivocado nas suas elaborações, pois essas críticas não se sustentam, uma vez que constato que as teorias de viés estruturalista são fruto de um hibridismo que permite multiplicidade epistemológica e metodológica. Logo, este exemplo da teoria da estruturação, trazido por Gary Weaver, Dennis Gioia e Hugh Willmott, é consistente para enfraquecer a tese da incomensurabilidade.

Gibson Burrell tem a oportunidade de colocar sua posição sobre o problema da incomensurabilidade dos paradigmas em um capítulo do *Handbook of organization studies*, publicado originalmente em 1996. O autor mapeia as críticas recebidas, em especial o fato de alguns autores (Clegg, 1982) atentarem para a impossibilidade de enquadrar as teorias sociais e organizacionais em quatro categorias estáticas, bem como as controvérsias em torno do uso dos paradigmas kuhnianos. Gibson Burrell[14] admite essas críticas, mas sustenta que Gareth Morgan e ele optaram por não respondê-las por preferirem manter a radicalidade do texto diante do avanço funcionalista.

Gibson Burrell também comenta a tese da incomensurabilidade dos paradigmas citando seus críticos, como Lex Donaldson, Michael Reed e Hugh Willmott, assim como seus defensores Norman Jackson e Pipa Carter. Afirma a necessidade de uma trégua nas críticas feitas a ele e Gareth Morgan, sustentando que no livro *Imagens da organização*, publicado por seu parceiro em 1986 (Morgan, 1996 [1986]), haveria uma flexibilização dessa tese. No entanto, vale notar, que no artigo de 1980, "Paradigms, metaphors, and puzzle solving in organization theory", que antecede o livro, Gareth Morgan retoma os paradigmas de Thomas Kuhn no mesmo sentido que esses foram utilizados em *Sociological paradigms and organisational analysis* e não problematiza sobre a tese da incomensurabilidade. Restringe-se a apresentar as metáforas como outro enquadramento possível para analisar as organizações, que

---

14. "Apesar da desaprovação dirigida a Burrell e Morgan, e apesar de alguma pressão dos editores, os autores não produziram uma segunda edição. Eles tinham visto a forma como escritores modificavam seus trabalhos em respostas às críticas, e a tendência para esse tipo de modificação assemelha-se a uma diluição de argumentos radicais. Eles se abstiveram da oportunidade de responder às críticas pela simples e duvidosa razão de manter a "pureza". O presente autor ousa acreditar que esse livro resiste como peça escrita em um período em que o funcionalismo estava em declínio, mas a legitimidade de perspectivas alternativas ainda estava em dúvida" (Burrell, 1998 [1996]:448).

A tese da incomensurabilidade e a "guerra paradigmática" 61

é exatamente o que faz em seguida, no seu livro de 1986. Assim, da mesma forma que Gibson Burrell, Gareth Morgan passa dos paradigmas para as metáforas sem uma discussão mais sistemática sobre os limites dos paradigmas. Dessa forma, podemos dizer que os autores optaram por não debater a pertinência dos paradigmas kuhnianos para a área e por afirmar que amenizam a tese da incomensurabilidade, mas sem dialogarem com Thomas Kuhn ou fazerem qualquer crítica de suas elaborações.

No entanto, as controvérsias no campo dos estudos organizacionais estavam longe de terminar. Em maio de 1998, a revista *Organization* edita um número dedicado à questão da tese da incomensurabilidade dos paradigmas, organizado por Andreas Scherer, que abre o número com o artigo "Pluralism and incommensurability in strategic management and organization theory: a problem in search of a solution". Na sequência, diversos autores abordam o problema, defendendo o pluralismo contra a tese da incomensurabilidade e recebem comentários de outros pesquisadores.[15] Em 1999, no artigo "Some remarks on the problem of incommensurability in organization studies", Andreas Scherer e Horst Steinmann[16] retomam o debate e classificam os autores que discutiram essa problemática segundo suas posições:[17]

- Lex Donaldson segue uma *estratégia integracionista*, na medida em que procura integrar os paradigmas sob o rótulo do

---

15. Scherer (1998) introduz a questão para o número especial e, em seguida, McKinley e Mone (1998), Kaghan e Phillips (1998), Bouchikhi (1998) e Spender (1998) defendem a posição pluralista. Os artigos são comentados em seguida por Booth (1998), Donaldson (1998b); Czarniawska (1998); e Gergen (1998).
16. Andreas Scherer e Horst Steinmann (1999) apresentam também uma proposta para superar a tese da incomensurabilidade, reconhecendo que não há como encontrar uma solução teórica, mas que haveria uma solução prática, inspirada na filosofia alemã, baseada no construtivismo metódico da escola de Earlangen, possibilidade que é apontada por eles, mas não sofre o aprofundamento necessário no artigo.
17. Conforme Donaldson (1985); Jackson e Carter (1991, 1993); Gioia e Pitre (1990); Hassard (1991, 1993); Grimes e Rood (1995).

funcionalismo, negando a tese da incomensurabilidade, estabelecendo um hegemonismo;

- Norman Jackson e Pipa Carter seguem uma *estratégia isolacionista*, pois buscam proteger o pluralismo da pesquisa social contra a hegemonia funcionalista, defendendo a tese da incomensurabilidade;
- uma posição intermediária entre esse dogmatismo e o relativismo seria a *estratégia multiparadigmática ou pluralista*, defendida por autores como Dennis Gioia e Evelyn Pitre, John Hassard, Andrew Grimes e Deborah Rood, entre outros, que embora tendam a aceitar a tese da incomensurabilidade, sustentam que um diálogo entre os paradigmas é possível.

No artigo "Production and consumption in organizational knowledge: the case of the 'paradigms' debate", publicado em 2002, John Hassard e Mihaela Kelemen tratam o debate dos paradigmas como um problema de produção e consumo de conhecimento. Os autores rebatem as tentativas de se resolver o debate da tese da incomensurabilidade, pois duvidam que a produção de um consenso da comunidade em torno da questão seja possível dado o *status* corrente das práticas de conhecimento. Essas práticas não são estáveis e coerentes e estão em contínua construção, sendo moldadas pelas relações de poder e discursos competidores. O argumento dos autores é constituído por três elementos:

- há uma tendência, desde meados da década de 1960, de estabelecer claras demarcações, na comunidade de pesquisadores, cujo reflexo é o desenvolvimento de forte orientação produtivista na análise organizacional;
- o consumo do conhecimento produzido (artigos, livros, conferências) é caracterizado pela instabilidade, fragmentação e heterogeneidade;
- é possível fazer uma taxonomia das respostas características para o debate da tese da incomensurabilidade, que se tornou

central para entender o estado das práticas de conhecimento no campo.

A taxonomia de John Hassard e Mihaela Kelemen aponta que os pesquisadores se classificam em cinco estilos, ou campos de produção e consumo de conhecimento: não consumidores, integracionistas, protecionistas, pluralistas e pós-modernistas.[18] Para os autores, essas respostas multifacetadas, e por vezes con-

---

18. Vejamos esses estilos ou campos: *não consumidores*: é um campo dividido em três categorias – (1) aqueles que simplesmente não estão atentos ao debate; (2) aqueles que talvez conheçam o debate e acham que esse nível de abstração não é útil para o cotidiano de suas pesquisas; e (3) aqueles que, embora conheçam os termos desse debate, se recusam a engajar seus argumentos, pois assim fortalecem a posição do *mainstream* dos estudos de gestão, caracterizado pelos paradigmas funcionalistas; *integracionistas*: veem a análise organizacional em um estado "pré-paradigmático" (o que significa que ainda não alcançou a maturidade científica). Sugerem então combinar os paradigmas em um novo campo integrado, que frequentemente aponta para o paradigma positivista como aquele que abriga as bases para essa integração (Donaldson, 1985; Pfeffer, 1993); *protecionistas*: apontam que os paradigmas são mais competidores do que complementares, cada qual consagrando uma visão de mundo particular. De acordo com essa visão, não há pontos de contato linguísticos ou analíticos entre os paradigmas, pois cada um recorre a pressuposições ontológicas, epistêmicas e metodológicas particulares. Assim, a tese da incomensurabilidade rejeita qualquer forma de comunicação que sugira uma saída interparadigmática ou uma síntese dialética de ideias (Jackson e Carter, 1991, 1993); *pluralistas*: questionam a tese da incomensurabilidade, advogando diferentes graus de comensurabilidade entre os paradigmas, bem como a necessidade de se engajar em pesquisas multiparadigmáticas, ou se mover para além dos paradigmas adotando uma perspectiva pragmática (Gioia e Pitre, 1990; Hassard, 1991, 1993; Schultz e Hatch, 1996; Mckinley e Mone, 1998); *pós-modernistas*: adotam uma perspectiva mais reflexiva da produção e consumo do conhecimento, buscando novos tipos de conhecimento, modos de escrever, valores e políticas para superar as deficiências dos discursos e práticas modernas. Os pós-modernistas rejeitam a noção de paradigma como central na produção do conhecimento, chamando a atenção para os atos de consumo em duas perspectivas: (1) investigando os meios pelos quais os pesquisadores consomem o conhecimento existente para construir conhecimentos novos; e (2) questionando a natureza das práticas de pesquisa e suas relações com os discursos organizacionais e sociais prevalentes (Deetz, 1996).

traditórias, seriam naturais e desejáveis à luz de uma sociologia do consumo, que reflete a natureza fragmentada das ciências sociais e da sociedade. John Hassard e Mihaela Kelemen fazem uma leitura diferente do fenômeno, na medida em que se dedicam à forma como o conhecimento é produzido e consumido. Além disso, inserem a perspectiva pós-modernista, com a qual se alinham, destacando que os pesquisadores pós-modernos rejeitam a noção de paradigma.

O percurso realizado até aqui comprova que várias tentativas de explicação para a "guerra paradigmática" foram realizadas, mas nenhuma delas se tornou um consenso entre os pesquisadores. Alguns anos mais tarde, em 2009, no artigo "The debate that won't die? Values incommensurability, antagonism and theory choice", Mark Tadajewski faz uma nova defesa da tese da incomensurabilidade contra os argumentos pró-comensurabilidade e as celebrações de pluralismo feitas por alguns autores, o que revela que o debate continua seguindo seu curso.

CAPÍTULO III

Questionando o uso dos paradigmas e da teoria kuhniana do desenvolvimento do conhecimento nos estudos organizacionais

O objetivo deste capítulo é revelar que a "guerra paradigmática" é estéril porque a lógica explicativa kuhniana para o desenvolvimento do conhecimento não se adequa às ciências sociais e aos estudos organizacionais. Em primeiro lugar, constato que qualquer proposta alternativa ao diagrama de paradigmas sociológicos de Gibson Burrell e Gareth Morgan baseada na concorrência entre polarizações que justifiquem incomensurabilidades (como objetividade/subjetividade *versus* mudança/regulação), é incapaz de resolver nossos dilemas, pois na verdade só faz aprofundá-los. Logo, a insistência nos modelos inspirados pela lógica explicativa kuhniana não parece ser frutífera para os estudos organizacionais. Em seguida, realizo uma apreciação crítica da teoria kuhniana do desenvolvimento do conhecimento para revelar que: (a) não podemos dizer que os paradigmas sociológicos são kuhnianos e tampouco afirmar que são incomensuráveis; (b) as "revoluções científicas" não explicam como o conhecimento evolui em nossa área; (c) é preciso abandonar o modelo paradigmático de Gibson Burrell e Gareth Morgan, fundamentado na lógica explicativa kuhniana, se quisermos avançar; e (d) é necessária outra noção de ciência para sustentar abordagens alternativas ao funcionalismo.

No debate em torno da "guerra paradigmática", o artigo de Stanley Deetz, "Describing difference in approaches to organization science: rethinking Burrell and Morgan and their legacy" se destaca por propor um diagrama alternativo ao elaborado por

Gibson Burrell e Gareth Morgan. Embora seja um texto de 1996, não consta no percurso cronológico que realizei no capítulo anterior. A decisão de abordá-lo à parte ocorreu porque o exemplo de Stanley Deetz provocou o desejo de fazer algo semelhante, mas ao mesmo tempo me fez constatar na prática, ao exercitar algumas alternativas, que qualquer proposta sustentada por polarizações que afirmem incomensurabilidades apenas reproduz os problemas trazidos pelo modelo de Gibson Burrell e Gareth Morgan.

Nesse artigo, Stanley Deetz afirma tirar o foco da tese da incomensurabilidade para enfatizar os contrastes que existem entre os paradigmas e sua intenção é fazer uma revisão radical da proposta de Gibson Burrell e Gareth Morgan.[19] O pesquisador sustenta que as tentativas de revisão realizadas esbarram na dimensão subjetividade-objetividade, controvérsia que ele considera a mais problemática do legado de Gibson Burrell e Gareth Morgan, pois:

- os significados dos rótulos objetividade e subjetividade foram socialmente inventados, de modo que tomá-los *a priori* não faz sentido, uma vez que as pesquisas são tanto objetivas quanto subjetivas;
- a concepção subjetividade-objetividade, ao invés de descrever uma diferença significativa, reproduz a filosofia neopositivis-

---

19. "*My point is not that Burrell and Morgan were representationally wrong in the presentation of management science (for there are many representationally 'right' schemes and surely the nearly 20 years since their work has led to many changes), but their conceptions continue to foster less interesting and productive conflicts and developments than are possible. Further, the grid revisions have been insufficiently radical. Most of revisions of Burrell and Morgan begin, as did they, with a philosophy of science based in representational views of language and a subject-object dualism. This is why as others suggest new dimensions of contrast they nearly always retain some form of subjective-objective dimension. Furthermore, functionalist researchers appear to collapse the regulation-change dimension to the subjective-objective one. Perhaps it is not Burrell and Morgan's or other authors fault, but a political agenda is quickly (mis)understood as a simply another 'subjective position'*" (Deetz, 1996:192).

ta de ciência e obscurece a natureza de outros programas de pesquisa; assim, as tentativas de enquadrar esses programas alternativos de pesquisa na dimensão subjetividade-objetividade é uma injustiça com suas concepções e práticas, além de distorcer a compreensão das mesmas;

- a retenção da concepção de separação entre sujeito e objeto leva à dicotomia entre pesquisa quantitativa e qualitativa; logo, libertar a pesquisa quantitativa das pretensões da ontologia funcionalista poderia melhorar seus resultados.

Como alternativa para a proposta de Gibson Burrell e Gareth Morgan, Stanley Deetz apresenta o diagrama representado na figura 2.

FIGURA 2 Diagrama de Stanley Deetz

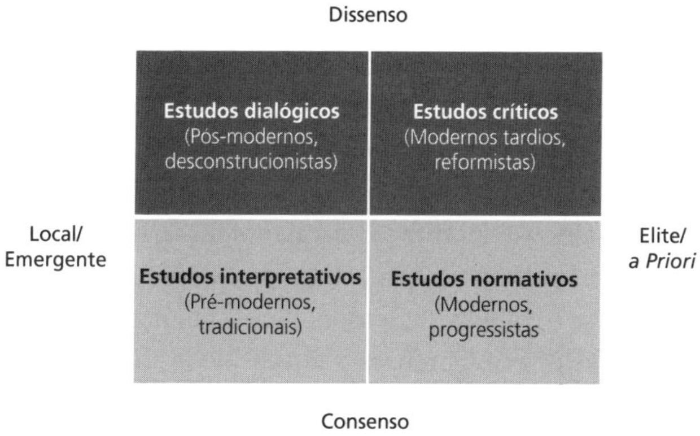

Dissenso

Estudos dialógicos (Pós-modernos, desconstrucionistas)	Estudos críticos (Modernos tardios, reformistas)
Estudos interpretativos (Pré-modernos, tradicionais)	Estudos normativos (Modernos, progressistas)

Local/ Emergente

Elite/ a Priori

Consenso

Fonte: Deetz (1996:198).

No eixo horizontal, Stanley Deetz apresenta duas dimensões de contraste em substituição à polarização objetividade/subjetividade de Gibson Burrell e Gareth Morgan:

- *elite*/a priori: esse polo representa a tendência que alguns tipos de programas de pesquisa têm de privilegiar um sistema

68 Repensando os estudos organizacionais

particular de linguagem para o pesquisador e a *expertise* da comunidade de pesquisa, bem como de sustentá-los ao longo do processo. Esse tipo de pesquisa costuma ser fortemente orientado pela teoria, sendo cuidadoso com as definições *a priori*, demandando consistência e confiabilidade;

- *local/emergente*: esse polo trabalha com um sistema de linguagem aberto e produz uma forma de conhecimento com demandas menos exigentes. A teoria é tomada como um guia da pesquisa, que está constantemente aberta a novos significados, traduções e diferenciações baseadas nas interações que se realizam no processo de pesquisa.

No eixo vertical, mais duas dimensões de contraste são colocadas:

- *consenso*: esse polo indica o meio pelo qual os programas de pesquisa tanto buscam a ordem quanto tratam a ordem da produção como uma característica dominante e natural dos sistemas sociais. Por meio de tal concepção, o objetivo primordial da pesquisa é estabelecer a descoberta de uma ordem com alto grau de fidelidade e verossimilhança. O conflito e a fragmentação são tratados como problemas e as tentativas de lidar com eles vão na direção da manutenção da ordem;

- *dissenso*: esse polo aponta para programas de pesquisa que consideram a luta, o conflito e as tensões um estado natural. As ordens existentes se direcionam para a supressão de conflitos básicos, dominando pessoas e seus interesses. A própria pesquisa é tomada como um inevitável movimento na direção do conflito e seu objetivo é desafiar os mecanismos de manutenção da ordem.

Stanley Deetz admite que as dimensões *consenso* e *dissenso* são muito semelhantes aos polos mudança e regulação do diagrama de Gibson Burrell e Gareth Morgan, mas acredita que sua proposta tem algumas vantagens, embora não fique muito claro no artigo quais são elas. O autor conclui que as dimensões pola-

Questionando o uso dos paradigmas e da teoria kuhniana... **69**

rizadas podem ser apresentadas no formato de um diagrama que indica quatro espaços de soluções discursivas, que não podem ser chamadas de paradigmas porque: (a) dentro de cada um dos espaços há debates teóricos e momentos de incomensurabilidade; (b) as fronteiras não estão rigidamente demarcadas; e (c) os discursos não estão isolados uns dos outros, pois colocam-se problemas mutuamente e alguns *insights* são partilhados. Esses discursos são assim categorizados:

- *discurso dos estudos normativos*: os pesquisadores que produzem esse discurso se descrevem como deterministas metodológicos, funcionalistas, que defendem leis teóricas e praticam a tradição da análise de variáveis nos seus estudos de organizações, inspirando-se nas ciências naturais;

- *discurso dos estudos interpretativos*: para esses pesquisadores, a organização é um lugar social, um tipo especial de comunidade que partilha características com outros tipos de comunidades. Os estudos interpretativos aceitam muito da visão representacional e consensual de ciências, mas dialogam com os sujeitos em estudo, utilizando a etnografia, a fenomenologia ou a hermenêutica para realizar as pesquisas;

- *discurso dos estudos críticos*: os pesquisadores críticos veem a organização como criações históricas realizadas em condições de luta e dominação, que suprimem conflitos significativos. A organização é tomada como um lugar político e pode ser analisada por teorias sociais, especialmente aquelas que se voltam para a tomada de decisões na esfera pública. Os estudos focalizam as relações externas das organizações com a sociedade, enfatizando os efeitos sociais da colonização corporativa, da racionalização da sociedade e da dominação da esfera pública, bem como as relações internas no que se refere à dominação pela razão instrumental, ao fechamento dos discursos e aos processos de consentimento;

- *discurso dos estudos dialógicos*: os pesquisadores alinhados com esse discurso, que também costumam ser chamados de "pós-modernos", focalizam a natureza construída das pessoas e da realidade, enfatizando a linguagem como um sistema de distinções que é central para esse processo de construção, colocando-se contra as grandes narrativas e sistemas teóricos como o marxismo e o funcionalismo, destacando a conexão poder e conhecimento, a natureza fluida da hiper-realidade no mundo contemporâneo, bem como o papel da mídia de massa e das tecnologias de informação, evidenciando a narrativa/ficção/retórica como central no processo de pesquisa.

Stanley Deetz confere uma posição de *status* para os estudos organizacionais pós-modernos na medida em que traz essa abordagem para figurar no diagrama. No entanto, antevejo possíveis críticas que emergiriam por parte dos pesquisadores do discurso dos estudos críticos, que hesitariam em aceitar uma posição *elite/a priori*, uma vez que discordariam da ideia de que trabalham com um sistema mais fechado de linguagem. Por outro lado, pesquisadores do discurso interpretativo questionariam sua posição como *pré-moderna e tradicional*, como aparece na denominação de seu quadrante no diagrama apresentado. Assim, a troca da *polarização objetividade/subjetividade* pela polarização *elite/a priori* não soluciona os problemas de enquadramento dos discursos. Além disso, a manutenção da *polarização consenso/dissenso*, que remete à *polarização regulação/mudança* de Gibson Burrell e Gareth Morgan, sofre da mesma deficiência. Logo, a proposta de Stanley Deetz não parece ser suficientemente radical.

A esta altura, comecei a me fazer a seguinte pergunta: qual é a vantagem de manter um diagrama com eixos polarizados? O diagrama de Gibson Burrell e Gareth Morgan, apesar de ter alguma utilidade didática, sempre gerou muitas controvérsias com os alunos e pesquisadores com os quais tive a oportunidade de conviver. Quando analisamos os componentes de cada paradigma, o que se destaca é que os pressupostos que compõem o estruturalismo radical são os mesmos do funcionalismo (realista, positivista, determinista e nomotético) e o mesmo ocorre entre o humanismo radical e o interpretativismo (nominalista, antipositivista, voluntarista e idiográfico). No entanto, funcionalismo e interpretativismo se encontram juntos sob a rubrica da sociologia da regulação, enquanto o estruturalismo radical e o humanismo radical se abrigam sob a lógica da sociologia da mudança radical. Isso gera algumas contradições. Por exemplo, o estruturalismo radical, em tese, professa a mudança, mas recorre a uma abordagem positivista e determinista. Já de saída temos um problema, pois o positivismo e o determinismo tendem a ser conservadores e, de fato, o estruturalismo levado às últimas consequências aponta muito mais para um imobilismo do que para uma transformação, pois no limite a crítica feita identifica uma dominação e opressão tão absolutas que não se veem saídas para a emancipação. Por outro lado, alguns estruturalistas radicais recorrem à dialética, que se opõe ao positivismo: como podem ser, então, apontados como positivistas?

Os quatro pressupostos colocados por Gibson Burrell e Gareth Morgan apontam para posições bastante extremas, estabelecendo dicotomias que não se sustentam diante de um olhar mais atento, levando-nos a buscar posições fronteiriças dentro dos quadrantes para explicar exceções, por exemplo, uma pesquisa interpretativista mais comprometida com a sociologia da mudança radical. Essas dificuldades de categorização, bem como as críticas que costumam ser dirigidas a esse diagrama de Gibson Burrell e Gareth Morgan nos corredores das universidades e nos encontros acadêmicos no Brasil estimularam instigantes reflexões.

A proposta de Stanley Deetz, conforme frisei, também gerou tentativas minhas de readequação do diagrama com a utilização de outros pressupostos. No entanto, nenhuma solução encontrada foi satisfatória, pois continuei refém das polarizações que sustentam incomensurabilidades. Por esse motivo, meu olhar se voltou para outro pressuposto que orienta a construção do diagrama de Gibson Burrell e Gareth Morgan: cada um dos quadrantes (humanismo radical, estruturalismo radical, interpretativismo e funcionalismo) é categorizado como paradigma em sentido semelhante ao apontado por Thomas Kuhn. Mas seriam eles realmente paradigmas? Como a lógica explicativa kuhniana foi assimilada nos estudos organizacionais? A tese da incomensurabilidade e as "revoluções científicas" fazem sentido para nós? Michael Reed é um dos primeiros autores a fazer esse questionamento, mas não avança no sentido de uma ruptura. Norman Jackson e Pipa Carter também fazem essa consideração, mas na medida em que defendem a tese da incomensurabilidade, permanecem no registro da lógica explicativa kuhniana. Hugh Willmott também tenta quebrar a mentalidade paradigmática, mas segue utilizando conceitos kuhnianos, uma vez que defende a teoria do desenvolvimento do conhecimento de Thomas Kuhn em suas elaborações. Stanley Deetz rejeita os paradigmas, substituindo os mesmos por discursos, mas insiste no uso de um diagrama com eixos polarizados, herdando os problemas de enquadramento enfrentados por Gibson Burrell e Gareth Morgan.

O fato é que Gibson Burrell e Gareth Morgan não se debruçaram detidamente sobre a questão de os paradigmas utilizados serem ou não kuhnianos em *Sociological paradigms and organisational analysis*, limitando-se a discutir a questão em uma nota no capítulo III do livro.[20] Ainda que os autores afirmem que estão utilizando

---

20. *"For a full discussion of the role of paradigm in scientific development, see Kuhn (1970). In his analysis, paradigms are defined as 'universally recognized scientific achievements that for a time provide model problems and solutions to a community of practitioners' (p. viii). Paradigms are regarded as governing the progress of what called 'normal science' in which 'the scientist's work is devoted to the articulation and wider application of the accepted paradigm, which is not itself question or criticized. Scientific problems are regarded as puzzles, as problems which are known to have a solution within the framework of assumptions implicitly or explicitly embodied in the paradigm. If a puzzle is not solved, the fault lies in the scientist, and not in the paradigm' (Keat and Urry, 1975, p. 55). 'Normal science' contrasts with relatively brief periods of 'revolutionary science', in which 'the scientist are confronted by increasingly perplexing anomalies, which call into question the paradigm itself. Scientific revolution occurs when a new paradigm emerges, and becomes accepted by the scientific community' (ibid., p. 55). We are using the term 'paradigm' in a broader sense than that intended by Kuhn. Within the context of*

Questionando o uso dos paradigmas e da teoria kuhniana... **73**

o termo paradigma em um sentido mais amplo do que Thomas Kuhn, a definição por eles apresentada coincide com o sentido sociológico de paradigma kuhniano, como veremos a seguir. Além disso, não faz sentido tomar a tese da incomensurabilidade, como fazem alguns representantes da comunidade científica no campo dos estudos organizacionais, sem aceitar a definição kuhniana de paradigma, pois os conceitos estão inter-relacionados.

É importante salientar ainda que antes de toda controvérsia se instalar na área de estudos organizacionais, alguns pesquisadores criticavam o uso dos paradigmas kuhnianos para as ciências sociais. É o caso de Douglas Eckberg e Lester Hill, com o artigo publicado em 1979, "The paradigm concept and sociology: a critical review", no qual admitem que as múltiplas interpretações possíveis para o conceito de paradigma kuhniano levaram diversos pesquisadores a adotá-lo sem considerar seriamente as implicações dessa posição.[21] A questão do que é um paradigma é tão problemática que Thomas Kuhn precisou responder a seus críticos, em 1969, em posfácio para uma nova edição do livro *A estrutura das revoluções científicas*. Por exemplo, Margaret Mas-

---

the present work we are arguing that social theory can be conveniently understood in terms of the co-existence of four distinct and rival paradigms define by very basic meta-theoretical assumptions in relation to the nature of science and society. 'Paradigms', 'problematics', 'alternative realities', 'frames of reference', 'forms of life' and 'universe of discourse' are all related conceptualizations although of course they are not synonymous" (Burrell e Morgan, 1979:35-36).

21. *"There have been several attempts to use Kuhn's scheme of scientific structure to analyze the development of sociology. The results of these attempts have been far from satisfactory. In fact, there are almost as many views of the paradigmatic status of sociology as these are sociologists attempting such analyses. As we will demonstrate, sociology is seen as possessing anywhere from two to eight paradigms, depending on which analyst one chooses to cite. One explanation of this phenomenon is that a number of sociological theorist have misused the paradigm concept. The result of this misuse has been that concept comes to be used in ways which Kuhn never intended. In some cases it has taken on attributes which he specifically disavows. Multiple interpretations of the term have had the effect of allowing sociologists to cite Kuhn as a source while, at the same time, they are not taking seriously the implications of this position"* (Eckberg e Hill, 1979: 925-926).

74 Repensando os estudos organizacionais

terman, em artigo publicado em 1970, "The nature of paradigm", elencou mais de 20 diferentes usos para a palavra paradigma no livro. Nesse posfácio, Thomas Kuhn afirma que utilizou o termo paradigma na maior parte do livro com dois sentidos diferentes:

- em um sentido sociológico, como a constelação de crenças, valores e técnicas partilhadas pelos membros de uma comunidade determinada;
- em um sentido científico, como realizações dotadas de uma natureza exemplar que se tornam modelos ou exemplos a serem empregados para resolução de problemas.

Os dois sentidos se encontram interligados e a tese da incomensurabilidade de paradigmas vem justamente comprovar isso. O que uma comunidade científica partilha (sentido sociológico) se deve à concordância em relação ao uso de modelos ou exemplos para solucionar problemas (sentido científico). Quando não há mais essa concordância, a comunidade científica deixa de compartilhá-los e surge a incomensurabilidade. Na percepção de Thomas Kuhn, desconsiderando questões ideológicas, uma vez resolvidas as discordâncias de natureza técnica e científica e estabelecido um novo modelo ou exemplo, a comunidade reconhece a superioridade da nova teoria e os conflitos terminam. Assim, depois que o problema da incomensurabilidade é resolvido, surge um novo paradigma: o conhecimento se desenvolve, dessa maneira, por meio de "revoluções científicas".

No posfácio, Thomas Kuhn diz que foi mal interpretado e, inclusive, acusado de irracionalidade, pois principalmente os filósofos se equivocaram seriamente quanto a suas elaborações, uma vez que reduziram a incomensurabilidade a um problema de posições linguisticamente defendidas.[22] O que ele sustenta é

---

22. "O que acabo de dizer fornece uma base para o esclarecimento de mais um aspecto deste livro: minhas observações sobre a incomensurabilidade e suas consequências para os cientistas que debatem sobre a escolha entre teorias sucessivas. Argumentei nos caps. 9 e 11 que as partes que intervêm em tais debates inevitavelmente veem de maneira distinta certas situações experimentais

Questionando o uso dos paradigmas e da teoria kuhniana...

que a incomensurabilidade não é uma mera questão linguística, pois não pode ser resolvida somente na base da argumentação. A persuasão seria um prelúdio da prova: quando há um desacordo sobre o sentido e a aplicação de regras previamente estipuladas, estamos diante de uma incomensurabilidade, e os contestadores, enquanto não obtêm provas objetivas de que estão com a razão, recorrem à persuasão.[23] O problema se reflete na linguagem, mas é anterior a ela, pois se baseia no fato de as premissas não

---

ou de observação a que ambas têm acesso. Já que os vocabulários com os quais discutem tais situações consistem predominantemente dos mesmos termos, as partes devem estar vinculando estes termos de modo diferente à natureza – o que torna sua comunicação inevitavelmente parcial. Consequentemente, a superioridade de uma teoria sobre outra não pode ser demonstrada através de uma discussão. Insisti, em vez disso, na necessidade de cada partido tentar convencer através da persuasão. Somente os filósofos se equivocaram seriamente sobre a intenção dessa parte de minha argumentação. Alguns deles, entretanto, afirmaram que acredito no seguinte: os defensores de teorias incomensuráveis não podem absolutamente comunicar-se entre si; consequentemente, num debate sobre a escolha de teorias não cabe recorrer a *boas razões*; a teoria deve ser escolhida por razões que são, em última instância, pessoais e subjetivas; alguma espécie de apercepção mística é responsável pela decisão a que se chega. Mais do que qualquer outra parte do livro, as passagens em que se baseiam estas interpretações equivocadas estão na origem das acusações de irracionalidade" (Kuhn, 1997 [1962]:244-245).

23. "Consideremos primeiramente minhas observações a respeito da prova. O que estou tentando demonstrar é algo muito simples, de há muito familiar à Filosofia das Ciências. Os debates sobre a escolha de teorias não podem ser expressos numa forma que se assemelhe totalmente a provas matemáticas e lógicas. Nessas últimas, as premissas e regras de inferência estão estipuladas desde o início. Se há um desacordo sobre as conclusões, as partes comprometidas no debate devem refazer seus passos um a um e conferi-los com as estipulações prévias. Ao final do processo, um ou outro deve reconhecer que cometeu um erro, violando uma regra previamente aceita. Após o reconhecimento não são aceitos recursos e a prova do oponente deve ser aceita. Somente se ambos descobrem que diferem quanto ao sentido ou aplicação de regras estipuladas e que seu acordo prévio não fornece base suficiente para uma prova, somente então é que o debate continua segundo a forma que toma inevitavelmente durante as revoluções científicas. Esse debate é sobre premissas e recorre à persuasão como prelúdio à possibilidade de prova" (Kuhn, 1997 [1962]:244-245).

sustentarem mais uma determinada teoria e serem necessárias novas premissas que comprovem outra teoria.[24] Não se trata de uma argumentação conseguir derrotar outra, pois a questão é objetiva e não somente política ou ideológica. O próprio conceito de comensurabilidade remete a questões objetivas. No *Dicionário Aurélio*, a palavra "comensurável" é um adjetivo que designa "o que se pode medir", enquanto a palavra "incomensurável" é definida da seguinte forma: "1. Imensurável [...]. 2. Que não tem medida comum com outra grandeza". Trata-se da redução de várias dimensões de valor à mesma medida e não de questões discursivas. Não podemos nos esquecer de que Thomas Kuhn estava aplicando a tese da incomensurabilidade às ciências naturais e físicas, nas quais os problemas são resolvidos por meio de medidas. Os conflitos colocados por Thomas Kuhn não se dão devido a diferenças de opinião, mas a uma questão material, pois envolvem as discordâncias quanto às premissas, ou seja, medidas que se obtêm na reprodução de experimentos, ou sobre as técnicas que se utilizam para realizar essas medidas, que estabelecem um modelo exemplar para a solução de um problema. Por outro lado, Amartya Sen, que nos fornece um claro conceito de comensurabilidade,[25] evidencia que quando

---

24. "Esse processo é persuasivo, mas apresenta um problema mais profundo. Dois homens que percebem a mesma situação de maneira diversa e que, não obstante isso, utilizam o mesmo vocabulário para discuti-la, devem estar empregando as palavras de modo diferente. Eles falam a partir daquilo que chamei de pontos de vistas incomensuráveis. Se não podem nem se comunicar, como poderão persuadir um ao outro? Até mesmo uma resposta preliminar a essa questão requer uma precisão maior a respeito da natureza da dificuldade. [...] Tais problemas embora apareçam inicialmente na comunicação não são meramente linguísticos e não podem ser resolvidos simplesmente através da estipulação de definições dos termos problemáticos. [...] Parte das diferenças é anterior à utilização das linguagens, mas, não obstante, reflete-se nelas" (Kuhn, 1997 [1962]:246-247).

25. "O que é exatamente comensurabilidade? Dois objetos distintos podem ser considerados comensuráveis se são mensuráveis em unidades comuns (como dois copos de leite). A incomensurabilidade está presente quando várias di-

se considera um conceito da ciência social, como o de capacidade, por exemplo, a característica da não comensurabilidade é um atributo natural da mesma, pois não é possível mensurá-lo, de modo que não faz nenhum sentido compará-lo com outro conceito para dizer que são comensuráveis ou incomensuráveis. Quando Gibson Burrell e Gareth Morgan dizem que seus quatro paradigmas são rivais e colocam em debate a tese da incomensurabilidade, estão trazendo lógica explicativa kuhniana para o campo de estudos organizacionais. Os autores usam o termo paradigma no sentido sociológico, mas, para serem kuhnianos, os paradigmas deveriam ser também considerados no sentido científico, o que nem sempre é possível nas ciências sociais devido à dificuldade de estabelecer modelos exemplares para solução de problemas. Os paradigmas de Thomas Kuhn requerem modelos e exemplos que podem ser utilizados amplamente pelos cientistas de uma área, mas nas ciências sociais estes são raros e, quando existem, hipoteticamente (Eckberg e Hill, 1979): (a) não podem ser considerados válidos por todos os praticantes da disciplina; (b) encontram-se em domínios em que as pesquisas estão mais aprofundadas; (c) têm uma comunidade de praticantes que se unem em torno deles; e (d) devem ser utilizados para produzir e resolver problemas, gerando uma tradição de pesquisa.

O problema é que, embora os paradigmas sociológicos não sejam kuhnianos, os autores emprestam de Thomas Kuhn a tese da incomensurabilidade e a teoria do desenvolvimento do conhecimento, que só fariam sentido se os paradigmas fossem kuhnianos. Porém, ainda assim, a lógica explicativa paradigmá-

---

mensões de valor são irredutíveis umas às outras. No contexto da avaliação de uma escolha, a comensurabilidade requer que, na avaliação de seus resultados, possamos ver os valores de todos os resultados relevantes em exatamente uma dimensão – medindo o significado de todos os resultados distintos em uma escala comum –, de modo que para decidir o que seria melhor fazer não precisemos ir além de 'contar' o valor total nessa métrica homogênea" (Sen, 2011:274).

tica kuhniana se tornou uma referência fixa nos estudos organizacionais, da qual os pesquisadores do campo não conseguem se desvencilhar. No caso das ciências sociais, os paradigmas não podem ser considerados estritamente kuhnianos e a incomensurabilidade corre o risco de perder sua base material, pois como podemos averiguar, nos estudos organizacionais os conflitos não se dão em torno de questões de premissas que envolvem medidas e técnicas, mas principalmente de posições ideológicas e políticas. O próprio diagrama de Gibson Burrell e Gareth Morgan coloca tal condição *a priori* quando estabelece a polaridade regulação/mudança, pois essa é imbuída de ideologia. Ocorre que, ao contrário do que sugere a lógica explicativa kuhniana, no que se refere a paradigmas sociológicos não se chega a um acordo sobre a superioridade de uma nova teoria que encerre os conflitos e estabeleça um novo paradigma: os paradigmas sociológicos apontados por Gibson Burrell e Gareth Morgan convivem lado a lado, de modo que as "revoluções científicas" parecem insuficientes para explicar como esses "novos paradigmas" surgiram e se consolidaram.

Thomas Kuhn foi acusado de relativismo, pois, de acordo com seus críticos, haveria um "paralelismo" na tese da incomensurabilidade, na medida em que se considera que os defensores de paradigmas diferentes pertencem a comunidades de linguagem e cultura distintas. Isso possibilitaria afirmar que os paradigmas rivais estão certos, de modo que não seria possível provar qual estaria mais próximo da verdade.[26] No entanto, Thomas Kuhn rechaça essa possibilidade:

---

26. "Uma consequência da posição recém-delineada irritou especialmente muitos dos meus críticos. Eles consideram relativista minha perspectiva, particularmente na forma em que está desenvolvida no último capítulo deste livro. Minhas observações sobre a tradução iluminam as razões que levam à acusação. Os defensores de teorias diferentes são como membros de comunidades de cultura e linguagem diferentes. Reconhecer este paralelismo sugere, em certo sentido, que ambos os grupos podem estar certos. Essa posição é relativista, quando aplicada à cultura e seu desenvolvimento" (Kuhn, 1997 [1962]:251).

As teorias científicas mais recentes são melhores que as mais antigas, no que toca à resolução de quebra-cabeças nos contextos frequentemente diferentes aos quais são aplicadas. Essa não é uma posição relativista e revela em que sou um crente convicto do progresso científico. [...] Em geral uma teoria científica é considerada superior a suas predecessoras não apenas porque é um instrumento mais adequado para descobrir e resolver quebra-cabeças, mas também porque, de algum modo, apresenta uma visão mais exata do que realmente é a natureza. [...] Embora a tentação de descrever essa posição como relativista seja compreensível, a descrição parece-me equivocada [Kuhn, 1997 [1962]:252-253].

A necessidade que Thomas Kuhn tem de se defender das acusações de relativismo é compreensível, porque isso coloca em questão sua teoria de desenvolvimento do conhecimento, que é baseada em rupturas que estabelecem "revoluções científicas" e novos paradigmas. No entanto, no caso dos estudos organizacionais, tal relativismo é uma realidade, de modo que interrogo se essa teoria de desenvolvimento do conhecimento é adequada para descrever como a ciência social evolui. Se as "revoluções científicas" não fazem sentido para nós, porque insistir na tese da incomensurabilidade e na "guerra paradigmática"? O que sugiro é o abandono do uso do conceito de paradigma e da lógica explicativa kuhniana, na tentativa de alcançar outro nível de entendimento para o desenvolvimento do conhecimento no campo das organizações.

A resistência dos cientistas sociais em abandonar o conceito de paradigma está relacionada com o temor de que a ciência social seja considerada uma ciência pré-paradigmática, de modo que na base do uso do conceito encontramos a necessidade de alguns pesquisadores a afirmarem enquanto ciência.[27] No entanto, as ci-

---

27. "Por que os cientistas sociais, que possuem um campo de pesquisa razoavelmente bem definido e estruturado, fundado teoricamente desde meados do século XIX, passam a aplicar o modelo de Kuhn – ou pelo menos, o vocabulário emprestado de Kuhn – em seus textos? Um fator a dar projeção especial à obra de Kuhn é sua contraposição a Popper. Outro: dada a posição

ências sociais não podem ser equiparadas às ciências naturais, por motivos exaustivamente colocados na literatura (Urry, 1973; Assis, 1993): complexidade de seus objetos, autodecepção (os objetos das ciências sociais têm consciência do que se passa com eles, de modo que podem frustrar as expectativas dos pesquisadores), dificuldade em determinar o que seja um experimento e impossibilidade de repetição rigorosa de experimentos. Logo, o debate em torno dos paradigmas e da tese da incomensurabilidade nos estudos organizacionais tem como pano de fundo a questão: o que é ciência?

Quando Gibson Burrell e Gareth Morgan trazem paradigmas que desafiam a hegemonia funcionalista, fazem a questão vir à tona. A posição integracionista de Lex Donaldson (1985) e Jeffrey Pfeffer (1993) é típica daqueles que não atribuem *status* científico para os outros paradigmas, estabelecendo que os conceitos kuhnianos são válidos apenas no domínio funcionalista e positivista. O irônico é que eles não deixam de ter alguma razão, pois os paradigmas kuhnianos não se aplicam a uma sociologia que descarte o positivismo, pois em uma perspectiva antipositivista é impossível atingir leis universais como sugere a lógica kuhniana (Urry, 1973). O que não é possível concordar é com a tentativa, realizada por Lex Donaldson e Jeffrey Pfeffer, de homogeneização dos estudos organizacionais em torno do funcionalismo. Assim, a insistência no uso de paradigmas não parece ser o melhor caminho para legitimar novas posições epistêmicas, pois o que está em jogo é estabelecer que existem outras formas de ciência para além das nomológicas.

---

de prestígio que a ciência ocupa na sociedade atual, a necessidade aparente que as ciências sociais têm de se mostrar científicas faz com que autores para os quais essa preocupação é mais premente usem Kuhn como seu principal apoio argumentativo. [...] Se o cientista social puder mostrar, num meio receptivo ao adjetivo científico, que ele merece que o adjetivo se lhe aplique, então mais fácil será sobreviver num mundo em que verbas para pesquisa conseguidas em agências de financiamento que determinam o destino de linhas de pesquisa, de pesquisadores e mesmo de departamentos inteiros" (Assis, 1993:153).

CAPÍTULO IV

Indo além dos paradigmas: conhecimento e interesse

O objetivo deste capítulo é apresentar uma alternativa à teoria kuhniana do desenvolvimento do conhecimento, que inspira os paradigmas sociológicos de Gibson Burrell e Gareth Morgan, bem como sugerir uma nova noção de ciência. Para realizar isso, busco em Jürgen Habermas, no livro *Conhecimento e interesse*, publicado em 1968, parâmetros para justificar como o conhecimento nas ciências sociais e nos estudos organizacionais se desenvolve. No presente capítulo, discuto as elaborações do filósofo nessa obra, em especial os conceitos de conhecimento e interesse. Para Jürgen Habermas, ao longo da história a filosofia perdeu espaço para a ciência, e o trabalho se tornou a categoria central para explicar os fenômenos sociais. Nesse processo, o agir instrumental e o interesse técnico tornaram-se referências para a prática da ciência.

No entanto Jürgen Habermas afirma que, para além do trabalho, a interação também engendra a sociedade. Uma vez que a busca do conhecimento se orienta pela satisfação de interesses, se as ciências naturais inseriram o interesse técnico, as ciências do espírito trouxeram o interesse prático, ou seja, a *práxis* que fundamenta as interações e possibilita a compreensão mútua. Logo, o conhecimento se desenvolve pela mobilização de interesses cognitivos: a ciência empírico-analítica (ciências naturais) pelo interesse técnico e a ciência hermenêutica (ciências do espírito) pelo interesse prático. Porém as ciências necessitam refletir sobre o conhecimento que produzem, ou seja, as ciências também deveriam ser críticas, de modo que é fundamental recuperar o papel da filosofia no processo epistêmico, sustentando o interesse emancipatório. Jürgen Habermas afirma que esses três interesses cognitivos (técnico, prático e emancipatório) são responsáveis pela dinâmica que gera o conhecimento.

Ocorre que essa dinâmica é animada pela dialética, ou seja, para Jürgen Habermas, as oposições que ocorrem entre esses interesses, ainda que contraditórios, deveriam constituir a unidade do conhecimento. Ou seja, esses interesses não deveriam ser tomados separadamente pelos pesquisadores, mas sim conjuntamente, caso contrário teremos um conhecimento cada vez mais incompleto e afastado das necessidades sociais. Vale ressaltar que no presente livro trato a cognição no sentido filosófico, como "aquisição de conhecimento", que tem sua origem no latim *cognitio*, referindo-se ao intelecto humano e à razão. Nas páginas seguintes, apresento as elaborações de Jürgen Habermas, recorrendo primordialmente ao livro *Conhecimento e interesse*. Esse percurso pela filosofia habermasiana será fundamental, pois a partir dele apresento, no próximo capítulo, uma nova teoria de desenvolvimento do conhecimento e uma proposta alternativa para o estudo das organizações.

Jürgen Habermas sustenta que, até o começo do século XIX, as teorias do conhecimento não se limitavam a explicar o conhecimento científico-experimental, pois incluíam a filosofia e não se resumiam à ciência. No entanto, ao longo do tempo, a crítica do conhecimento abdicou em favor da ciência, de modo que "[...] a teoria do conhecimento teve que ser substituída por uma metodologia desamparada pelo conhecimento filosófico" (Habermas, 1982 [1968]:26). Nesse contexto, o positivismo teria se esquecido do entrelaçamento entre a metodologia das ciências e o processo da formação humana, abrindo espaço para o absolutismo de uma metodologia pura. Ocorre, assim, um esvaziamento da filosofia, na medida em que essa se coloca como ciência e deixa de exercer a função de reflexão.

Georg Hegel teria contribuído para reforçar essa situação porque procurou dar à fenomenologia um *status* de ciência, que reivindica

Indo além dos paradigmas

um saber absoluto, sem deixar espaço para a dúvida.[28] É nesse vácuo que o positivismo se estabelece realizando um divórcio entre o conhecimento e a autorreflexão. Karl Marx poderia ter promovido a reconciliação, mas, na visão de Jürgen Habermas, este fracassa em tal intento. Na perspectiva marxiana, o trabalho não é somente uma categoria antropológica, mas uma categoria da teoria do conhecimento, pois a natureza se objetiva para nós na inter-relação com nossa subjetividade, mediante o processo do trabalho social. O trabalho é colocado como uma síntese do homem com a natureza, porém o ponto de referência para essa síntese não é a lógica, mas a economia, de modo que "[...] a *crítica da economia política* passa a ocupar o lugar reservado, no idealismo, à *crítica da lógica formal*" (Habermas, 1982 [1968]:49, grifos no original).

A relação do homem com a natureza é uma extensão de nosso poder técnico sobre ela, ainda que conserve um núcleo imperscrutável que não se revela. Em Karl Marx, a forma de síntese entre o homem e a natureza é o processo de produção, regulado em sistemas de trabalho social. Para Jürgen Habermas, no entanto, Karl Marx não faz a distinção necessária entre os elementos do processo de trabalho e os traços que caracterizam o processo de conhecimento.[29] O processo de conhecimento é da

---

28. "Hegel chega ao conceito da ciência especulativa, porque não procede de maneira consequente, mas relativiza a crítica do conhecimento sob os pressupostos da identidade filosófica. Diante dessa norma, as ciências que atuam metodicamente, sejam as da natureza, sejam as do espírito, só podem evidenciar-se como limitações do saber absoluto e, enquanto tais, envergonharem-se de sua situação. O resultado paradoxal de uma *radicalização ambivalente da crítica do conhecimento* não perfaz, portanto, uma posição esclarecida da filosofia frente à ciência. Enquanto a filosofia se autentica como a ciência no pleno sentido do termo, as relações entre filosofia e ciência se evaporam de todo na discussão" (Habermas, 1982 [1968]:43, grifos no original).

29. "Se compararmos, todavia os elementos do processo de trabalho com aqueles traços que caracterizam o processo do conhecimento – material de trabalho, instrumentos de trabalho e trabalho vivo com percepção sensitiva, categorias de compreensão e capacidade de imaginação – a peculiar *diferença entre Kant e Marx* fica óbvia" (Habermas, 1982 [1968]:52, grifos no original).

ordem da compreensão e da imaginação, enquanto o processo de trabalho é da ordem da operação e do manejo técnico, de um agir instrumental, que dispõe os processos naturais em termos tecnicamente possíveis.[30] Kark Marx assim subscreve, ainda que involuntariamente, uma teoria cognitiva de cunho instrumental. Jürgen Habermas afirma que ao lado desse saber técnico há também um saber prático: o primeiro é produzido e testado nos processos de pesquisa científica, enquanto o segundo é um saber pragmático do dia a dia, adquirido por tentativa e erro no âmbito da ação. O filósofo ainda chama a atenção para a autoconsciência como uma forma de ação e reconhece que Karl Marx teria identificado uma produção engendrada pela técnica e desprovida de consciência. O problema é que Karl Marx não teria percebido que não se pode reduzir o ato autogerador da humanidade, também chamado autoconstituição da espécie, ao trabalho, pois ao lado das forças produtivas, que sedimentam o agir instrumental, há também as relações de produção nas quais a experiência fenomenológica se movimenta, representadas nas consciências pelas ideologias. Ao limitar o modelo de autoconstituição da espécie ao trabalho, Karl Marx *reduz a reflexão ao trabalho*, de modo que este último fica circunscrito ao nível do agir instrumental.

"*Marx entende a reflexão seguindo o modelo da produção.* Pelo fato de partir tacitamente de tal premissa, a consequência se impõe: Marx não distingue entre o *status* lógico das ciên-

---

30. "O caráter kantiano da concepção do conhecimento em Marx se expressa na relação indeclinável da espécie com a natureza circundante; essa relação está circunscrita ao âmbito funcional do agir instrumental, pois os processos de trabalho são as 'eternas necessidades naturais da vida humana'. As condições do agir instrumental emergiram, de forma contingente, da evolução natural da espécie humana, ao mesmo tempo, porém, prendem nosso conhecimento da natureza, de maneira transcendentalmente necessária, ao interesse em dispor dos processos naturais em termos tecnicamente possíveis" (Habermas, 1982 [1968]:53).

Indo além dos paradigmas   85

cias da natureza e o *status* da crítica" (Habermas, 1982 [1968]:61, grifos no original). Para Jürgen Habermas, a lei econômica da dinâmica da sociedade moderna é assim colocada como uma lei natural, gesto que possibilita equiparar a teoria da sociedade com as ciências da natureza. As ciências do homem então são subsumidas pelas ciências da natureza, como se fossem uma única ciência, o que abre espaço para o florescimento da perspectiva positivista.

Não está no escopo do presente livro averiguar se esse movimento atribuído por Jürgen Habermas a Karl Marx é procedente, mas talvez a naturalização das leis econômicas não tenha sido culpa de Karl Marx. A interpretação da economia política como engendrada por leis naturais e a cientificização é realizada pelos seguidores de Karl Marx, que tornam essa naturalização uma realidade. De qualquer modo, esse é o ponto de partida para Jürgen Habermas opor ao *agir instrumental*, um *agir comunicativo* e, perfilar ao lado do *trabalho*, a *interação* como parte fundamental da autoconstituição da espécie:

> Enquanto o *agir instrumental* corresponde à coerção da natureza exterior, e o nível das forças produtivas determina o alcance da disponibilidade técnica sobre as forças da natureza, o *agir próprio à comunicação* está em relação direta com repressão da natureza de cada um: o quadro institucional decide sobre o alcance de uma repressão através do poder embrutecido da dependência social e da dominação política. Uma sociedade deve sua emancipação da violência da natureza exterior aos processos do trabalho, a saber: à produção tecnicamente aplicável (inclusive à "transformação da ciência natural em maquinaria"); à emancipação frente à coerção da natureza interna, que se processa à medida que instituições de poder coercitivo são substituídas por organizações de interação social exclusivamente comprometidas com a comunicação isenta de dominação [Habermas, 1982 [1968]:68-69, grifos no original].

Em outras palavras, o agir instrumental e o agir comunicativo correspondem a dois níveis de emancipação: em relação à natureza e em relação às forças sociais coercitivas, respectivamente. No primeiro caso, temos o *trabalho* como meio de transformação, e no segundo, a *interação*. O processo de formação da espécie, no entanto, não coincide com a gênese do sujeito do progresso técnico-científico, mas com um processo formativo mediatizado pela interação dos sujeitos. Assim, enquanto "[...] na dimensão linear do trabalho o ato-de-se-constituir da espécie aparece como um processo de produção e de autoestruturação, na dimensão da luta das classes sociais, ele se efetiva como um processo de repressão e de autolibertação" (Habermas, 1982 [1968]:70). Dessa forma, não são *as novas tecnologias* que demarcam o caminho do progresso da formação social, mas sim *as etapas progressivas de reflexão*, pois é por intermédio dessas, manifestadas no agir comunicativo, que se suprime o caráter dogmático das formas de dominação e das ideologias. O *trabalho* aponta para uma síntese técnico-teórica – *um saber de produção* – e a *interação* significa uma síntese teórico-prática – *um saber reflexivo*. A síntese teórico-prática implica relação dialógica, que aproxima lógica e *práxis*[31] de vida, expressando-se em um movimento dialético.

O divórcio entre conhecimento e reflexão continua a ser selado por Kark Marx na medida em que, de acordo com Jürgen Habermas, este *embaralha trabalho e interação* sob o denominador comum da *práxis* social. Como o trabalho remete ao agir instrumental, a ciência do homem fica obscurecida pela ciência da natureza. A questão, então, seria trazer de volta a reflexão para a esfera do conhecimento, e para isso é preciso resgatar a

---

31. O conceito de *práxis* utilizado neste livro é aquele indicado por Cornelius Castoriadis (2000 [1975]:94): "Chamamos de *práxis* este fazer no qual o outro ou os outros são visados como seres autônomos e considerados como o agente essencial do desenvolvimento de sua própria autonomia".

filosofia: "A filosofia preserva-se na ciência enquanto crítica. A teoria da sociedade que reivindica ser autorreflexão da história da espécie não pode simplesmente negar a filosofia" (Habermas, 1982 [1968]:77). Logo, a filosofia não deve se colocar como ciência e nem como proprietária de um saber absoluto, mas a ciência não pode continuar sendo conduzida sem reflexão, pois foi dessa forma que o positivismo deu as costas para a teoria do conhecimento.

O positivismo desloca a teoria do conhecimento em favor da teoria das ciências, fazendo com que o conhecimento se limite às realizações da ciência. O positivismo busca blindar a ciência contra a autorreflexão, imunizando-a contra a filosofia. Nesse deslocamento, o sujeito cognoscente perde seu lugar privilegiado: não é mais o sujeito que conhece que faz as perguntas, mas o sim sujeito mediado pelas regras ditadas pela metodologia. O principal pressuposto é a validade da lógica formal, de modo que paradoxalmente o sentido do próprio conhecimento torna-se irracional, pois não se discute mais o sentido do conhecimento, mas o sentido dos fatos. Realiza-se assim, em nome da objetividade, uma separação rigorosa entre ciência e metafísica, para reivindicar-se uma positividade:

A teoria da ciência de Comte remete a regras metodológicas que, supostamente, têm todas elas cobertura (científica) por intermédio do designativo "positivo": O "espírito positivo" enleia-se em condutas metodológicas que asseguram a cientificidade. Em seu discurso sobre o espírito do positivismo, Comte faz uma análise do significado dessa palavra: como "positivo" ele denomina o real em oposição à quimera apenas imaginada (*réel-chimérique*), isto acerca do qual podemos pretender estar certos, em oposição àquilo frente ao qual ficamos indecisos (*certitude-l'indécision*), o preciso como antônimo do vago (*le précis-le vague*), o útil em oposição ao supérfluo (*l'utile-l'oiseaux*) e finalmente o relativo como o oposto ao absoluto (*le relative-l'absolute*) [Habermas, 1982 [1968]:95].

O positivismo, assim, evita questionamentos pelo fato de serem indecifráveis e, portanto, de acordo com essa visão, já de saída sem sentido. Para o positivismo, a validade do conhecimento científico depende da certeza sensível de uma observação sistemática confirmada intersubjetivamente e guiada pela certeza metódica. A precisão desse saber é garantida por teorias que permitam a dedução de hipóteses nomológicas (que sugerem leis e normas), buscando-se regularidades empíricas em termos causais. Além disso, esses conhecimentos devem ser úteis, ou seja, passíveis de aplicação técnica. O conhecimento científico ainda teria, na acepção positivista, a propriedade de ser relativo e incompleto, pois diferentemente do conhecimento metafísico não se trata de um saber da origem das coisas.

Para Jürgen Habermas, embora o positivismo negue a metafísica, não consegue prescindir dela para fazer suas elaborações. O motivo disso fica mais claro quando ele aborda as três formas de inferência de Charles Pierce:

> Pierce distingue três formas de inferência: a dedução, a indução e a abdução. A dedução demonstra que algo se deve comportar de uma forma determinada; a indução mostra que algo se comporta desta ou daquela maneira; e a abdução, que algo provavelmente se comporta assim. A abdução é a forma argumentativa que aumenta nosso saber; ela constitui a regra em base da qual introduzimos novas hipóteses. Nesse sentido é tão somente o raciocínio abducente que impulsiona o processo investigatório. Através da dedução elaboramos consequências a partir de hipóteses e com a ajuda de certas condições preliminares. Tais hipóteses aplicamos aos casos individuais e deduzimos assim prognósticos acerca de acontecimentos que devem (necessariamente) ocorrer, caso a hipótese for correta. Pela indução conferimos se as previsões podem ser corroboradas e em que grau de probabilidade elas o podem ser. A indução, é portanto, a forma lógica do processo de pesquisa propriamente dito na medida em que se destina a verificar a verdade fatual das hipóteses.

Indo além dos paradigmas

A forma conclusiva analiticamente convincente, a dedução é, sob o ponto de vista da lógica do *progresso* científico, a forma menos relevante, já que dedutivamente não adquirimos nenhum *novo* conhecimento [Habermas, 1982 [1968]:130-131, grifos no original].

Dessa forma, a abdução e a indução é que são relevantes do ponto de vista da lógica da pesquisa, e não a dedução, pois esta não gera conhecimento novo. No entanto, o raciocínio abducente é justamente aquele que não é apreensível pela lógica da linguagem – ele é primário e singular. Tanto a abdução quanto a indução não são passíveis de explicação lógico-formal ou empírica, ou seja, elas não cedem à análise (são inferências sintéticas e não analíticas) e reportam a uma necessidade transcendental,[32] sendo, portanto, de ordem metafísica. Apesar disso, no domínio da ciência, a dedução se destaca na medida em que aponta para o resultado: "A abdução conduz ao estímulo que provoca a ação, ao 'caso'; a indução leva à 'regra' que estabiliza o comportamento, da mesma forma como a dedução conduz à reação do comportamento, ao 'resultado'" (Habermas, 1982 [1968]:39). A abdução corresponde ao elemento sensorial; a indução, ao elemento habitual, e a dedução, ao volitivo (atividade instrumental antecipada), mas o que importa é o peso valorativo que esses modos de agir assumem no círculo funcional do agir instrumental.

Para Jürgen Habermas, a base do pragmatismo de Charles Pierce é a validade da indução, que estabelece a relação necessária entre o geral e o particular, ou seja, a possibilidade de interpretar eventos singulares como acontecimentos universais. O problema é que Charles Pierce não formula explicitamente a diferença entre o ente e o ser, recaindo em uma ontologização das universalidades: por exemplo, a dureza de um diamante existe

---

32. O uso da palavra transcendental neste livro é feito em oposição a empírico, ou seja, transcendental é o que o ultrapassa a lógica e o formalismo da ciência.

em si, como se não houvesse um sujeito que testa e constata essa condição. Com isso a moldura metodológica de uma pesquisa, bem como sua atividade instrumental, se coloca como substituta dos processos naturais e históricos. Partindo dessas constatações, Jürgen Habermas conclui que a busca do conhecimento se orienta pela *satisfação de um interesse*:

Se concebermos desta forma a função do conhecimento como um substituto da orientação instintiva do comportamento, então a racionalidade da atividade controlada pelo sucesso mede-se pela satisfação de um *interesse* que, por sua vez, não pode ser um interesse apenas empírico, nem um interesse puro. Fosse o processo cognitivo direta e imediatamente um processo vital, então a satisfação de um interesse que orienta o conhecimento deveria conduzir, concomitantemente, à satisfação direta de uma necessidade, bem como suscitar uma dinâmica instintiva espontânea, mas eis que o interesse não leva ao gozo (*happiness*), mas ao sucesso (*success*). O sucesso se mede pela capacidade de resolver problemas que possuem uma valoração vital e, ao mesmo tempo, um valor cognitivo. Desta maneira o "interesse" não se encontra no mesmo nível dos mecanismos de orientação, próprios do comportamento animal chamado instinto, mas também não está, por outro lado, totalmente isolado do contexto objetivo, próprio ao processo vital. Nesse sentido, inicialmente delimitado em termos negativos, falamos em um *interesse que orienta o conhecimento para uma disponibilidade técnica possível*, o qual determina a direção da necessária objetivação da realidade no quadro transcendental dos processos investigatórios [Habermas, 1982 [1968]:150, grifos meus].

Em outras palavras, o conhecimento buscado pelos meios empírico-analíticos requer sucesso e resultados, sendo orientado por um *interesse técnico*. De acordo com Jürgen Habermas, esse interesse está circundado por relações entre proposições (abdução, indução e dedução) que não passam de monólogos, pois é possível pensar utilizando as figuras do silogismo, mas não é possível dialogar por meio delas. No entanto, a comunicação entre os pesquisadores não pode se manter presa aos limites da manipulação técnica, própria aos processos naturais objetivados, pois ela ocorre a partir de interações mediatizadas por símbolos entre sujeitos socializados, de modo que a atividade comunicativa é um sistema de referências que não pode ser reduzido ao quadro da atividade instrumental. Trata-se de uma relação dialética entre o geral e o particular, que não tem como ser pensada nos termos do círculo funcional da atividade instrumental.

Jürgen Habermas, então, questiona se as ciências do espírito *não seriam conduzidas por outro tipo de interesse*. Em sua visão, a experiência do sujeito não está limitada às condições experimentais de uma observação sistemática, de modo que o grau de objetivação de toda extensão experimental na realidade é ínfimo. Nas ciências do espírito, o plano da teoria não se encontra separado do plano dos dados disponíveis. Os procedimentos das ciências da natureza estão caracterizados por uma *construção*, ou seja, um produto hipotético de teorias e verificação experimental posterior, enquanto que as ciências do espírito se expressam por uma *transposição*, que é uma *retradução* das objetivações que realizamos em uma experiência passível de reprodução. No primeiro caso, temos uma *explicação*, e no segundo, uma *compreensão*: "Uma explicação requer a aplicação de proposições teóricas a fatos que têm sido constatados pela observação sistemática, independente de toda teoria. A compreensão é, pelo contrário, um ato onde experiência e apreensão estão amalgamadas" (Habermas, 1982 [1968]:159).

Baseando-se em Wilhelm Dilthey, Habermas afirma que a lógica das ciências do espírito está centrada nas inter-relações entre vivência, objetivação e compreensão. O objeto da pesquisa é o mundo no qual se passa a vida histórico-social, em que a compreensão de quem se expressa e a experiência de quem vive se relacionam reciprocamente. Assim compreendendo;

"[...] eu transporto de tal maneira meu próprio eu naquilo que é exterior, que uma vivência passada ou uma vivência alheia se torna novamente presente numa vivência que é atualmente minha" (Habermas, 1982 [1968]:160). Trazendo as ciências do espírito para esse patamar, Jürgen Habermas as identifica como ciências hermenêuticas, fundamentadas na conexão entre vida, expressão e compreensão, que não pode ser reduzida às meras estruturas constitutivas do mundo da vida. A autobiografia, a história de vida, é a unidade vital dessa lógica investigativa, que recorre à indução, no sentido de estabelecer uma relação das partes com o todo. As significações, portanto, não são estritamente individuais, mas intersubjetivas, de modo que as biografias têm uma dimensão vertical (continuidade temporal das experiências cumulativas de um indivíduo) e uma dimensão horizontal (intersubjetividade de uma comunicação comum a sujeitos diferentes).[33]

Logo, o relacionamento dialógico corresponde a uma dialética universal-particular e a autoconsciência "[...] constitui-se lá onde o plano horizontal da compreensão intersubjetiva com os outros se entrecruza *com* o plano vertical da compreensão

---

33. "Ora, o caráter específico deste ser-comum, estruturado em termos semânticos, consiste no fato *de que nele indivíduos particularizados se comunicam.* Sobre o fundamento da intersubjetividade eles põem-se de acordo sobre algo que é universal, e isso de maneira tal que se identificam uns com os outros, conhecendo-se e reconhecendo-se reciprocamente como sujeitos iguais. Mas, na comunicação, os indivíduos podem, ao mesmo tempo, manter a distância uns dos outros e afirmar, assim, sua identidade uns frentes aos outros. O ser-comum, o qual repousa sobre a validade intersubjetiva dos símbolos linguísticos, torna possíveis ambos os processos em um só momento: *a identificação recíproca e a obstinação em manter viva a não identidade* de um com o outro. No relacionamento dialógico é efetuada uma relação dialética do universal com o particular, sem a qual o eu-identidade não pode ser pensado; eu-identidade e comunicação por meio da linguagem cotidiana são conceitos complementares. Ambos nomeiam, a partir de aspectos diferentes, as condições de uma interação em base de um conhecimento recíproco" (Habermas, 1982 [1968]:170, grifos no original).

intrassubjetiva consigo mesma" (Habermas, 1982 [1968]:170, grifo no original). Esse ser comum definido pelo relacionamento dialógico, pelo reconhecimento mútuo, pela identidade do eu e pelo processo formativo da biografia é que seria a moldura objetiva das ciências do espírito para Wilhelm Dilthey, assim como Charles Pierce colocava o processo de pesquisa promovido em comum pelos investigadores como o quadro objetivo das ciências da natureza. Em síntese, "[...] a compreensão hermenêutica deve apreender, em categorias *inevitavelmente universais, um sentido individual irredutível*" (Habermas, 1982 [1968]:171, grifos no original).

A lógica da hermenêutica envolve a *compreensão de sentido*, de modo que aquela não pode analisar a estrutura de seu objeto de pesquisa eliminando suas contingências. No lugar de *relações causais*, a hermenêutica examina *relações simbólicas*, de modo que na interpretação hermenêutica a linguagem do intérprete precisa se ajustar à experiência biográfica examinada. No entanto, não se pode reduzir a hermenêutica a um método explícito de um proceder analítico que busca meramente elucidar a estrutura da linguagem, pois ela visa a três classes de manifestações: as expressões verbais, as ações e as expressões vivenciais. A função da hermenêutica, de um modo geral, é de tradução, de tornar compreensível o que parece estranho e de elucidar comunicações indiretas. O paradoxo do círculo hermenêutico,[34] no entanto, só pode ser superado indo além de uma análise exclusivamente linguística ou puramente empírica, combinando essa análise com a experiência, ou seja, focalizando as ações e as expressões vivenciais, entrelaçando linguagem e *práxis*.

---

34. O círculo hermenêutico se refere ao desenvolvimento circular do processo interpretativo que permaneceria preso em um círculo vicioso, uma vez que "[...] conceitos teóricos e os sistemas de referência não passam de concretizações de uma compreensão antecipada e estrategicamente eficaz, a qual é fixada temporariamente em vista da comparação analítica" (Habermas, 1982 [1968]:180).

Para Jürgen Habermas, há uma integração particular da linguagem e da *práxis*, um vínculo entre a análise linguística e a experiência, de modo que, dissolvendo-se o círculo hermenêutico, fica evidente a relação imediatamente prática da hermenêutica com a vida, pois a compreensão emerge dos interesses da vida prática, da necessidade de entendimento mútuo. Jürgen Habermas então conclui seu raciocínio afirmando que *as ciências se orientam por interesses cognitivos*, sendo que no caso das *ciências empírico-analíticas* temos o *interesse técnico*, e no âmbito das *ciências hermenêuticas*, o *interesse prático*:

As ciências hermenêuticas estão embutidas nas interações mediatizadas pela linguagem ordinária, da mesma maneira como as ciências empírico-analíticas estão inseridas no setor da atividade instrumental. Tanto uma quanto outra deixam-se orientar por *interesses cognitivos*, enraizados nas conexões vitais do agir próprio à comunicação e instrumentalização. Enquanto os métodos empíricos-analíticos intentam liberar e apreender a realidade sobre o ponto de vista transcendental de uma disponibilidade técnica possível, os modos de proceder da hermenêutica procuram assegurar a intersubjetividade da compreensão nas formas correntes de comunicação e garantir uma ação sob normas que sejam universais. A compreensão hermenêutica tem, de acordo com sua estrutura, o objetivo de assegurar no seio das tradições culturais uma autoconcepção dos indivíduos e dos grupos, suscetível de orientar a ação e o entendimento recíproco de diferentes grupos e indivíduos. Ela possibilita a forma de um consenso espontâneo e o tipo de intersubjetividade indireta; dela depende a atividade pertinente à comunicação. Ela evita os riscos de uma ruptura da comunicação em ambas as direções; tanto na dimensão vertical da autobiografia e da tradição coletiva, à qual se pertence, quanto na dimensão horizontal de mediação entre as tradições de indivíduos, grupos e civilizações diferentes. Quando esta corrente de comunicação se interrompe e a intersubjetividade da compreensão entre indivíduos se emperra ou dissolve, então uma das condições da sobrevivência é destruída; e esta não é menos elementar que a condição complementar do sucesso da atividade instrumental, a saber: a possibilidade de um acordo sem coação e de um reconhecimento mútuo sem violência. Como esta condição perfaz uma indeclinável pressuposição de *práxis, nós denominamos de prático o interesse cognitivo que orienta as ciências do espírito*. Ele se distingue do interesse do conhecimento técnico pelo fato de não visar à apreensão de uma realidade objetivada, mas de se voltar para a conservação de um entendimento intersubjetivo, em cujo horizonte a chamada realidade pode, pela primeira vez, irromper como algo [Habermas, 1982 [1968]:186, grifos no original].

Apesar de longa, a citação é elucidativa quanto à conceituação do interesse prático e de suas diferenças em relação ao interesse técnico. Vale ressaltar que as ciências hermenêuticas têm como cerne a tradução e o esclarecimento no sentido de preservar a comunicação entre as pessoas e os grupos, pois elas restabelecem a interação e a compreensão, ou seja, o interesse prático, quando estas são rompidas pelos excessos do interesse técnico. Nota-se também que o filósofo enfatiza que o interesse prático é *elementar* e coloca o sucesso da atividade instrumental, guiada pelo interesse técnico, como *complementar*, de modo que sugere que esses interesses deveriam caminhar juntos. Jürgen Habermas ainda destaca que a insistência em confrontar a relação prática com a vida e a objetividade científica aponta para um positivismo encoberto. Além disso, as ciências hermenêuticas não deveriam servir à contemplação e ao ideal da descrição pura, sob pena de traírem o interesse prático. Por outro lado, as ciências do espírito, quando adquirem um caráter sistematizado, são obrigadas a se servir de métodos empírico-analíticos, mas não avançam até o círculo funcional do agir instrumental. *A consequência disso é que as ciências do espírito perdem em autorreflexão e, ao mesmo tempo, não conseguem desenvolver um saber técnico que seja instruído pelo saber prático. Para Habermas esse é um problema central para a lógica das ciências sociais.*

Jürgen Habermas reconhece que uma mera sondagem junto à filosofia da reflexão não seria capaz de reabilitar a dimensão da autorreflexão das ciências, de modo que recorre à psicanálise freudiana para evidenciar como essa autorreflexão irrompeu no seio do próprio positivismo, na medida em que Sigmund Freud se desloca das ciências empírico-analíticas para as ciências hermenêuticas no projeto de 1895.[35] Com esse movimento, Sigmund Freud separa, ainda que involuntariamente, a psicanálise e as ciências que operam exclusivamente com métodos empírico-analíticos e insere critérios hermenêuticos, além de trazer a autorreflexão para a ciência, o que é a "pedra de escândalo da psicanálise". É por meio dessa via que Jürgen Habermas apresenta *uma ciência crítica, que contempla o interesse emancipatório.*

Conforme vimos, para Jürgen Habermas, as ciências empírico-analíticas, em seu estágio pré-científico, se manifestam no círculo funcional do agir instrumental e realizam um processo cumulativo de aprendizagem buscando produzir um saber tecnicamente explorável. Nesse contexto, a realidade objetiva é tomada como a experiência no sentido estrito e, do ponto de vista do emprego linguístico, se encontra em nível monológico. As proposições teóricas são mediadas pela lógica formal e estabelecem uma coerência sistemática entre si, seguindo regras dedutivas cogentes. Procura-se articular a teoria e a experiência por meio da observação sistemática e da demonstração experimental registradas por operações mensuráveis.

No que se refere às ciências hermenêuticas, temos um estágio pré-científico que deriva de um complexo de tradições

---

35. Estou me referindo ao "Projeto para uma psicologia científica", elaborado por Freud em 1895. Esse trabalho revela a tentativa de Sigmund Freud de realizar uma abordagem científica do aparelho psíquico e representa também um divisor de águas na sua obra, pois é a partir desse que muitos conceitos psicanalíticos são desenvolvidos.

Indo além dos paradigmas

mediatizadas simbolicamente que se manifestam no agir inerente à comunicação e que se desenvolvem atribuindo uma forma metódica ao processo de compreensão entre os indivíduos (e da compreensão de si) na busca de um saber praticamente eficaz. A realidade objetiva é aquilo que pode ser experimentado de acordo com a interpretação do simbolismo vigente que perpassa a linguagem. A teoria e a experiência não são tomadas como grandezas separadas, sendo mediadas por uma lógica interpretativa que é simultaneamente uma análise linguística e a própria experiência.

Segundo Jürgen Habermas, Charles Pierce e Wilhelm Dilthey é que desenvolvem, respectivamente, as metodologias das ciências da natureza (empírico-analíticas) e das ciências do espírito (hermenêuticas) como lógicas de investigação, apontando o complexo vital que é entendido como técnica, ou como *práxis* de vida. Assim, as ciências hermenêuticas podem atuar restabelecendo a comunicação quando essa entra em crise no domínio das ciências empírico-analíticas. O filósofo então observa que não basta, no entanto, tentar explicar como funciona cada uma dessas ciências somente por meio de suas lógicas, porque elas se expressam principalmente como teorias do conhecimento, ou seja, como lógicas aplicadas.

Essas teorias do conhecimento são instruídas por interesses cognitivos, que são "[...] as orientações básicas que aderem a certas condições fundamentais da reprodução e da autoconstituição possíveis da espécie humana: *trabalho* e *interação*" (Habermas, 1982 [1968]:217, grifos no original). Nesse sentido, os interesses não se voltam para necessidades empíricas e imediatas, mas para a solução de problemas sistêmicos, uma vez que trabalho e interação englobam processos de aprendizagem e de compreensão recíproca. Assim, como observamos, as ciências empírico-analíticas se fundamentam no interesse técnico, no sentido instrumental, e as ciências hermenêuticas, no interesse prático, no sentido de *práxis* de vida.

É importante notar que esses interesses não devem ser tomados como excludentes ou opostos, pois *o interesse prático orienta as ações intersubjetivas e são essas que controlam uma possível disponibilidade técnica,* ou seja, *os interesses são interdependentes e complementares.* Assim, embora cada interesse aponte para um tipo de ciência, essa dualidade, na realidade, é falsa, como Jürgen Habermas ilustrou no livro *A lógica das ciências sociais,* publicado em 1967, no qual ele aborda as tentativas de separação e integração das duas ciências por diversos autores. É verdade que essas ciências apontam para domínios linguísticos distintos, uma vez que se manifestam de acordo com os predicados epistemológicos de seus objetos. No entanto, não se pode dizer que essas ciências são a rigor incomunicáveis, mas que *deveria haver processos de tradução que viabilizassem a compatibilização de diferentes interesses cognitivos.* Anteriormente, descartei o conceito de incomensurabilidade kuhniano, justamente para admitir uma incomunicabilidade relativa das noções de ciência devido a lógicas de pensamento e interesses cognitivos distintos, que, apesar disso, acredito serem reconciliáveis.

Para além desse par aparentemente dicotômico, ciências empírico-analíticas e ciências hermenêuticas, em *Conhecimento e interesse* Jürgen Habermas realiza um esboço do que poderíamos chamar como *ciência crítica* a partir de outro tipo de interesse: o *emancipatório.* Na visão do filósofo, Charles Pierce e Wilhelm Dilthey não elaboraram um conceito de interesse capaz de orientar o conhecimento, de tomá-lo como um *processo formativo* ou, em outras palavras, não refletiram sobre o que circunda esses interesses cognitivos. O filósofo, então, passa a discutir a experiência da *força emancipatória da reflexão, que seria o cerne do processo formativo, apontando para um interesse emancipatório.* A base desse interesse emancipatório seria a autorreflexão capaz de nos libertar do dogmatismo:

A autorreflexão é percepção sensível e emancipação, compreensão imperativa e libertação da dependência dogmática numa mesma experiência. O dogmatismo, esse que dissolve a razão tanto em termos analíticos quanto práticos, é uma falsa consciência: erro e, por isso mesmo, existência aprisionada. Somente o Eu, o qual na intuição intelectual se flagra como um sujeito que se afirma a si mesmo, adquire autonomia. O dogmático, pelo contrário, ao não encontrar a força que o pode levar à autorreflexão, vive na dispersão e, à moda de um sujeito dependente, está determinado pelos objetos e, ele próprio, coisificado como sujeito: ele leva uma existência não livre, eis que não chega a ter consciência de sua própria espontaneidade refletida [Habermas, 1982 [1968]:228-229, grifos meus].

O dogmatismo que emerge com a dicotomização das ciências é justamente o que Jürgen Habermas quer evitar, de modo que reconhece que o *interesse emancipatório depende dos interesses técnico e prático, ou seja, o sujeito autorreflexivo não está descolado das condições objetivas* e só tem sentido fundamentado nelas, de modo que o processo formativo:

[...] *depende de condições da natureza subjetiva, bem como da natureza objetiva*; por um lado, portanto, depende de condições duma societarização individualizadora de particulares interagindo e é, por outro, *devedora às condições de "troca metabólica" entre os agentes comunicativos e um meio que tecnicamente precisa fazer-se disponível.* Na medida em que o interesse da razão pela emancipação, o qual é investido no processo formativo da espécie e transpassa o movimento de reflexão, volta-se para a efetivação daquelas condições peculiares à interação mediatizada por símbolos e próprias ao agir instrumental, ele assume a forma restrita do interesse inerente ao conhecimento prático e técnico. De certa forma torna-se, inclusive, necessário reinterpretar materialisticamente o interesse da razão, tal como o idealismo o introduzira: *o interesse emancipatório depende, por seu lado, dos interesses que orientam ações intersubjetivas possíveis e controlam uma possível disponibilidade técnica* [Habermas, 1982 [1968]:231, grifos meus].

Jürgen Habermas ainda expressa que as condições do agir instrumental e da atividade própria à comunicação são simultaneamente as condições da objetividade inerente ao conhecimento, fixando a validade das proposições nomológicas e hermenêuticas. *O interesse emancipatório implica um ato de reflexão que "altera a vida", mas não é exterior à conexão entre o interesse técnico e o interesse prático: esses três interesses se articulam para orientar o conhecimento.* Mais tarde, no livro *Pensamento pós-metafísico*, publicado em 1988, Jürgen Habermas evidencia que o interesse emancipatório engendra a reflexão que é própria da filosofia, que se dirige à ciência e a outras culturas especializadas, para criticá-las realizando uma mediação entre o interesse técnico e o interesse prático.

Devido a esta relação íntima e, ao mesmo tempo, rompida com o mundo da vida, a filosofia se adequa a uma função *aquém* do sistema de ciências – ao papel de intérprete, que faz mediação entre as culturas especializadas da ciência, da técnica, do direito e da moral, de um lado, e a comunicativa cotidiana, de outro – de modo semelhante ao que acontece na crítica da literatura e da arte, que realizam a mediação entre a arte e a vida [Habermas, 2002 [1988]:48, grifo no original].

Em *Conhecimento e interesse*, Jürgen Habermas também delimita a importância da psicanálise freudiana para a ciência crítica: "A psicanálise é, para nós, relevante como o único exemplo disponível de uma ciência que reivindica metodicamente o exercício autorreflexivo" (Habermas, 1982 [1968]:233). A psicanálise incentiva a autorreflexão do sujeito, pois o método psicanalítico possibilita que o interesse emancipatório exerça a crítica, ou seja, faça a mediação entre o interesse técnico e o interesse prático, entre a ação instrumental do sujeito no mundo e sua interação com esse mesmo mundo. A psicanálise procura reconciliar os três interesses, e a tarefa crítica que realiza é restabelecer o discurso mutilado do sujeito, traduzindo-o para o próprio sujeito. No entanto, indo além da hermenêutica, no âmbito da psicanálise, as próprias mutilações têm um sentido:

> A interpretação psicanalítica, pelo contrário, não se volta para os complexos de sentido, peculiares à dimensão daquilo que se intenciona conscientemente; seu trabalho crítico não elimina deficiências acidentais. As omissões e as alterações que ela suprime possuem um peso valorativo, pois os conjuntos simbólicos que a psicanálise procura compreender estão adulterados por influências internas. As mutilações possuem, como tais, um sentido [Habermas, 1982 [1968]:236].

Trata-se de uma hermenêutica das profundezas, na qual o sujeito busca o conteúdo latente que se tornou inacessível e estranho para si mesmo: o neurótico, na realidade, precisa compreender sua própria língua. Nesse sentido, "[...] a hermenêutica psicanalítica não objetiva, como a hermenêutica das ciências do espírito, a compreensão dos processos simbólicos enquanto tais; o ato de compreender, ao qual ela conduz, é *autorreflexão*" (Habermas, 1982 [1968]:246, grifo no original). O trabalho da análise é realizar elaborações que permitam ao sujeito superar as resistências em aceder ao conteúdo inacessível ou, para usar a terminologia psicanalítica, o que ficou recalcado no inconsciente. A transferência de afetos que se estabelece entre o paciente e o analista tem o papel de repetir o conflito original que levou ao recalque: trata-se de um controle experimental da repetição e tem como objetivo que o sujeito aprenda a se ver com o olhar do outro. A análise seria, então, uma restauração do processo formativo, uma retificação subjetiva, "[...] *um processo de aprendizagem compensatório, o qual reverte os processos de desintegração*" (Habermas, 1982 [1968]:250, grifos no original).

Para Jürgen Habermas, o conhecimento psicanalítico é uma autorreflexão na medida em que inclui igualmente o momento cognitivo e o momento afetivo-motivador, além de ser uma atitude crítica.[36] A questão é que o sucesso do tratamento não depende da intervenção técnica bem-sucedida do analista, mas do avanço da autorreflexão do sujeito, que tem uma responsabilidade ética pela sua condição. Analogamente à psicanálise, partindo da perspectiva habermasiana, é possível afirmar que as ciências do espírito se encontram na mesma condição: interesse técnico e interesse prático estão circundados pelo interesse emancipatório, ou seja, *não basta a intervenção técnica precisa, ou a compreensão da situação pelos sujeitos; é preciso que os cientistas e os envolvidos sejam capazes de refletir sobre sua própria condição, sobre sua responsabilidade ética, pois somente assim teremos uma ciência crítica.*

Além disso, as características do método analítico podem ser apropriadas pelas ciências hermenêuticas, pois a forma como a psicanálise lida com o sujeito também nos ajuda a pensar como tratar os problemas da mutilação da comunicação na análise dos contextos sociais. O próprio Sigmund Freud estava ciente disso, na medida em que entendeu a sociologia como uma psicologia aplicada, movendo as questões da psicanálise para o campo da teoria social.[37] Assim, a superação da dominação na sociedade

---

36. "O saber analítico, enquanto autorreflexão, é crítica no sentido de que a intelecção do paciente possui, nela mesma, o poder analítico de remover atitudes dogmáticas. A crítica culmina em uma transformação da base afetivo-motivadora, bem assim como *ela tem seu ponto de partida* na necessidade por uma transformação. A crítica não teria o poder de se impor sobre a falsa consciência, caso não fosse impulsionada por uma *paixão da crítica*" (Habermas, 1982 [1968]:25, grifos no original).

37. *"Freud concebe as instituições como um poder que substitui uma aguda violência exterior pela constante compulsão interna de uma comunicação deformada e autolimitadora.* De maneira correspondente, ele entende a tradição cultural como um inconsciente coletivo, de uma ou outra forma censurado e virado ao avesso; nele os símbolos isolados orientam para as vias da satisfação

Indo além dos paradigmas

passa pela autorreflexão do sujeito e dos grupos, estabelecendo uma constante dialética entre o sujeito e o social.

Por outro lado, uma compreensão profunda das estruturas do trabalho, da linguagem e do poder depende de uma autorreflexão sobre o próprio conhecimento, e nesse processo é inútil tentar separar os interesses cognitivos (técnico, prático e emancipatório) como se cada um deles fosse restrito a determinados domínios. Tanto a dominação quanto a libertação dela perpassam os três interesses ao mesmo tempo, de modo que a reflexão é a saída para afirmar o interesse emancipatório.[38] O interesse humano de autoconservação não pode ser entendido como a satisfação imediata das necessidades empíricas, mas sim como a base na qual se assentam as condições de funcionamento do trabalho e da interação, que promovem a aprendizagem cumulativa e as interpretações.

A questão é que as teorias científicas se desdobram em um saber tecnicamente aplicável, mas em geral não produzem um

---

virtual os motivos que, embora exilados da esfera da comunicação, são constantemente reativados. Estes motivos constituem as forças que, em lugar da ameaça de fora e do perigo de sanção imediata, forçam a consciência a ficar presa ao inevitável, ao legitimarem a dominação enquanto tal. Mas eles são, simultaneamente, as forças das quais a consciência cativa das ideologias pode vir a ser liberada pela autorreflexão, no momento em que um novo acréscimo no potencial de dominação da natureza desacredite as antigas formas de legitimação" (Habermas, 1982 [1968]:295, grifos meus).

38. "Mas assim como na situação clínica, também na sociedade a coerção patológica e o interesse por sua remoção são inseparáveis. Pelo fato de a patologia das instituições, igual à patologia da consciência individual, estar instalada no seio da linguagem e da atividade comunicativa, assumindo assim a forma de uma deformação estrutural do entendimento entre os homens, o interesse resultante da compressão dolorida é, direta e indiretamente, no sistema social, também um interesse pela clarificação desta situação – e a reflexão constitui a única dinâmica possível pela qual o interesse pode chegar a se afirmar. O interesse da razão tende à progressiva execução revolucionário-crítica, mas sempre a *título de ensaio*, a saber: para a realização das grandes ilusões da humanidade; nelas os motivos recalcados têm sido burilados em fantasias da esperança" (Habermas, 1982 [1968]:301, grifos no original).

saber para orientar a atividade prática e comunicativa. Nesse contexto, não basta, no entanto, a remoção crítica dos dogmas estabelecidos pela técnica, pois isso seria niilismo e não emancipação. A questão é que "[...] a redução metodológica da ciência a um interesse pela autoconservação não está a serviço de uma determinação lógica-transcendental de um conhecimento possível, mas, sim, a serviço da negação da própria possibilidade de se conhecer" (Habermas, 1982 [1968]:309). Em outras palavras, quando reduzimos a ciência a único tipo de interesse, estamos pactuando com uma cegueira cognitiva e limitando nosso próprio potencial de produzir conhecimento e gerar transformação social.

CAPÍTULO V

Em busca de um novo referencial: o círculo das matrizes epistêmicas

Neste capítulo, apresento e discuto um novo referencial para os estudos organizacionais: o *círculo das matrizes epistêmicas*. Em primeiro lugar, contextualizo as elaborações de Jürgen Habermas em *Conhecimento e interesse* no conjunto de sua obra, para evidenciar que as apropriações que realizo de seus conceitos não estão deslocadas de suas intenções filosóficas. Em seguida, apresento a proposta de Michael Hill, que abandona os paradigmas sociológicos para adotar os sistemas de produção de conhecimento e enfatiza a importância de nossas responsabilidades ideológicas, axiológicas e epistemológicas na prática científica. A partir dos conceitos de Jürgen Habermas e das considerações de Michael Hill, apresento o *círculo das matrizes epistêmicas*, descrevendo cada uma delas (empírico-analítica, hermenêutica e crítica) e sustentando que estas orientam a geração de sistemas de produção de conhecimento, que denomino "abordagens sociológicas" (funcionalista, interpretativista, crítica, estruturalista, pós-estruturalista e realista crítica).

Finalizando o capítulo, apresento uma *nova teoria do desenvolvimento do conhecimento, fundamentada* na *tese da incompletude cognitiva* e na *tese das reconstruções epistêmicas*. Nas ciências sociais e nos estudos organizacionais o que explica a evolução do conhecimento não é incomensurabilidade, mas a incompletude cognitiva, porque, para contemplar os interesses técnicos, práticos e emancipatórios, buscamos uma unidade do conhecimento. Logo, novas teorias e metodologias, que sustentam abordagens sociológicas específicas, se desenvolvem não porque da "rivalidade" entre elas surge um "vencedor", mas porque na prática científica emergem incompletudes cognitivas que levam os pesquisadores a buscarem elementos de outras matrizes epistêmicas para explicarem os fenômenos sociais. O que imprime dinâmica a esse processo, no entanto, não são as "revoluções científicas" e sim as reconstruções epistêmicas, pois nessa busca os pesquisadores escavam o passado e realizam, no presente, novas combinações, das quais nascem teorias e metodologias e mesmo abordagens sociológicas.

Conforme mencionei anteriormente, pretendo oferecer ao leitor ou leitora a segurança de que as propostas do presente livro não estão deslocadas das intenções habermasianas. Não há uma descontinuidade entre o trabalho realizado pelo filósofo antes e depois da virada linguística e pragmática que ocorreu em meados de 1970. É possível sustentar tal posição a partir dos textos publicados na coletânea de 1983, *Consciência moral e agir comunicativo*, após o lançamento, em 1981, do livro *Teoria da ação comunicativa*. Em um dos textos da coletânea, "A filosofia como guardador de lugar e como intérprete", Jürgen Habermas afirma que a filosofia não deve indicar o lugar da ciência, porém isso não quer dizer uma ruptura das ligações entre filosofia e ciência e um abandono da epistemologia mas um reposicionamento da filosofia em relação à ciência, de modo que aquela deixa de ser uma indicadora de lugar e uma juíza, para tornar-se uma guardadora de lugar e uma intérprete. Em outras palavras, ao invés de impor e julgar o conhecimento para a ciência, a filosofia preservaria um lugar para o conhecimento e serviria de intérprete para a ciência.[39]

Não se trata de um adeus à filosofia, mas de uma nova maneira de pensar após a virada linguística (que talvez, no caso de

---

39. "[...] gostaria de finalmente defender a tese de que a filosofia, mesmo quando se retrai dos papéis problemáticos do indicador de lugar e do juiz, pode – e deve – conservar sua pretensão de razão nas funções mais modestas de um guardador de lugar e de um intérprete" (Habermas, 1989a [1983]:20).

Jürgen Habermas, seja melhor caracterizada com virada hermenêutica) e o pragmatismo, que propõe uma autocrítica da filosofia em relação à ciência. Em sua visão, a filosofia deveria servir como uma guardadora de lugar para teorias com fortes pretensões universalistas, estas frequentemente objeto de crítica dos praticantes da ciência social, que realizam contra-ataques empiristas. Diante disso, a filosofia não deveria impor posições epistêmicas, mas preservar a possibilidade de refletir sobre elas, sendo que desempenharia então um papel de intérprete-mediadora. Assim, Jürgen Habermas não abandona a relação entre filosofia e ciência, mas questiona qualquer relação de determinação entre as duas.

Em outro texto da mesma coletânea, "Ciências sociais reconstrutivas versus ciências sociais compreensivas", Jürgen Habermas afirma que as ciências sociais podem se tornar conscientes de seu papel hermenêutico, mas permanecendo fiéis à tarefa de produzir um saber teórico. Habermas admite que é preciso criticar todas as pretensões aprioristas e pretensões transcendentais fortes, mas defende que isso não significa abandonar reconstruções racionais, que precisam e devem ser realizadas e então colocadas à prova.

Revisando a obra habermasiana, na sua tese de doutorado defendida em 2004, *A transformação da filosofia em Jürgen Habermas: os papéis da reconstrução, interpretação e crítica*, Luiz Repa conclui que entre *Conhecimento e interesse* e a *Teoria da ação comunicativa* há algumas diferenças, pois os conceitos de trabalho e interação do livro de 1968 foram substituídos pelos conceitos mais amplos e complexos de sistema e mundo da vida em 1981. Além disso, Jürgen Habermas teria admitido que depois de *Conhecimento e interesse* fez alguns reparos em relação à crítica da ideologia desenvolvida nesse trabalho e reconhecido que nele não há um lugar sistemático para questão da verdade.

No entanto, as ambiguidades do programa então apresentado para a teoria do conhecimento seriam apenas uma questão de

108   Repensando os estudos organizacionais

formulação e de ênfase, pois, de acordo com Luiz Repa, para Jürgen Habermas há uma estratégia de complementação e aperfeiçoamento que une a teoria dos interesses cognitivos do livro de 1968 e a teoria da verdade como consenso do livro de 1981, que, inclusive, preserva a intepretação da psicanálise como teoria da comunicação discursiva.[40] Jürgen Habermas não discordaria disso, pois, no artigo publicado em 2008, "Depois de trinta anos: notas acerca de *Conhecimento e interesse*", continua sustentado a interpretação teórico-comunicativa da psicanálise e afirma ter abandonado tal discussão epistemológica não por ter mudado suas ideias a respeito dela, mas porque se cansou das "batalhas metateóricas", tendo escolhido se dedicar a questões substantivas da teoria da ação comunicativa.

Partindo das elaborações de Jürgen Habermas, continuei a explorar a possibilidade de uma nova teoria do desenvolvimento do conhecimento que fizesse um contraponto à proposta kuhniana, buscando na literatura subsídios que pudessem me auxiliar a construir um novo referencial para as pesquisas no campo dos estudos organizacionais.[41] Nesse percurso, o artigo

---

40. "[...] a teoria do discurso parece de início igualmente complementar as posições de *Conhecimento e interesse*. Para Anne Créau trata-se realmente de uma 'continuidade'. Mesmo a *Teoria da ação comunicativa* 'pode ser considerada uma consequência direta da linha de argumentação desenvolvida no capítulo sobre Freud, isto é, de *uma interpretação da psicanálise como teoria da comunicação distorcida*'. [...] Mas a questão é saber se Habermas já tinha em vista aqui o ponto de partida oferecido pela pragmática. Nada em *Conhecimento e interesse* indica exatamente essa direção. [...] No entanto, sabemos desde a conferência de 1965 sobre *Conhecimento e interesse*, que o interesse pela emancipação reside na linguagem. [...] Essa ideia, como veremos, constitui o motivo fundamental de uma teoria da verdade como consenso, fundamentada na pragmática universal" (Repa, 2004:115-116).

41. Na pesquisa bibliográfica realizada, encontrei o artigo de Hayagreeva Rao e William Pasmore "Knowledge and interests in organization studies: a conflict of interpretations", publicado em 1989, no qual utilizam a noção de conhecimento e interesse como referência para os estudos organizacionais. No entanto, a perspectiva dos autores é muito diferente dessa que apresen-

de Michael Hill, "Epistemology, axiology, and ideology", publicado em 1984, foi de grande valia, pois sugere que nas ciências sociais não teríamos "paradigmas", mas diferentes *sistemas de produção de conhecimento*, que envolvem questões epistêmicas, axiológicas e ideológicas, fazendo uma construção analítica que me remeteu indiretamente à teoria do conhecimento e interesse de Habermas, ainda que o autor não cite o filósofo.

Em primeiro lugar, Michael Hill estabelece a noção de *sistema de produção de conhecimento* como referencial para discutir *questões epistêmicas* na ciências sociais, apresentando os seguintes argumentos:

- as diversas perspectivas filosóficas, metodológicas e teóricas nas ciências sociais são sistemas de produção de conhecimento;
- não há limite para o número de sistemas de produção de conhecimento que podem ser inventados ou propostos;

---

to, pois eles tratam os interesses como polos de interpretações divergentes. Eles categorizam o conhecimento como uma oposição entre instrumento e discurso. O conhecimento como instrumento teria gerado, por um lado, (1) os estudos organizacionais como inovação social, que se fundamentam na confiança e se expressam pela sociologia estrutural-funcional e pela teoria do desenvolvimento organizacional; e, por outro, (2) os estudos organizacionais como crítica, que se baseiam na suspeição, manifestando-se pelas teorias marxistas. O conhecimento como discurso, por sua vez, teria gerado, por um lado, (3) os estudos organizacionais como hermenêutica, que se fundamentam na confiança e se expressam pelo ponto de vista hermenêutico; e, por outro, (4) os estudos organizacionais como jogos de linguagem, que se baseiam na suspeição, manifestando-se pelo ponto de vista do jogo de linguagem. Essas posições estariam em conflito umas com as outras, gerando seis tipos de debates: (1) *vs.* (2) – o debate entre efetividade da produção e ideologia; (3) *vs.* (4) – o debate entre questionamento moral e jogo da verdade; (1) *vs.* (4) – o debate entre relevância e elegância; (2) *vs.*(3) – o debate entre crítica e questionamento dialógico; (1) *vs.* (3) – o debate entre o herói da mudança e o colega interpretativo; e (2) *vs.* (4) – o debate entre a crítica como ação e a retórica. O esforço dos autores é para apresentar uma alternativa de referencial analítico para os estudos organizacionais, mas o texto, em determinados pontos, fica devendo em clareza e aprofundamento. Além disso, em nenhum momento há uma discussão sistematizada do que Jürgen Habermas considera como conhecimento e interesse, mas apenas referências um tanto quanto apressadas ao filósofo.

110 Repensando os estudos organizacionais

- cada sistema de produção de conhecimento é composto pelos seguintes elementos: (a) visões de mundo metacientíficas; (b) metodologias; e (c) teorias;
- esses elementos de cada sistema de produção de conhecimento são interdependentes;
- cada sistema de produção de conhecimento tenta manter a consistência entre seus elementos de acordo com as próprias regras de organização e lógica;
- cada sistema de produção de conhecimento é epistemologicamente responsável pelas suas próprias regras de organização e lógica;
- a fidelidade da responsabilidade epistemológica para com o sistema de produção de conhecimento requer: (a) a completa articulação dos elementos de seu sistema; (b) a proposição de soluções para inconsistências quando elas são descobertas, e (c) a clara identificação e publicização de quaisquer inconsistências que resistam às soluções propostas;
- a investigação epistemológica frequentemente requer a "escavação" e reconstrução de "elementos perdidos" do sistema de produção de conhecimento.

Nesse artigo, Michael Hill também conceitua os elementos de um sistema de produção de conhecimento: visões metacientíficas, metodologias e teorias.[42] O autor, no entanto, não se limita a discutir os argumentos epistemológicos que sustentam um sistema de produção de conhecimento, apresentando também

---

42. "*The meta-scientific worldview of each perspective provides the background or tradition in which specific theories and methodologies are developed and evaluated. It includes the philosophical ground plan, beliefs traditions, values, logic, and evaluative criteria of a given perspective. [...] Methodologies are procedural rules which guide researchers in the active exploration of selected dimensions of social behavior and experience. [...] Theories are content-oriented conceptual frameworks formulated under auspices of given meta-scientific world-views. They are organizing devices which reveal or assert that selected dimensions of social behavior or experience are related in particular ways*" (Hill, 1984:62-63).

Em busca de um novo referencial

o problema da *responsabilidade axiológica*, ou seja, a questão dos valores:

- valores são fundantes tanto para sistemas de produção de conhecimento quanto para projetos sociais;
- nenhum sistema de produção de conhecimento é igualmente ajustável a todos projetos sociais;
- nem todos projetos sociais incorporam os mais altos princípios axiológicos de direitos humanos e dignidade;
- a fidelidade da responsabilidade axiológica a um projeto social requer que esse: (a) demonstre (por meio da pesquisa, estudo reflexivo e diálogo grupal) que o projeto incorpora os mais altos princípios axiológicos; (b) busque (ou desenvolva) um sistema de produção de conhecimento axiologicamente compatível para auxiliar na realização do projeto; e (c) abandone um projeto se esse não observa os mais altos princípios axiológicos;
- a fidelidade da responsabilidade axiológica a um sistema de produção de conhecimento requer que esse: (a) realize uma articulação de caminhos específicos que realmente sejam capazes de realizar os projetos sociais identificados; (b) examine rotineiramente reivindicações falsas ou excessivamente zelosas; (c) retire demandas insustentáveis tão logo elas sejam descobertas; e (d) abandone o sistema de produção de conhecimento se ele não sustenta mais os projetos sociais com os quais estava comprometido;
- cientistas sociais responsáveis devem buscar e defender projetos sociais que incorporam os mais altos princípios axiológicos;
- a identificação dos mais altos princípios axiológicos não é fácil, mas isso não significa que essa tarefa deva ser evitada;
- todos somos responsáveis pela forma axiológica do futuro.

Michael Hill ainda discute a *responsabilidade ideológica* que circunda as questões epistêmicas e axiológicas dos sistemas de produção de conhecimento:

112 Repensando os estudos organizacionais

- a explicação epistemológica e a clarificação axiológica estão situadas em contextos ideológicos;
- o conjunto ideológico das ciências sociais é repressivamente dominado por visões de mundo patriarcais e estruturas de poder hierárquicas;
- investigações epistêmicas e discussões axiológicas responsáveis são completamente possíveis somente em lugares caracterizados por ideologias emancipatórias;
- os debates epistemológicos e axiológicos nas ciências sociais não são essencialmente emancipatórios, pois em geral servem aos interesses patriarcais e hierarquicamente estruturados na academia e na sociedade como um todo;
- a análise dos debates dicotômicos epistemológicos-axiológicos (não científico *versus* científico, idiográfico *versus* nomotético, qualitativo *versus* quantitativo, ideológico *versus* livre de valores, aplicado *versus* teórico, filosófico *versus* empírico) que ocorrem nas ciências sociais ilustram que o estado atual da disciplina é de pobreza moral e aridez intelectual;
- o movimento de síntese das dicotomias pode resultar no estreitamento intelectual na medida em que desconsidera questões em nome do consenso, ou pode resultar em uma mera retórica política disfarçada de dialética filosófica;
- o movimento segundo o qual as diferenças são meramente políticas e não são reais pode ser mais honesto, mas há o risco de desconsiderar desacordos intelectuais sem uma consideração reflexiva das questões envolvidas;
- o movimento pelo "grande valor moral" pode desconsiderar que embora as questões de valores sejam extremamente importantes para os projetos sociais, esses necessitam mais do que pessoas apenas eticamente responsáveis e intelectualmente engajadas;
- o movimento de debate epistemológico se coloca como elevado, racional, livre de valores e acima das personalidades, mas quando estruturado em linhas dicotômicas passa por cima

de questões axiológicas relevantes, e as forças do campo estabelecem um "leito de procrustes"[43] no qual as perspectivas incompatíveis não se encaixam;

- a fidelidade da responsabilidade ideológica com uma disciplina requer que seus adeptos trabalhem para estabelecer um ambiente emancipatório para os colegas, estudantes e parceiros na sociedade como um todo.

As elaborações de Michael Hill estabelecem os parâmetros que definem um sistema de produção de conhecimento. Logo, um novo sistema de produção de conhecimento precisa conter os elementos apresentados e, principalmente, apresentar uma consistência e independência epistemológica que o singularize. E há muitas possibilidades de construção de novos sistemas, pois Michael Hill defende que não há limite quanto à quantidade de sistemas de produção de conhecimento que podem ser inventados ou propostos. Essa afirmação do pesquisador é provocativa, pois nos leva a pensar que insistimos em um repertório restrito de sistemas de produção de conhecimento, quando poderíamos exercitar nossa criatividade epistemológica e criar novos caminhos para o desenvolvimento do conhecimento sociológico.

Michael Hill (1984:71) também sustenta que: "*By concentrating on superficial characteristics which obscure intellectual substance, debates between dichotomized opponents generally destroy any potential for meaningful, emancipatory discovery*". Em outras palavras, a radicalização do debate epistemológico em posições dicotômicas tende a esvaziar o conteúdo das proposições e cega os adversários para as possibilidades emancipatórias, o que inclusive constatei ao descrever a "guerra dos paradigmas". Para o autor,

---

43. Na mitologia grega, Procrustes é conhecido por ter uma cama de ferro que oferecia aos hóspedes à qual eles tinham de se ajustar: os demasiado altos sofriam amputação do excesso de comprimento e os de pequena estatura eram esticados até atingirem o comprimento suficiente.

uma ciência social emancipatória, ou seja, uma ciência crítica, precisa colocar em primeiro lugar a responsabilidade ideológica; em segundo lugar, a responsabilidade axiológica, e em terceiro lugar, a responsabilidade epistemológica. Isso significa que o pesquisador deveria assumir que é responsável eticamente pelo conhecimento que produz, pois ele não é isento de ideologias, não é neutro em relação aos valores e precisa ser consistente do ponto de vista epistêmico. No entanto, como o pesquisador pode realizar esta tarefa no âmbito das ciências sociais e dos estudos organizacionais sem gerar novas "batalhas de paradigmas"?

Sustento que a chave para esse dilema está na crença de que não há limites em relação ao número de sistemas de produção de conhecimento que se podem desenvolver. O clima bélico suscitado pela "guerra paradigmática" tolhe a criatividade e oblitera o diálogo, dificultando a ampliação do nosso repertório de teorias e metodologias, bem como a unidade do conhecimento em torno dos interesses técnico, prático e emancipatório. A seguir, revelo que o desenvolvimento do conhecimento nas ciências sociais não ocorre devido à rivalidade paradigmática, mas principalmente porque alguns pesquisadores ousam se aventurar em outros campos epistêmicos. Não se trata de sustentar incomensurabilidades e defender espaços políticos, mas de superar incompletudes e contemplar outros interesses cognitivos que desenvolvam o conhecimento.

Para tanto, é preciso descartar o diagrama de paradigmas sociológicos de Gibson Burrell e Gareth Morgan, bem como a lógica de pensamento kuhniana por ele trazida. O primeiro passo é sugerir uma alternativa imagética que não nos aprisione em polarizações, mas abra espaço para a dinâmica e o diálogo. No lugar dos paradigmas sociológicos, apresento os sistemas de produção de conhecimento, denominados *abordagens sociológicas*, que procuram uma identidade epistêmica e agregam *teorias e metodologias*. Nesta busca de identidade, as abordagens sociológicas se orientam por *três matrizes epistêmicas*: a *matriz empírico-analítica*, a *matriz hermenêutica* e a *matriz crítica*. Utilizo a palavra matriz no sentido de origem, de manancial, de lugar onde as coisas são geradas. Cada uma dessas matrizes deriva de uma noção específica de ciência em Jürgen Habermas, referindo-se a um marco epistemológico, mas considerando que cada uma delas também envolve questões axiológicas e ideológicas, ou seja, se move em um domínio político e também se direciona para um tipo particular de interesse cognitivo (Habermas, 1982 [1968]):

- as *ciências empírico-analíticas*, também conhecidas como nomológicas, que são dirigidas pelo interesse técnico e geram conhecimento para possibilitar a predição e o controle dos fatos sociais;
- as *ciências hermenêuticas*, que são orientadas pelo interesse prático, buscam a compreensão social por meio da comunicação e interpretação;
- as *ciências críticas*, que são motivadas pelo interesse emancipatório, voltam-se para a transformação social.

Para os estudos organizacionais, alternativamente ao *diagrama de paradigmas sociológicos* de Gibson Burrell e Gareth Morgan, apresento o *círculo das matrizes epistêmicas*, que faz referência aos tipos de ciências analisadas por Jürgen Habermas, apontando para três tipos de interesse cognitivo: técnico, prático e emancipatório. No espaço desse círculo, transitam diversas abordagens sociológicas constituídas por suas respectivas teorias e metodologias. Cada uma das abordagens sociológicas remete a um conjunto teórico-metodológico e não há limite para o número de abordagens sociológicas que é possível criar no domínio da produção do conhecimento, de modo que elas vão além dos quatro "paradigmas" identificados por Gibson Burrell e Gareth Morgan. No capítulo seguinte, apresento as *principais abordagens sociológicas* que atualmente são referenciadas nos estudos organizacionais: a abordagem funcionalista, a abordagem interpretativista, a abordagem humanista, a abordagem estruturalista, a abordagem pós-estruturalista e a abordagem realista crítica.

A proposta que ora apresento, a partir do pensamento de Jürgen Habermas, recupera vinculações entre a filosofia e a ciência, mas sem absolutizar nem a filosofia, nem a ciência. Cada uma das matrizes epistêmicas se inspira em uma filosofia e lógica de pensamento particulares: filosofia positiva e lógica formal (matriz empírico-analítica), filosofia hermenêutica e lógica interpretativa (matriz hermenêutica) e filosofia negativa e lógica dialética (matriz crítica). No entanto, a filosofia e lógica que instruem as matrizes do *círculo das matrizes epistêmicas* não são determinadoras das abordagens sociológicas, mas sim pontos de referência para reconstruções racionais possíveis de serem formuladas e também questionadas. Além disso, as *matrizes epistêmicas* podem ser compreendidas como as guardadoras de lugar do conhecimento e realizam o papel de intérprete/mediador da filosofia em relação à ciência. Em síntese, *as abordagens sociológicas produzem suas teorias e metodologias e se orientam de acordo com três matrizes epistêmicas, que se inspiram em uma filosofia e lógica de pensamento particulares*. A figura a seguir ilustra a proposição realizada, apresentando a alternativa imagética sugerida.

FIGURA 3 Círculo das matrizes epistêmicas, abordagens sociológicas, teorias e metodologias

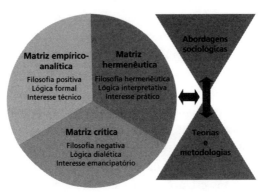

A figura, no entanto, não faz justiça ao que estou tentando revelar, pois deveria ser, na verdade, uma animação, uma vez que há uma dinâmica entre os elementos que precisa ser observada para um melhor entendimento da proposição que ora realizo. O diagrama apresentado é um círculo composto de matrizes epistêmicas, no lugar de um quadrado dividido em quatro paradigmas e polarizado por posições antagônicas. Tal proposição sugere abandonar a lógica paradigmática, de modo que as matrizes devem ser utilizadas como referências orientadoras do conhecimento e não como domínios de atuação científica. A escolha do círculo foi intuitiva e partiu da intenção de colocar as matrizes como parte de um todo integrado do conhecimento, uma vez que os interesses cognitivos não deveriam ser compreendidos como concorrentes, mas complementares, pois o funcionamento da vida social depende de todos eles.

Coincidentemente, a simbologia, nesse caso, tem muito a nos dizer (Lexikon, 1994 [1978]). O quadrado é comumente associado ao pensamento cartesiano, analítico e mecânico, indicando precisão, cálculo e perfeição matemática. Ele ainda simboliza a interrupção do movimento, pois os quatro ângulos indicam descontinuidade no fluxo, inércia e limitação. O quadrado, ainda, é uma forma construída, que não se encontra na natureza, também remetendo à rigidez, estabilidade e ordem. O círculo, por sua vez, é associado ao pensamento orgânico, relacionando-se ao incalculável e ao natural. Ele simboliza a fluidez livre e sem interrupções. O círculo é uma forma abundante na natureza e faz referência à flexibilidade, ao infinito, ao ilimitado e à ideia de totalidade.

Os paradigmas sociológicos de Gibson Burrell e Gareth Morgan foram pensados dentro de um registro de rigidez, estabilidade e ordem, na medida em que se baseiam na tese da incomensurabilidade que questiona a comunicação entre os "paradigmas". Além disso, o modelo é analítico e mecânico: trata-se de uma construção que procura simplificar o entendimento das ciências sociais e que resulta em um reducionismo. A proposição de um *círculo de matrizes epistêmicas* pactua com um pensamento orgânico, que possibilita o movimento na construção do conhecimento, reforçando a ideia de flexibilidade e agregando, de forma natural, o potencial ilimitado do conhecimento humano em uma totalidade. O *círculo das matrizes epistêmicas* serve como um referencial de orientação para as abordagens sociológicas, guiando as mesmas quanto à sua identidade epistêmica na construção de teorias e metodologias. Suas características e dinâmica serão esclarecidas com as elaborações realizadas nas próximas páginas. Em primeiro lugar, apresento a definição de cada uma das matrizes epistêmicas e, em seguida, procuro explicar como os elementos citados se relacionam, discutindo os dois arranjos teórico-analíticos elaborados para sustentar uma nova *teoria do desenvolvimento do conhecimento*: a *tese da incompletude cognitiva* e a *tese das reconstruções epistêmicas*.

Matriz empírico-analítica

A matriz empírico-analítica caracteriza-se por três elementos: o alinhamento com a filosofia positiva, o uso da lógica formal e a preferência pelo interesse técnico. Sua epistemologia deriva em grande parte do movimento sociológico positivista, ao qual passo a me referir para aprofundar a discussão. Hermas Arana, em seu livro *Positivismo: reabrindo o debate*, publicado em 2007, deixa clara a relação entre a ciência e a filosofia positiva: "Ora, cabe à ciência positiva, diz o positivismo lógico, entender-se com a verdade das proposições. Cabe à filosofia positiva indagar o sentido das proposições" (Arana, 2007:113). A filosofia positiva procura o máximo de rigor no sentido das proposições, recorrendo para isso à lógica formal.[44]

---

44. "Este modo de colocar o problema traz à baila o valor da lógica nas investigações filosóficas. Ela não é mais, não é apenas, uma disciplina filosófica

Em busca de um novo referencial

O positivismo não busca meramente uma concepção de mundo (*Weltanschauung*), mas uma concepção científica de mundo (*Weltauffassung*). Para caracterizá-la, Hermas Arana recorre ao Manifesto do Círculo de Viena:

> Caracterizamos a concepção científica de mundo mediante duas determinações. Em primeiro lugar, ela é empirista e positivista: há apenas conhecimento empírico, a partir do imediatamente dado. Em segundo lugar a concepção científica de mundo caracteriza-se pela aplicação de um método determinado: o método de análise lógica.[45]

Mas por que se utiliza a palavra positivismo? O positivo é empregado no sentido do que "[...] é dado, o que é franqueado ao conhecimento; o que efetivamente está ao alcance do homem conhecer" (Arana, 2007:5). Hermas Arana recorre a Auguste Comte para avançar um pouco mais, realizando uma identificação entre o positivo e a utilidade:

> Primeiramente "positivo" significa o que é real, o que não é quimérico, fictício, fabuloso... Continuando, "positivo" quer dizer também relevante do ponto de vista prático; útil; o que contribui para o melhoramento de nossas condições coletivas e individuais, para o controle das condições externas de nossa existência. Não faz jus ao qualificativo de positiva a investigação que vise apenas e esterilmente à satisfação de nossa curiosidade intelectual. Continuando mais ainda, "positivo" remete-se a certo, em oposição ao que é, de sua natureza, duvidoso, insolúvel, como, por exemplo, o objeto dos debates suscitados pela teologia e pela metafísica. Remete-se ao que é preciso, o que não é vago – precisão "compatível com a

---

entre outras, mas, podemos expressá-lo diretamente, é o método mesmo do filosofar. Lógica entendida aqui em seu sentido mais amplo: compreende a lógica formal, pura, e a lógica aplicada, ou seja, a teoria do conhecimento" (Carnap, 1930:12 apud Arana, 2007:118).

45. Manifesto do Círculo de Viena, parágrafo 2 apud Arana (2007:119).

natureza dos fenômenos": quanto mais complexos os fenômenos, tanto menos precisos os conhecimentos que temos ou podemos ter a respeito deles. Em quinto lugar, o que é positivo contrasta como o que é pejorativamente negativo: a filosofia positiva, assevera Comte, vem para organizar, não para destruir [Arana, 2007:17].

Além disso, o positivismo é visto como uma doutrina da neutralidade axiológica do saber, que tem as seguintes características:

O positivismo – em sua figuração "ideal-típica" – está fundamentado num certo número de premissas que estruturam um "sistema" coerente e operacional:

(1) A sociedade é regida por leis naturais, isto é, leis invariáveis, independentes da vontade e da ação humanas; na vida social, reina a harmonia natural.

(2) A sociedade pode, portanto, ser epistemologicamente assimilada pela natureza (o que classificaremos como "naturalismo positivista") e ser empregada pelos mesmos métodos, *démarches* e processos empregados pelas ciências da natureza.

(3) As ciências da sociedade, assim como as da natureza, devem limitar-se à observação e à explicação causal dos fenômenos, de forma objetiva, neutra, livre de julgamentos de valor ou ideologia, descartando previamente todas as pré-noções e preconceitos [Löwy, 1998:17).

Dessa forma, é possível afirmar que o positivismo é marcado pelo empirismo e pela lógica formal, que enfatiza as explicações causais, bem como pela neutralidade axiológica, que abre espaço para o interesse técnico. O postulado de uma ciência axiologicamente neutra (Löwy, 1998), vai além do quadro do positivismo e se manifesta, inclusive, em autores afastados dele, como Max Weber e mesmo alguns marxistas. Assim, Max Weber comporta uma dualidade, pois sua teoria de neutralidade axiológica (*Wert-*

freiheit) das respostas é de orientação positivista, enquanto sua teoria do valor (*Wertbeziehung*) das questões segue a tendência historicista. Logo, temos um primeiro sinal de que não é possível estabelecer posições estanques para os autores em relação às matrizes epistêmicas que estamos discutindo.

A identificação da ciência positiva e do interesse técnico com a defesa da ordem estabelecida é obra de Auguste Comte, que é responsável pela transmutação da concepção científica de mundo (*Weltauffassung*) em ideologia, pois faz uma defesa do que considera uma nova ordem, que contém o progresso, compreendido como desenvolvimento da indústria e das ciências. Émile Durkheim prossegue nessa linha porque não vê contradição entre a neutralidade científica que reivindicava e a tendência conservadora de seu método, que ele próprio reconhecia. Karl Popper, por sua vez, tenta restituir o caráter neutro do positivismo, isentando o mesmo da ideologia, clamando por uma objetividade institucional,[46] mas se vê em apuros, na medida em

---

46. Objetividade institucional seria uma nova teoria de objetividade científica, que Michel Löwy (1998:52-53) assim caracteriza, a partir de Karl Popper: "Para resumir estas considerações, poderia se dizer que o que designamos por objetividade científica não é um produto da imparcialidade do sábio individual, mas um produto do caráter social ou público do método científico; e a imparcialidade do sábio individual é, na medida em que ela existe, não a fonte, mas antes o resultado desta objetividade social e institucionalmente organizada. Graças a esse método, são corrigidas e eliminadas, de acordo com Popper, todas as parcialidades, quer sejam individuais ou de classe: 'Futilidades (*Kleinigkeiten*) como por exemplo a posição social ou ideológica do pesquisador são eliminadas assim delas próprias, apesar de naturalmente desempenharem a curto prazo seu papel'" (citando Karl Popper. Die Logik der Sozialwissenschaft, em *Der Positivismusstreit in der deutschen Soziologie*. Neuwied: Luchterhand, 1975, p. 113). Mais adiante Michel Löwy (1998:53) questiona a formulação popperiana: "Na realidade, quem ousará pretender que nas instituições de pesquisa científico-social 'futilidades' como posições sociais ou ideológicas 'eliminam-se a si próprias?' Isto é claramente impossível, por duas razões que Popper prefere ignorar" As razões apontadas são as seguintes: pesquisadores sociais não escapam aos múltiplos condicionamentos sociais e não há consenso entre os pesquisadores nas universidades, conferências e publicações científico-sociais.

que não é possível controlar as preferências político-ideológicas dos cientistas (Löwy, 1998). A questão assim permanece insolúvel, pois é impossível separar o interesse técnico dos outros interesses envolvidos, o que me leva a reconhecer que há um viés conservador no positivismo, mas também a indagar se a defesa do interesse técnico em si é conservadora.

Matriz hermenêutica

A matriz hermenêutica caracteriza-se por três elementos: o alinhamento com a filosofia hermenêutica, o uso da lógica interpretativa e a preferência pelo interesse prático. Sua epistemologia deriva de movimentos sociológicos de caráter hermenêutico e sua filosofia origina uma ciência hermenêutica, que é mediada pela lógica interpretativa. No livro publicado em 2002, *Hermenêutica contemporânea*, Josef Bleicher afirma que a filosofia hermenêutica se baseia na interpretação de um ato ou fato humano em sua situação temporal e histórica, enquanto a ciência hermenêutica busca uma base metodológica para essa interpretação, que rejeita o objetivismo, uma vez que coloca a compreensão como um processo intersubjetivo. As elaborações feitas por Josef Bleicher em seu livro também me permitem concluir que a lógica interpretativa considera que as expressões humanas são compreendidas por meio de sistemas de valores e significados que são mediados pela subjetividade, sendo que seu alvo são os símbolos e não os fatos. Além disso, constatei que a matriz hermenêutica é guiada pelo interesse prático, que procura evitar uma ruptura da comunicação, preservando o conhecimento da autobiografia e da tradição coletiva pelos sujeitos, bem como a mediação entre os indivíduos, grupos e civilizações diferentes. É dito prático porque, conforme Jürgen Habermas, a hermenêutica não se separa da *práxis* (Habermas, 1982 [1968]).

No livro publicado em 1967, *A lógica das ciências sociais*, Jürgen Habermas afirma que o pensamento empírico-analítico se contrapõe à elucidação hermenêutica: no primeiro caso, trata-se de proposições matemáticas ou teorias rigorosas, enquanto no segundo caso, temos a problemática da compreensão do sentido. É preciso, segundo o filósofo, fazer uma distinção entre a explicação causal e a clarificação semântica. As ciências empírico-analíticas discutem regras metodológicas para construção e teste de teorias, buscando ligação lógica entre os fatos. Para as ciências hermenêuticas, a metodologia tem a tarefa de refletir sobre as regras da prática da pesquisa, buscando estabelecer conexões epistêmicas significativas ao invés de submeter a pesquisa a princípios abstratos válidos para a construção dedutiva de linguagens formalizadas. Jürgen Habermas identifica três abordagens que fazem análises desse tipo:

> A *abordagem fenomenológica* conduz a uma investigação acerca da constituição da *práxis* vital cotidiana. A *abordagem linguística* centra-se em jogos de linguagem que determinam ao mesmo tempo formas de vida de maneira transcendental. A *abordagem hermenêutica* torna possível finalmente que concebamos as regras linguístico-transcendentais do agir comunicativo a partir de um contexto objetivo de uma tradição atuante – com isto já se implode o quadro lógico-transcendental [Habermas, 2009 [1967]:151, grifos no original].

A *abordagem fenomenológica* para a sociologia, qualificada como compreensiva, parte das elaborações de Alfred Schütz. Do ponto de vista metodológico, a interpretação é subjetivamente orientada, de modo que os conceitos formulados precisam se articular com os esquemas interpretativos do pesquisador. Para a reconstrução do mundo da vida, parte-se da situação biográfica: a história de vida dos pesquisados se entrelaça com a história de vida do pesquisador em meio a tradições transmitidas às gerações. Trata-se de constituir conhecimento intersubjetivo, no qual o pesquisador assume as perspectivas dos pesquisados. Jürgen Habermas se refere a Harold Garfinkel e Erving Goffman, que realizam trabalhos nessa linha, e faz uma discussão para apontar que a abordagem fenomenológica permanece no interior dos limites da análise da consciência (o mundo da vida constatado é o mundo da vida do fenomenólogo), pois para ir além seria preciso passar da análise do mundo da vida para a análise da linguagem.

A *abordagem linguística* é que faz essa transição, abandonando a problemática da consciência: a crítica da linguagem substitui a crítica da consciência. Nessa perspectiva, as regras segundo as quais os mundos da vida são estruturados são verificadas por meio da análise da linguagem das regras dos processos de comunicação. Segundo Jürgen Habermas, a "[...] análise da linguagem só pode se tornar relevante para a metodologia de uma sociologia compreensiva depois que o positivismo lógico atravessou dois níveis de autocrítica" (Habermas, 2009 [1967]:189). Foi Ludwig Wittgenstein que, no seio do próprio positivismo, fez esse movimento de autocrítica.[47] Em sua filosofia tardia, Ludwig Wittgenstein abandona a linguagem monopolista das ciências naturais, de modo que

[...] abre o espaço para um pluralismo de linguagens naturais, que não captam mais teoricamente a realidade em um único quadro da concepção de mundo, mas praticamente diversos mundos da vida. As regras destes jogos de linguagem são gramáticas tanto de linguagens quanto de formas de vida. A toda ética ou forma de vida corresponde uma lógica própria, a saber, a *gramática* de um *jogo de linguagem* determinado e não redutível [Habermas, 2009 [1967]:198, grifos no original].

---

47. "Enquanto o positivismo empreende uma análise da linguagem com um intuito metodológico e transforma essa análise em ciência formal, Wittgenstein faz valer, contra o impulso do pensamento reducionista, a questão epistemológica de saber como a linguagem pode tornar possível o conhecimento da realidade" (Habermas, 2009 [1967]:191).

Ao alcançar a autorreflexão sociolinguística, a análise da linguagem perde a significação lógico-científica e ganha o sentido de desvelar o agir social. A sociologia compreensiva realiza então uma conexão entre jogo de linguagem e forma de vida, mas para compreender uma língua é preciso dominá-la, o que implica um sentido prático, sendo que linguagem e ação podem ser entendidas como momentos de um mesmo modelo de um jogo de linguagem. Compreender significa aprender na prática a entender algo: só linguagens formalizadas, que são monológicas e construídas sob a forma de cálculos podem ser compreendidas sem processos práticos interativos, pois dependem da repetição solitária de regras formais. A compreensão linguística, por sua vez, é uma repetição de um processo de socialização. Orientar-se em uma cultura estrangeira, no entanto, requer um processo exitoso de tradução, o que abre o campo da hermenêutica, no qual Ludwig Wittgenstein não adentra.

A *abordagem hermenêutica* remete à tradução, que é necessária em situações em que o entendimento está perturbado, o que ocorre entre línguas e mesmo dentro de uma mesma língua, ou entre gerações e épocas. O problema hermenêutico não é um problema de domínio linguístico correto, mas de entendimento correto sobre algo que acontece imerso na linguagem. A autorreflexão hermenêutica vai além da autorreflexão linguística, pois os círculos linguísticos não são fechados, mas porosos, e estão mergulhados na história. A hermenêutica, no entanto, não é um discurso contestador, mas uma força de conciliação.[48] Além disso, a hermenêutica insiste no fato de que só aprendemos a compreender um jogo de linguagem a partir de um horizonte de linguagem que nos é familiar:

---

48. "[...] o discurso contestador é o reverso da compreensão hermenêutica que ultrapassa a distância mantida e impede a ruptura da comunicação. É intrínseco à tradução a força da reconciliação. Nela, conserva-se o poder unificador da linguagem contra a decadência em uma pluralidade de linguagens sem ligação que, isoladas, acabariam por condenar os indivíduos a um imediato" (Habermas, 2009 [1967]:234).

A hermenêutica concebe a mediação daquilo que o intérprete traz consigo com aquilo [de] que ele se apropria como um desenvolvimento contínuo daquela tradição cuja apropriação está em questão para o intérprete. A hermenêutica não cai no impasse da análise da linguagem, que não está em condições de justificar o seu próprio jogo de linguagem; ela parte justamente do fato de a prática de jogos de linguagem nunca poder acontecer abstratamente, mas sempre apenas sobre a base dos jogos de linguagem que o intérprete já domina. Compreensão hermenêutica é a interpretação de textos a partir do conhecimento de textos já compreendidos; ela conduz a novos processos de formação a partir do horizonte de processos de formação já realizados; trata-se de um novo processo de socialização, que se articula com uma socialização já percorrida – na medida em que ela se apropria da tradição, ela dá prosseguimento à tradição [Habermas, 2009 [1967]:237-238].

A compreensão hermenêutica se fundamenta em um saber prático, que é internalizado. O saber técnico é extrínseco, pois nós desaprendemos regras técnicas logo que deixamos o campo de exercício, enquanto regras práticas, uma vez dominadas, tornam-se parte da estrutura de personalidade. O saber prático está ligado ao processo de socialização e se desenvolve continuamente. Além disso, ele se orienta por regras de interação e não se relaciona com finalidades particulares, ligando-se ao interesse prático e não ao interesse técnico. Por outro lado, a compreensão hermenêutica se direciona a clarificar a autocompreensão que orienta os grupos sociais a partir da tradição, possibilitando o consenso e conjurando os perigos da ruptura da comunicação.

A lógica da hermenêutica passa pela compreensão de sentido, que abandona as relações causais para analisar as relações simbólicas. Sua função é tornar compreensível a comunicação perturbada, elucidando o que parece estranho e as comunicações indiretas. Não se trata de fazer uma análise puramente empírica ou exclusivamente linguística, mas de focalizar as ações e expressões vivenciais, uma vez que linguagem e *práxis* se entrelaçam. Jürgen Habermas vê assim um caminhar que começa na fenomenologia, passa pela linguística e desemboca na hermenêutica propriamente dita, mas podemos dizer que as três abordagens estão enraizadas em um solo comum, alimentadas pela lógica interpretativa e pelo interesse prático.

É possível, pois, afirmar que a matriz hermenêutica é uma derivação da matriz empírico-analítica, nascendo de questionamentos que surgiram no campo do próprio positivismo. No domínio dessa matriz, temos várias teorias que fazem aproximações da hermenêutica, mas nem todas chegam efetivamente a praticá-la. Aquelas que permanecem no nível da fenomenologia e da análise linguística apenas constatam e descrevem, deixando de alcançar a posição de tradução própria da autocompreensão hermenêutica, que é um passo fundamental que antecede a autorreflexão que contempla o interesse emancipatório. Por esse motivo, algumas abordagens interpretativistas costumam ser entendidas como conservadoras e pouco comprometidas com a transformação social.

Matriz crítica

A matriz crítica caracteriza-se por três elementos: o alinhamento com a filosofia negativa, o uso da lógica dialética e a preferência pelo interesse emancipatório. A filosofia negativa é exatamente o oposto da filosofia positiva, pois não procura alcançar o máximo rigor no sentido das proposições recorrendo à lógica formal, mas atingir o conteúdo das proposições recorrendo à lógica dialética. Assim, ao invés de se ater o que é dado ao conhecimento e ao certo, a filosofia negativa se interessa pelo que não está evidente e insere a dúvida: o que é positivo para os positivistas é justamente aquilo que deve ser criticado na visão dos dialéticos (Adorno, 1999 [1974]). Os positivistas acreditam que as contradições são anátemas, ou seja, maldições lançadas sobre nós que precisam ser combatidas, enquanto para os dialéticos elas são justamente nossa oportunidade de reflexão para a superação da realidade, apontando para o interesse emancipatório.[49]

No artigo de 1974, "Introdução à controvérsia sobre o positivismo na sociologia alemã", Theodor Adorno afirma que Jürgen Habermas[50] apontou a transição da lógica formal para a dialética como necessária tendo em vista o conhecimento específico da ciência social. Nesse âmbito, a ciência deveria estar ligada à constituição da teoria do conhecimento, indo além da aplicação metodológica, pois desse modo se reduz à técnica. Além disso, deveria renunciar à pretensão de ser toda a verdade: "Por pretender ser toda a verdade, a verdade cientificista não o é" (Adorno, 1999 [1974]:135). A tarefa da crítica dialética seria salvar, ou restaurar, o que não está de acordo com a "totalidade", ou seja, focalizar o que não se encaixa no padrão, propondo uma nova noção de "totalidade":

> A diferença entre a visão dialética da totalidade, e a positivista, se aguça justamente porque o conceito dialético de totalidade pretende ser "objetivo", isto é, ser aplicável a qualquer constatação social singular, enquanto as teorias de sistemas positivistas tencionam somente, pela escolha de categorias o mais gerais possível, reunir constatações sem contradição em um contínuo lógico, sem re-

---

49. "[...] se nas sentenças das ciências sociais aparecem contradições lógicas, tais como aquela não irrelevante de que o mesmo sistema social libera e escraviza as forças produtivas, então a análise teórica se capacita a remeter tais dissonâncias lógicas a momentos estruturais da sociedade, não precisando eliminá-las como simples impertinências do pensamento científico, já que somente podem ser suprimidas mediante a transformação da realidade" (Adorno, 1999 [1974]:137).

50. Theodor Adorno (1999 [1974]) está se referindo ao texto de Jürgen Habermas "Teoria analítica da ciência e dialética, contribuição à controvérsia entre Popper e Adorno", que está no livro *A disputa do positivismo na sociologia alemã*, que foi editado em 1972.

conhecer os conceitos estruturais superiores como condição dos estados de coisas por eles subsumidos [Adorno, 1999 [1974]:125].

Theodor Adorno diferencia o que é a crítica para os positivistas do que ela é para os dialéticos. Recorre a Karl Popper para evidenciar que o conceito de crítica positivista é puramente cognitivo, isto é, busca saber se os objetos do conhecimento são o que postulam – se estão de acordo com seu próprio conceito –, ou seja, busca perseguir a verdade que os conceitos, juízos e teoremas expressam por si mesmos, recorrendo a um raciocínio lógico formal à custa do conteúdo. Já a crítica dialética procurar verificar se a coisa conhecida é legítima, ou seja, examinar seu conteúdo. Para Theodor Adorno, mais do que a verdade, os positivistas buscam a certeza e a ausência de contraditoriedade, enquanto para os dialéticos a "[...] sociedade como sujeito e a sociedade como objeto são a mesma coisa e também não são a mesma coisa" (Adorno, 1999 [1974]:149), pois a sociedade age de forma que não se reduz a um objeto e lança assim sua dúvida sobre toda a objetividade científica.

Theodor Adorno reconhece que a dialética costuma ser mal compreendida, pois aceitar a contraditoriedade não significa renunciar à objetividade. Para isso, recorre novamente a Jürgen Habermas,[51] afirmando que o processo de conhecimento é global, de modo que não pode permanecer em uma hermenêutica da interpretação subjetiva dos sentidos, pois o conhecer também envolve uma teoria de interpretação objetiva dos sentidos. A interpretação não pode ser tomada como uma doação de sentido pelo conhecedor ou pelo agente social, pois é produto de uma rede de significados engendrada por toda a sociedade, ou seja, há uma essência social que cunha os fenômenos e não uma lei geral que os rege, como quer a visão cientificista convencio-

---

51. Trata-se do mesmo texto de Jürgen Habermas sobre a controvérsia entre Theodor Adorno e Karl Popper citado em nota anterior.

nal. Em outras palavras, podemos dizer que *a crítica dialética imbrica-se com a hermenêutica e ambas estão fundamentadas na realidade social.*

A reflexão da totalidade na dialética não significa que essa proceda a partir de algo e veja a sociedade de um modo global, pois, ao contrário, ela está tentando dominar pelo seu procedimento a relação antinômica entre o universal e o particular. Para Theodor Adorno, o "[...] modo dialético de encarar a sociedade considera mais a micrologia do que o faz o positivista, que, apesar de *in abstracto* atribuir ao ente singular o primado sobre seu conceito, no seu modo de proceder passa rapidamente por isso munido de uma pressa atemporal [...]" Uma vez que "[...] o fenômeno singular encerra em si toda a sociedade, a micrologia e a mediação constituem contrapontos mútuos através da totalidade", sendo que a "[...] determinação dialética do singular como algo simultaneamente particular e universal altera o conceito social de lei [...]", que "[...] não detém mais a forma do 'sempre que... então', mas sim do 'dado que... é preciso'" (Adorno, 1999 [1974]:155-157).

Segundo Theodor Adorno, "[...] há muito a sociologia empírica percebeu o que perde em conteúdo específico devido à generalização estatística. Frequentemente aparece no detalhe algo decisivo acerca do universal, que escapa à simples generalização" (Adorno, 1999 [1974]:157). Dessa forma, os levantamentos estatísticos deveriam ser complementados com estudos de caso, para que houvesse discernimento qualitativo. A tarefa da sociologia seria analisar quais problemas permitem tratamento empírico adequado e quais não o permitem, uma vez que sacrificam o sentido. O interesse pela coisa deveria se firmar contra a obsessão metodológica para que fosse possível salvar a ciência enquanto via da teoria do conhecimento.

As elaborações de Theodor Adorno e Jürgen Habermas prenunciam uma confluência dos três interesses cognitivos no seio da matriz crítica, embora os equívocos na interpretação do que é a dialética e de sua aplicação do ponto de vista metodológico venham contribuindo para estabelecer uma primazia do interesse emancipatório. A identificação entre crítica e emancipação começa em Immanuel Kant, que define a crítica como uma ação que leva o homem a sair do estado de minoridade e prossegue mais adiante com Max Horkheimer, que também coloca a crítica como sinônimo de emancipação, apesar de existir, conforme foi verificado, também uma crítica positivista. Em seu texto de 1937, "Teoria tradicional e teoria crítica", Max Horkheimer faz esse percurso, que influenciará gerações de pensadores e pesquisadores.[52]

A função da teoria crítica não pode ser separada de seu sentido emancipatório, mas essa também não pode prescindir da *práxis*, que é sua promessa original (Bronner (1997a, 1997c), de modo que a emancipação deve ser tomada para além da sua face utópica, suplantando a teoria e reconstruindo sua atuação nas questões públicas. Para isso, é fundamental reconstituir suas articulações com o interesse técnico e o interesse prático, com a matriz empírico-analítica e a matriz hermenêutica, pois a matriz crítica não tem uma existência independente e está profundamente entrelaçada às demais, sendo que deveria transcender a teoria e explorar novos caminhos metodológicos.

Uma nova teoria do desenvolvimento do conhecimento: a tese da incompletude cognitiva e a tese das reconstruções epistêmicas

O *círculo das matrizes epistêmicas* é um *locus* a partir do qual as abordagens sociológicas se orientam e no qual as matrizes

---

52. "[...] a função da teoria crítica torna-se clara se o teórico e sua atividade específica são considerados em unidade dinâmica com a classe dominada, de tal modo que a exposição das contradições sociais não seja meramente uma expressão da situação histórica concreta, mas também um fator que estimula e que transforma" (Horkheimer, 1980a [1937]:136).

epistêmicas representam pontos de referência. Assim, as matrizes apresentadas não devem ser tomadas como instâncias que aprisionam as abordagens sociológicas, mas sim como partes constituintes de um todo integrado da produção de conhecimento: elas são guardadoras de lugar do conhecimento e também mediadoras entre filosofia e ciência. Quando indico que o círculo representa a unidade do conhecimento, quero dizer que as ciências sociais e os estudos organizacionais deveriam ser capazes de desenvolver pesquisas que abarquem o interesse técnico, o interesse prático e o interesse emancipatório.

O que me possibilita fazer essa afirmação são as considerações feitas por Jürgen Habermas em 1973, no posfácio de uma nova edição de *Conhecimento e interesse*, pois o filósofo defende que os interesses orientadores do conhecimento são responsáveis por zelar pela unidade do sistema de ação e experiência, sendo que o interesse técnico e o interesse prático estão entrelaçados com os elementos constituintes do sistema social, enquanto que o interesse emancipatório garante o elo entre o saber teórico e a *práxis* de vida.[53] A universalidade dos interesses do conhecimento, que reforça seu entrelaçamento e também a própria unidade do conhecimento, são discutidas por Jürgen Habermas nesse posfácio.[54]

---

53. "Os interesses orientadores do conhecimento zelam, frente ao discurso, pela unidade do respectivo sistema de ação e experiência [...] Enquanto o interesse técnico e o interesse prático do conhecimento estão fundamentados em estruturas profundas de ação e experiência, entrelaçados que estão como os elementos constituintes dos sistemas sociais, o *interesse emancipatório do conhecimento* possui um *status* derivado. Ele garante o elo do saber teórico com a práxis da vida, isto é, com uma 'área-de-objeto', a qual surge sob as condições de uma comunicação *sistematicamente deformada* e de uma repressão aparentemente legitimada" (Habermas, 1982 [1968]:344-345, grifos no original).

54. "A *universalidade* dos interesses do conhecimento significa que as condições de reprodução da espécie ou da forma de vida sociocultural impõem-se, como tais, na área de objeto. E trata-se de uma base de *interesses* porque as estratégias cognitivas da produção de um (verdadeiro) saber utilizável técnica, prática e emancipatoriamente se referem a classes gerais de problemas da reprodução da

Estas considerações de Jürgen Habermas evidenciam que, na realidade, a separação das ciências entre empírico-analíticas, hermenêuticas e críticas, ou entre ciências da natureza e ciências do espírito, é uma "divisão do trabalho" que não faz muito sentido. O ideal seria pensar uma ciência social capaz de realizar uma unidade do conhecimento, em um sentido transdisciplinar,[55] de modo que a crítica realizasse uma mediação entre o empírico-analítico e o hermenêutico. Os interesses cognitivos são interdependentes e não deveriam ser tomados separadamente na produção do conhecimento das ciências sociais, especialmente quando aplicadas. O interesse emancipatório sozinho, torna-se crítica pela crítica, visto que depende dos interesses prático e técnico para se concretizar em ações; o interesse prático isolado tende a se transformar em pura compreensão e descrição, uma vez que precisa dos interesses técnico e emancipatório para ser capaz de interferir na realidade; e o interesse técnico apenas se converte em instrumentalismo, pois é necessário também contemplar as necessidades sociais de compreensão e emancipação.

---

vida, postos de antemão com os elementos constituintes dos sistemas sociais. A *imediatez* da antecipação interessada, visando às soluções de problemas, pode muito bem ser suprimida pela reflexão: nessa medida os interesses do conhecimento podem ser 'ultrapassados'; mas a reflexão não teria nem a força nem motivo de espécie alguma para 'suprimir' os interesses do conhecimento" (Habermas, 1982 [1968]:347, grifos no original).

55. O primeiro conceito de transdisciplinaridade foi trazido por Jean Piaget, que apostava no amadurecimento da compreensão das estruturas gerais e dos padrões de pensamento, de modo a constituir uma teoria geral das estruturas e dos sistemas. A abordagem transdisciplinar se aprende como "[...] uma nova organização do conhecimento, como uma nova hermenêutica das colocações em relação, como um processo epistemológico e metodológico de resolução de dados complexos e contraditórios situando as ligações no interior de um sistema total, global e hierarquizado sem fronteiras estáveis entre disciplinas, incluindo a ordem e a desordem, o sabido e o não sabido, a racionalidade e a imaginação, o consciente e o inconsciente, o formal e o informal" (Paul, 2005 apud Sommerman, 2006:45).

As matrizes epistêmicas apontam para preferências cognitivas e de lógica de pensamento. Cada uma delas, tomada separadamente, representa um ponto cego em relação às outras duas, bem como uma potencial incomunicabilidade, uma vez que cada uma recorre a uma linguagem específica. No entanto, essa incapacidade de comunicação é índice da nossa incompetência cognitiva no tratamento da realidade social, pois deveríamos zelar por uma unidade do conhecimento. Alguns objetos de pesquisa talvez requeiram um determinado viés cognitivo, mas fazer uma opção deveria significar que o pesquisador está ciente das limitações cognitivas a que está se submetendo, quando o que acontece em geral é tomar esse viés como se fosse a única verdade possível, pactuando com uma posição dogmática, que defende só um dos interesses cognitivos. É o caso, por exemplo, do funcionalismo, que tem a tendência de absolutizar o interesse técnico.

A busca do cientista social e do estudioso das organizações deveria ser, dentro do seu domínio de atuação, ampliar seus horizontes de conhecimento, realizando trabalhos que procurem abranger os três tipos de interesse, mas sempre ciente de suas limitações cognitivas. Assim, ao invés de debater a tese da incomensurabilidade dos paradigmas, seria mais frutífero deixar de lado a ideia de uma incomunicabilidade entre eles e admitir nossa impossibilidade de ter toda a verdade a partir de um determinado "paradigma"/"abordagem sociológica", conscientizando-se de que é necessário dialogar com as outras matrizes epistêmicas, pois essas não são estritamente instâncias rivais, mas formas diversas de captar a realidade e explicá-la, contemplando outros interesses cognitivos. Na verdade, em cada uma das matrizes epistêmicas, existe o reflexo da outra, pois a matriz empírico-analítica, no limite, busca o interesse prático; a matriz hermenêutica faz fronteira com o interesse emancipatório, e a matriz crítica, em sua tentativa de atingir a *práxis*, procura se reconciliar com o interesse técnico.

Vale ressaltar que não advogo uma síntese das matrizes epistêmicas, pois a síntese é uma conclusão apressada a que chegamos quando queremos superar as contradições: Theodor Adorno dedica boa parte do livro *Dialética negativa*, publicado em 1967, a criticar esse nosso costume. Defendo que precisamos suportar as contradições, chamando a atenção para o caráter parcial de cada uma das matrizes epistêmicas perante a realidade social e sua complexidade. Não se trata de seguir "perspectivas multiparadigmáticas" como as que já foram apresentadas, pois a ideia não é tentar analisar um mesmo objeto empírico pela lente de cada um dos "paradigmas"/"abordagens sociológicas". Sustento que ao considerar um objeto empírico, o investigador deveria levar em conta os três tipos de interesse cognitivos que o circundam, fazendo uma escolha consciente, que deixe claras as limitações cognitivas que sofrerá. Ou então partir da perspectiva de que o interesse emancipatório guia a pesquisa a fim de mediar os interesses técnicos e práticos, o que aponta para uma *nova forma de fazer ciência*, levantada por Jürgen Habermas em *Conhecimento e interesse*. Logicamente, mesmo no caso em que esse esforço de integração de interesses for realizado, as preferências cognitivas irão se apresentar, e o grau em que cada interesse será contemplado tenderá a ser diferente, mas só fato de fazer uma pesquisa com esse tipo de consciência atribui um *status* crítico à produção do conhecimento.

Essa nova forma de fazer ciência parte do princípio de que a hermenêutica deveria ser, como Jürgen Habermas reivindica, uma ciência universal, embora ele mesmo admita que, ainda que sua proposta seja suficientemente precisa, não se pode afirmar que o programa dessa nova ciência esteja completamente estabelecido. Os estudos estão avançando, mas ainda permanecem incompletos, sendo que a questão principal é buscar estratégias cognitivas que produzam um saber utilizável técnica, prática e emancipatoriamente. Os interesses do conhecimento precisam deixar de ter um *status* transcendental para assumirem um

136   Repensando os estudos organizacionais

status empírico, que contemple a vida sociocultural, mas isso também depende de *reconstruções epistêmicas* bem-sucedidas.

A noção de unidade do conhecimento harbermasiana é congruente com o *círculo das matrizes epistêmicas*, de modo que a teoria do desenvolvimento do conhecimento sugerida pelo filósofo é apropriada para a proposta que faço. O círculo, conforme foi dito, é um todo que congrega o conhecimento, na medida em que representa a integração dos interesses cognitivos. A partir dele, teorias e metodologias são desenvolvidas, orientando, do ponto de vista epistêmico, as abordagens sociológicas. O que constatei é que certas abordagens sociológicas são puras, pois situam-se em apenas uma das matrizes. É o caso da funcionalista (matriz empírico-analítica), da interpretativista (matriz hermenêutica) e da humanista (matriz crítica). Outras abordagens sociológicas, no entanto, são híbridas, pois transitam em mais de uma matriz epistêmica. É o caso da estruturalista (matriz empírico-analítica e matriz hermenêutica), da pós-estruturalista (matriz hermenêutica e matriz crítica) e da realista crítica (matriz empírico-analítica, matriz hermenêutica e matriz crítica).

Por que as matrizes epistêmicas podem ser caracterizadas dessa forma e qual é a dinâmica que está por trás delas? No domínio das ciências naturais, temos uma concordância sobre o uso de um modelo ou exemplo a ser replicado para solução de problemas que, como propõe Thomas Kuhn, quando é perturbado faz surgir uma incomensurabilidade a partir da qual pode ocorrer uma "revolução científica" e emergir um novo "paradigma". Ora, o conhecimento nas ciências sociais e nos estudos organizacionais não se desenvolve devido a "rivalidades paradigmáticas", "incomensurabilidades" e "revoluções científicas", mas porque na investigação de fenômenos sociais ocorrem incompletudes cognitivas que levam os pesquisadores a buscarem outras teorias, metodologias, abordagens sociológicas ou mesmo outras matrizes epistêmicas. Não é o fato de "vencer o adversário paradigmático" com uma nova "revolução científica" que faz o conhecimento avançar, e sim

Em busca de um novo referencial

a busca por contemplar outros interesses cognitivos, gerando teorias e metodologias que realizam novas explicações dos fenômenos e trazem novas soluções para os problemas sociais.

E como isto ocorre? Sustento que os pesquisadores realizam reconstruções epistêmicas.[56] No caso das ciências sociais na construção de um sistema de conhecimento, que denominei *abordagem sociológica*, os fundadores e pioneiros nem sempre conseguem articular cuidadosamente todos os seus elementos. Alguns elementos se perdem, e os pesquisadores, para superar incompletudes cognitivas, precisam realizar um trabalho de "escavação" para encontrá-los e recombiná-los. Nesse processo, caminhos abandonados pelos fundadores, ou por seus seguidores, podem ser retomados, e outros olhares são desenvolvidos. Assim, novas teorias e metodologias são criadas, ou aprimoradas, o que evidencia o caráter processual e dinâmico da produção do conhecimento sociológico. Logo, no lugar da "incomensurabilidade", considero a incompletude e, no lugar de "revoluções científicas", proponho as reconstruções epistêmicas.

Pesquisadores situados em *abordagens sociológicas puras*, na busca por superar limites cognitivos, podem elaborar *teorias e metodologias de fronteira*, que se encontram nos limites de sua matriz epistêmica de origem, realizando *reconstruções epistêmicas embrionárias*, ou seja, reconstruções que redefinem o conjunto teórico-metodológico, mas não chegam a constituir um novo sistema de conhecimento, ou seja, uma nova abordagem sociológica. Por vezes, esse processo de reelaboração extrapola e ocorre uma *reconstrução epistêmica avançada*, que cria um sistema de conhecimento novo, consistente e independente do ponto de vista epistemológico. Surge assim uma *abordagem sociológica híbrida*, capaz de realizar interconexões entre as matrizes epistêmicas, contemplando mais de um interesse cognitivo.

---

56. Para fazer esta proposição, inspiro-me em Hill (1984), que fala dessas reconstruções; o que fiz aqui foi aprofundar e desdobrar o conceito.

Por exemplo, a teoria neoinstitucional das organizações, que se situa na abordagem funcionalista, que é pura, e está no âmbito da matriz empírico-analítica, tem se desenvolvido para abranger elementos interpretativistas, reelaborando suas teorias e metodologias de modo a atingirem a fronteira com a matriz hermenêutica. É o caso do institucionalismo, derivado do livro *A construção social da realidade*, de Peter Berger e Thomas Luckmann, publicado em 1966, que aponta para reconstruções epistêmicas embrionárias, uma vez que se manifesta como uma teoria e metodologia de fronteira, pois ainda se circunscreve na abordagem funcionalista, ou se coloca como migrante para a abordagem interpretativista, não constituindo, portanto, uma nova abordagem sociológica. Já a abordagem estruturalista, que levou alguns pesquisadores a questionarem a incomensurabilidade, por sofrer dificuldades de "enquadramento" nos "paradigmas sociológicos" (Willmott, 1993a; Weaver e Gioia, 1994), é um novo sistema de conhecimento, ou seja, uma abordagem sociológica híbrida, resultado de uma reconstrução epistêmica avançada, pois possui independência epistêmica e procura conciliar o interesse técnico e o interesse prático, conectando a matriz empírico-analítica e a matriz hermenêutica.

Com as teses da incompletude cognitiva e da reconstrução epistêmica, emerge uma nova teoria de desenvolvimento do conhecimento que diverge da proposta kuhniana. A *tese das reconstruções epistêmicas* evidencia que o conhecimento sociológico se desenvolve por meio de *reconstruções epistêmicas embrionárias ou avançadas*. Não se trata de "rupturas paradigmáticas", ou "revoluções científicas", mas de *criação de teorias e metodologias de fronteira*, ou de *abordagens sociológicas híbridas*, que procuram superar a *incompletude cognitiva*, ainda que essa não seja uma tarefa totalmente possível, pois nenhuma reconstrução epistêmica é totalmente bem-sucedida. No entanto, essa dinâmica comprova que é possível criar sistemas de produção do conhecimento, ou seja, abordagens sociológicas que busquem conciliar os interesses cognitivos sustentados pelas matrizes epistêmicas. Em síntese:

- as matrizes epistêmicas representam espaços diferentes, nos quais se utilizam linguagens específicas, uma vez que cada uma é orientada por um tipo diferente de filosofia, lógica e interesse cognitivo;
- uma separação total dos interesses cognitivos não é possível e nem desejável na realidade social, de modo que essa delimitação dos espaços deve ser tomada como didática;
- as matrizes epistêmicas não são incomunicáveis; apenas requerem que sua linguagem seja traduzida para que haja possibilidade de diálogo e trânsito entre os espaços;
- em cada uma das matrizes epistêmicas há o reflexo da outra, pois na matriz empírico-analítica falta, e ao mesmo tempo existe, o interesse prático, na matriz hermenêutica, o interesse emancipatório, e na matriz crítica, o interesse técnico;
- as matrizes epistêmicas constituem a unidade do conhecimento, integrando os três interesses cognitivos, de modo que não deveriam ser tomadas separadamente pelos pesquisadores;
- para superar a incompletude cognitiva as teorias e metodologias transitam entre as matrizes epistêmicas e geram reconstruções epistêmicas;
- a dinâmica das abordagens sociológicas no *círculo das matrizes epistêmicas* é animada pelas teses da incompletude cognitiva e das reconstruções epistêmicas;
- *algumas abordagens sociológicas são puras*, pois se identificam com uma única matriz epistêmica e tendem a permanecer estacionárias. É o caso das abordagens funcionalista, interpretativista e humanista;
- um exame mais minucioso evidencia que, devido à incompletude cognitiva, mesmo abordagens *sociológicas puras* podem gerar *teorias e metodologias de fronteira*, ou seja, que se encontram nos limites de sua matriz epistêmica de origem, sendo derivadas de *reconstruções epistêmicas embrionárias*;

140 Repensando os estudos organizacionais

- *algumas abordagens sociológicas são híbridas,* uma vez que articulam elementos de mais de uma matriz epistêmica e contemplam mais de um interesse cognitivo, sendo geradas a partir de *reconstruções epistêmicas avançadas.* É o caso das abordagens estruturalista, pós-estruturalista e realista crítica;
- o *círculo das matrizes epistêmicas* e as teses da incompletude cognitiva e das reconstruções epistêmicas constituem uma nova teoria do desenvolvimento do conhecimento.

No capítulo seguinte, pretendo dar alguns exemplos disso, inclusive aprofundando os casos supracitados.

CAPÍTULO VI

Matrizes epistêmicas e abordagens sociológicas nos estudos organizacionais

Neste capítulo, apresento e discuto as principais abordagens sociológicas utilizadas atualmente nas organizações. Esta apresentação e discussão das abordagens, no entanto, não pretende ser exaustiva quanto ao conteúdo delas, pois não é o foco do presente livro fazer uma descrição detalhada do atual *status* dos estudos organizacionais. O objetivo é colocar as linhas gerais de cada abordagem sociológica, citando conceitos fundamentais e alguns autores representativos (principalmente os nacionais), bem como fazendo reparos de natureza teórica para a melhor compreensão das mesmas.

Por outro lado, também procuro confirmação empírica das *teses da incompletude cognitiva* e das *reconstruções epistêmicas*, para sustentar a nova *teoria de desenvolvimento do conhecimento* que apresentei. Assim, mostro evidências de *reconstruções epistêmicas* realizadas pela comunidade de pesquisadores, reconstruções essas que resultaram em *teorias e metodologias de fronteira* ou *abordagens sociológicas híbridas*, na busca de uma ciência social e das organizações que supere limitações e contemple mais de um tipo de interesse cognitivo.

Uma vez que a produção do conhecimento na área continua seguindo a "lógica paradigmática", farei, no paralelo, referência aos "paradigmas" traçados por Gibson Burrell e Gareth Morgan, mas isso não significa, em absoluto, que estou defendendo seu uso, mas apenas utilizando o vocabulário corrente nos estudos organizacionais com o intuito de facilitar a leitura e o entendimento do texto pelos pesquisadores que estão familiarizados com esse tipo de linguagem. O ideal, no entanto, é o abandono do termo paradigma, de modo que não pretendo utilizá-lo, mas quando o fizer, recorrerei às aspas, como fiz em outras partes do presente livro. Os "paradigmas" funcionalismo, interpretativismo, humanismo radical e estruturalismo radical serão denominados abordagens sociológicas, e com esse termo, conforme mencionei, pretendo expressar que se trata de sistemas de produção de conhecimento que abarcam várias teorias e metodologias. Também considero conveniente abandonar o termo "radical", pois o uso desse adjetivo para caracterizar o humanismo e o estruturalismo me parece inadequado, uma vez que ao invés de a interpretação "ir à raiz" é frequente a confusão com o radicalismo político e filosófico, que por vezes dificulta a compreensão de seu conteúdo teórico, visto que alguns pesquisadores ficam presos ao viés ideológico.

Ao longo do capítulo, discuto as abordagens sociológicas mais referenciadas atualmente nos estudos organizacionais: a abordagem funcionalista, a abordagem interpretativista, a abordagem humanista, a abordagem estruturalista, a abordagem pós-estruturalista e a abordagem realista crítica. Essas abordagens foram escolhidas após uma pesquisa qualitativa nos principais periódicos e encontros da área, considerando o prestígio dos mesmos e o viés anglófilo presente nos estudos organizacionais nacionais alternativos. Foram consultados, a partir da década de 1990, os seguintes periódicos: *Organization, Organization Studies, Journal of Management Studies,*[57] *Revista de Administração*

---

57. Alessa Contu e Hugh Willmott, em sua pesquisa de 2005, apontam os periódicos *Organization, Organization Studies* e *Journal of Management Studies* como mais pluralistas, ao passo que *Administrative Science Quarterly, Academy of Management Journal* e *Academy of Management Review* seriam mais afeitos ao enfoque metodológico, motivo pelo qual os primeiros foram escolhidos para integrar a pesquisa. De um modo geral, a pesquisa de Alessa Contu e Willmott detectou uma pluralização maior do campo, mas ainda uma dominância do realismo empírico.

de Empresas, Organização & Sociedade e Revista de Administração Contemporânea. Além disso, examinei os anais do Enanpad, Eneo e do Egos.

A sistemática adotada foi consultar cada número, separar os artigos que faziam uma discussão exclusivamente epistemológica e depois classificá-los segundo as abordagens sociológicas encontradas. Não foi minha intenção fazer um levantamento estatístico, de modo que não apresentarei números, pois o objetivo era fazer uma avaliação estritamente qualitativa. As abordagens sociológicas correntes são algo que se pode concluir quase que intuitivamente quando se participa ativamente da área de estudos organizacionais, consultando a literatura, frequentando encontros, realizando pareceres e ministrando aulas e conferências, de modo que a consulta aos periódicos e encontros teve como finalidade dar um embasamento para as escolhas a partir da produção acadêmica relevante.

Vale ressaltar que a delimitação dessas abordagens sociológicas, não significa que não existam outras, ou que não se possam criar novas abordagens, pois como frisei, não há limites quanto ao número de sistemas de produção de conhecimento. Além disso, esse percurso será realizado também para depois apresentar como se desenvolve uma reconstrução epistêmica, pois o leitor ou leitora poderá acompanhar a elaboração da abordagem freudo-frankfurtiana. Em seguida, passo para a apresentação e discussão das principais abordagens sociológicas.

Abordagem funcionalista

Na área da administração, que envolve estudos do *management* e organizacionais, a preferência pela ordem e progresso no campo industrial faz com que o positivismo se coloque como *mainstream*. Sua expressão máxima é o funcionalismo, que deriva das elaborações de Émile Durkheim, na medida em que este utilizava uma analogia para comparar a sociedade a um organismo, cujas partes deveriam funcionar em harmonia, evidenciando a "objetividade" e a "boa vontade" positivista. No campo dos estudos organizacionais, o positivismo se alia ao funcionalismo estrutural (Westwood e Clegg, 2003b) herdado das proposições de Robert Merton no livro de 1949, *Social theory and social structure*. No Brasil, embora se coloque como hegemônico,[58] o positivismo e sua versão funcionalista são mais aplicados do que discutidos, pois foram encontrados poucos artigos recentes[59] que abordam a temática do ponto de vista epistemológico.

Várias teorias organizacionais se alinharam com a perspectiva funcionalista e positivista. Gibson Burrell e Gareth Morgan, em *Sociological paradigms and organisational analysis*, abordaram algumas delas: a teoria do sistema social, a teoria das disfunções burocráticas, o quadro de referência da ação e a teoria pluralista. No campo da ciência organizacional, a hegemonia recente é da teoria da contingência estrutural, que se desdobra a partir da teoria dos sistemas. A teoria da contingência estrutural estabelece que não há uma estrutura organizacional única "[...] que seja altamente efetiva para todas as organizações. A otimização da estrutura variará de acordo com determinados fatores, tais como estratégia e tamanho. Assim, a organização ótima é contingente a esses fatores, que são denominados fatores *contingenciais*" (Donaldson, 1998a [1996]:105). De acordo com Lex Donaldson, quase toda a pesquisa inicial sobre a contingência estrutural foi publicada nos anos 1960, de modo que na década de 1970 já havia um "paradigma" bem estabelecido, cuja base é o funcionalismo de Robert Merton e Talcott Parsons,

---

58. Pesquisa recente de Marlon Dalmoro e outros, publicada em 2007, fez um balanço epistemológico das publicações do Enanpad 2006 e concluiu que o positivismo ainda é hegemônico, mas que o interpretativismo está avançando significativamente (Dalmoro et al., 2007).

59. Ver Cabral (2003); Crubellate (2007); Boava, Macedo e Sette (2012); Póvoa et al. (2012).

Matrizes epistêmicas e abordagens sociológicas... **145**

fundamentado na dinâmica da causalidade e no determinismo (Donaldson, 1998a).

Lex Donaldson também reconhece que, desde meados dos anos 1970, novos "paradigmas" surgiram na sociologia e na economia para oferecer explicações sobre a estrutura organizacional, sendo que somaram-se à teoria da contingência estrutural, à teoria da ecologia populacional (Baum, 1998 [1996]) e à teoria institucional (Tolbert e Zucker, 1998 [1996]). Além disso, no campo da economia das organizações se desenvolveram a teoria dos custos econômicos de transação, a teoria da dependência dos recursos e a teoria do agenciamento (Barney e Hesterly, 2004 [1996]). Como defensor da abordagem funcionalista, Lex Donaldson também é conhecido por sua posição radical, que procura reivindicar *status* de ciência apenas para essas posições empírico-analíticas, em detrimento dos outros "paradigmas", que na sua visão seriam "pré-paradigmáticos" (Donaldson, 1985, 1998a [1996], 2003).

No Brasil, a teoria da contingência e as teorias do campo da economia das organizações vêm sendo esparsamente utilizadas pelos pesquisadores, pois foi a teoria neoinstitucionalista que predominou (Caldas e Fachin, 2005), inspirada principalmente pelos artigos "Institutionalized organizations: formal structure as myth and ceremony", de John Meyer e Brian Rowan, publicado em 1977 e "The iron cage revisited: institutional isomorphism and collective rationality in organizational fields", de Paul Dimaggio e Walter Powell, publicado em 1983. A teoria neoinstitucionalista ganhou mais força nas últimas décadas, tornando-se uma das teorias mais discutidas na academia brasileira enquanto referencial epistêmico. A raiz da teoria neoinstitucionalista é a teoria institucional, que segundo as pesquisadoras Pamela Tolbert e Lynn Zucker, que comentam esses dois artigos para um capítulo do *Handbook de estudos organizacionais*, deriva das elaborações de Robert Merton sobre a dinâmica da mudança social, em geral negligenciadas pelo funcionalismo clássico. Segundo as pesquisadoras, na visão de Robert Merton, "[...] a mudança provavelmente ocorre quando as disfunções associadas a determinado arranjo institucional excedem as contribuições funcionais daquele arranjo" (Tolbert e Zucker, 1998 [1996]:198).

O interesse sociológico pelos arranjos institucionais levou John Meyer e Brian Rowan a perceberem que os mesmos têm tanto propriedades simbólicas como capacidade de gerar ação, ou seja, vão além das funções objetivas, pois estão revestidos por significados socialmente partilhados. Além disso, de acordo com Pamela Tolbert e Lynn Zucker, os autores constataram que a adoção de uma estrutura formal pode ocorrer para além dos problemas específicos e imediatos de coordenação e controle das atividades, desafiando os modelos causais de estrutura, e que as organizações podem sobreviver mesmo tendo baixo desempenho, o que coloca em questão o determinismo econômico. Por outro lado, John Meyer e Brian Rowan utilizam o conceito de estruturas institucionais do mesmo modo que Peter Berger e Thomas Luckmann, no livro *A construção social da realidade*, de 1966: "[...] uma estrutura que se tornou institucionalizada é a que é considerada, pelos membros de um grupo social, como eficaz e necessária; ela serve, pois, como uma importante força causal de padrões estáveis de comportamento" (Tolbert e Zucker, 1998 [1996]:201-202).

Assim, para Pamela Tolbert e Lynn Zucker, o neoinstitucionalismo deveria se guiar pela tradição fenomenológica de Peter Berger e Thomas Luckmann, adotando o conceito de processos de institucionalização, que envolvem a habitualização, a objetificação e a sedimentação. No Brasil, a teoria neoinstitucional influenciou a produção de Clóvis Machado-da-Silva e seus orientandos, gerando desdobramentos que provocaram profícuos debates entre os pesquisadores brasileiros. O artigo de 2004, "A inflexão conservadora na trajetória histórica da teoria institucional", de Cristina Carvalho, Sueli Goulart e Marcelo Vieira, provocou, em 2005, a resposta de Clóvis Machado-da-Silva, Valéria da Fonseca e Marcelo Crubelatte, com o texto "Estrutura, agência e interpretação: elementos para uma abordagem recursiva do processo de institucionalização". Clóvis Machado-da-Silva e seus coautores lembram que, no âmbito paradigmático da teoria funcionalista, Lynn Zucker propõe uma abordagem interpretativa, baseada na etnometodologia e fenomenologia (Zucker, 1987, 1991). O debate entre os pesquisadores brasileiros[60] e a posição tomada por Pamela Tolbert e Lynnn Zucker sinalizam uma "virada interpretativista" no seio do próprio funcionalismo.

Assim, *embora esses estudos se encontrem no registro da matriz empírico-analítica*, o que se observa é que, no âmbito da abordagem funcionalista, *algumas teorias e metodologias transitam pela matriz hermenêutica, realizando reconstruções epistêmicas embrionárias.* É o caso da teoria institucional, exemplo que abordamos, que busca as origens para um posicionamento hermenêutico no próprio Robert Merton. Há também o quadro de referência da ação e a teoria pluralista, que sofrem influências da hermenêutica via interacionismo simbólico e etnometodologia, o que inclusive é admitido por Gibson Burrell e Gareth Morgan em suas discussões dessas teorias.

---

60. "[...] o quarto debate é aquele entre modelos racionais e modelos normativos-institucionais, ou entre 'organizações' e 'instituições'. De todos, talvez esse tenha sido o debate mais frutífero do funcionalismo nos últimos 25 anos em termos de desenvolvimento e expansão teórica. No seio do próprio funcionalismo, esse debate já vinha das discussões provocadas por March e Simon a partir do conceito de racionalidade limitada. Mas, mesmo além dessa origem, diversas outras confluências – entre elas o interesse crescente sobre cultura organizacional na *práxis* dos anos 1980 e os desenvolvimentos em teoria sociológica difíceis de ser ignorados entre os anos 1960 e 1980, como o interacionismo simbólico, o construtivismo social e a etnometodologia, provocaram debates internos no funcionalismo entre objetivistas-racionalistas e os que defendiam posturas teóricas e abordagens metodológicas mais próximas do que Burrell e Morgan (1979) chamaram 'interpretacionismo'" (Caldas e Fachin, 2005:48).

Abordagem Interpretativista

No livro de 1995, *O império do sentido*, François Dosse faz uma rigorosa revisão da sociologia contemporânea, constatando que o interpretativismo é uma abordagem hoje dominante nas ciências sociais, uma vez que as tradições fenomenológica e hermenêutica perpassam a maioria dos trabalhos mais recentes. Assim, é possível dizer que o funcionalismo está perdendo espaço e que o interpretativismo está se tornando a nova tradição sociológica. Logo, como era de se esperar, vemos também um crescimento do uso de abordagens interpretativas nos estudos organizacionais. Nas investigações nacionais mais recentes,[61] vem se consolidando um interesse pela fenomenologia filosófica de Edmund Husserl e pela fenomenologia social de Alfred Schütz. Também merece destaque a etnometodologia de Harold Garfinkel (Oliveira et al., 2010; Bispo e Godoy, 2012), que é herdeira do interacionismo simbólico de George Mead e Herbert Blumer, da fenomenologia de Edmund Husserl e Alfred Schütz, da teoria da ação social de Talcott Parsons e também dos jogos de linguagem de Ludwig Wittgenstein.

Outra variação frequente nas abordagens interpretativas é o construcionismo social, cuja referência mais frequente seria o livro de 1966, *A construção social da realidade*, de Peter Berger e Thomas Luckmann, que é intensamente discutido pelos pesquisadores. Em um capítulo do livro organizado em 2003, *Debating organization*, Barbara Czarniawska afirma que o construcionismo social é um encontro entre a fenomenologia europeia, personificada em Alfred Schütz, e o pragmatismo americano, um "primo próximo" do interacionismo simbólico e da etnometodologia. A construção é compreendida como um processo em que algo está sendo construído a partir do material

---

61. Ver Boava e Macedo (2010); Silveira, Fisher e Olivier (2010); Macedo e Boava (2012).

existente, opondo-se, portanto, à criação e à descoberta. O foco é nas representações sociais, herdadas de Serge Moscovici, principalmente no *como essas representações são produzidas*. Para a autora, Bruno Latour é um construcionista radical, que enfatiza o poder das associações e o fato de que seriam as relações que criam os indivíduos e não o contrário.

Para Barbara Czarniawska, no campo dos estudos organizacionais o ganho de se aplicar o construcionismo social é precisamente a possibilidade de entender como as instituições emergem ou desaparecem. Além disso, há muito conhecimento sobre a institucionalização em uma perspectiva retrospectiva dos eventos, e o construcionismo poderia colaborar com estudos *in situ*, investigando a trajetória dos fatos, o meio através do qual eles circulam, são traduzidos, se ancoram, se globalizam e se localizam, e assim por diante. Por outro lado, nos estudos sobre mudança, a abordagem construcionista permitiria avançar mais, captando como novas estruturas e emoções, bem como novas instituições e identidades, surgem.

O construcionismo social teria o poder de "desmascarar", no sentido de revelar o que foi esquecido, ou aquilo a que não se prestou muita atenção, mas não com a intenção de desvelar a "falsa consciência, ou fazer um "esclarecimento" do que ficou obscuro, como faria, por exemplo, uma abordagem crítica. É assim que ele se aproxima da hermenêutica, retendo dela que o significado é, e só pode ser, histórico, de modo que não é possível formular leis e predições sobre os fatos sociais. No entanto, é também assim que ele se detém diante da crítica, argumentando que "*Social constructionism wishes to steer clear of the hubris of both critical thought and positivist ambition of setting the world to rights according to what the researchers see as right*" (Czarniawska, 2003:137). É uma difícil decisão na medida em que também afasta o construcionismo social do interesse emancipatório, pois no caso do pensamento crítico não se trata exatamente de definir o "mundo correto", mas de pensar em um mundo diverso do qual vivemos.

No Brasil, nos últimos anos, diversos pesquisadores vêm realizando trabalhos de acordo com a abordagem interpretativista, circulando pelas teorias citadas, de modo que é um pouco difícil lembrar todos, uma vez que se trata de um campo multifacetado, que conta com muitos adeptos. Sylvia Vergara e Miguel Caldas, em sua discussão sobre o interpretativismo, no artigo de 2005, "Paradigma interpretacionista: a busca da superação do objetivismo funcionalista nos anos 1980 e 1990" comprovam essa diversidade, pois apontam o método fenomenológico (Moreira, 2004), o interacionismo simbólico (Godoy, 1995; Mendonça, 2001), a perspectiva antropológica[62] e a abordagem da cultura e do simbolismo (Davel e Vergara, 2001; Carrieri e Saraiva, 2007; Carrieri et al., 2010).

Uma pesquisa recente realizada no Brasil (Pavão, Sehnem e Godoi, 2010) revelou que a hermenêutica, embora presente em alguns trabalhos, é desenvolvida de forma incipiente, uma vez que a *práxis*, que é inerente a essa postura epistemológica, é muito pouco explorada pelos pesquisadores. Os pesquisadores têm razão, pois, conforme discutimos anteriormente, algumas abordagens apenas circundam a hermenêutica, mas nem sempre chegam a realmente praticá-la, uma vez que muitos trabalhos se atêm à descrição de fenômenos, permanecendo nos registros da abordagem fenomenológica e linguística, sem se preocupar com a tarefa de compreensão e tradução própria da hermenêutica.

Essas dificuldades em alcançar a hermenêutica talvez justifiquem por que Gibson Burrell e Gareth Morgan situaram os interpretativistas no campo da sociologia da regulação, pois permanecendo no nível da fenomenologia e da linguística eles acabam se isentando da tarefa crítica de contemplar o interesse emancipatório. Dessa forma, é possível afirmar que a abordagem interpretativista é resultado de derivações, a partir de questio-

---

62. Ver Cavedon (1999); Jaime Jr. (1996); Serva (2002); Cavedon (2003); Cavedon e Lengler (2005).

namentos que surgiram no seio do próprio positivismo, fruto de reconstruções epistêmicas embrionárias que geram teorias e metodologias que *transitam pela matriz hermenêutica*. No entanto, a abordagem interpretativista também procura praticar a hermenêutica propriamente dita, indo além do enfoque fenomenológico e linguístico.

Alcançar a hermenêutica é como estar a um passo da matriz crítica, mas é exatamente esse passo que os interpretativistas por vezes hesitam dar, de modo que na maior parte das vezes não chegam exatamente a atender ao interesse prático e se mantêm afastados do interesse emancipatório. Apesar disso, há exceções, como o trabalho de Mariana Souza (2010), que em sua pesquisa aborda o processo de construção do conhecimento de forma construtivo-interpretativa, mas atende ontologicamente à matriz crítica, realizando uma combinação de matrizes epistêmicas, de interesse prático e emancipatório, que inclusive poderia dar origem a uma nova abordagem sociológica.

Abordagem humanista

No campo do que Gibson Burrell e Gareth Morgan chamam de sociologia da mudança radical, há um embate que foi acirrado pela lógica paradigmática: de um lado temos uma posição ortodoxa, representada pelos "estruturalistas radicais", e de outro, uma posição heterodoxa, levada adiante pelos "humanistas radicais". No livro de 1995, *O império do sentido*, François Dosse caracteriza bem os desdobramentos desse dilema, que resulta no posicionamento do interpretativismo como novo *mainstream*. Em sua visão, a crítica realizada pelo estruturalismo é uma espécie de desvendamento denunciativo, que deveria ser substituído por uma posição de explicação e compreensão, que é própria do interpretativismo. No entanto acredito que, ao realizar esse movimento, François Dosse reduz o sentido da crítica, pois como iremos observar, no âmbito do humanismo ela não é meramente denunciativa, mas principalmente emancipatória. Exaustos com o tipo de crítica denunciativa realizada pelo estruturalismo, os cientistas sociais e estudiosos organizacionais parecem estar dando preferência a uma ciência conformada, quando poderiam ir além, realizando uma ciência crítica, engajada e adepta de uma *práxis* transformadora.

A partir da posição de François Dosse, à qual acabo de dirigir minhas objeções, é possível perceber que a crítica é partilhada por estruturalistas e humanistas. O embate evidencia que a crítica implica um posicionamento dialético, mas isso não garante um posicionamento emancipatório. Tal conflito é também alimentado por uma conclusão apressada realizada por Gibson Burrell e Gareth Morgan: a caracterização do estruturalismo como essencialmente positivista e determinista, simplificando o que esse movimento teórico e intelectual significa. No entanto, antes de passar para o exame do estruturalismo, pretendo seguir com as considerações sobre o humanismo. A proposta de Gibson Burrell e Gareth Morgan, ainda que talvez involuntariamente, induz os pesquisadores a colocar os problemas técnicos e práticos,[63] ou seja, objetivos, como monopólio do funcionalismo, enquanto os demais "paradigmas" tratariam de questões meramente teóricas.

No caso do humanismo, isso se agrava, pois ele é caracterizado como subjetivista e frequentemente acusado de fazer a crítica pela crítica. O humanismo enfatiza o sujeito e sua subjetividade, e professa a utopia, mas isso não quer dizer que sua leitura do mundo não contenha algum realismo ou objetividade. Isso se torna evidente quando examinamos de perto os trabalhos dos frankfurtianos, pois eles se caracterizam por um materialismo

---

63. Estou utilizando a palavra "prático" não só no sentido colocado por Jürgen Habermas, mas também em oposição a "teórico". Essa observação é válida para toda a discussão aqui realizada sobre o humanismo.

Matrizes epistêmicas e abordagens sociológicas... **153**

não ortodoxo e pela defesa de uma relação dialética entre sujeito e objeto. A perspectiva emancipatória dos frankfurtianos, que se estende ao humanismo, tem sim uma intenção prática, que é diferente da funcionalista, pois não se trata de instrumentalizar o mundo, mas de interagir com ele, de transformá-lo, de colocar em movimento uma *práxis*.

De todas as abordagens, o humanismo talvez tenha sido a mais mal compreendida, motivo pelo qual me estenderei um pouco mais a respeito dele, a fim de fazer algumas considerações que talvez possam corrigir essa situação. Para começar essa discussão, é importante destacar que afirmar que o humanismo é antipositivista não significa que ele não seja comprometido com a transformação em um sentido prático. Isso implica, por exemplo, recusar um rótulo criado por Gibson Burrell e Gareth Morgan: o "paradigma" do "humanismo radical" é antiorganização. A expressão antiorganização talvez não tenha sido adequada para o que eles pretendiam dizer, pois os autores tornam o conceito de organização um monopólio do "paradigma" funcionalista, o que nos faz perder de vista outros sentidos do organizar, que inclusive são apontados pelos próprios autores.[64]

Tradicionalmente o conceito de organização envolve um conjunto de uma ou mais pessoas que realizam tarefas coor-

---

64. "*The critical theory perspective thus suggests an approach to organisational analysis which is an* anti-organisation *theory on number of counts. It is anti-organisation in that it views organisations as having a precarious ontological status. It is anti-organisation in that stresses the importance of the* mode of organisation *reflecting a particular totality, rather than the importance of organisations as discrete middle-range units of analysis worthy of attention in their own right. It is anti-organisation in the sense that it views the reified social constructs labeled 'organisations' as alienating 'intermediaries' which serve to mystify human beings in their attempt to comprehend and appreciate the nature of the totality in which they live.* The perspective constitutes an anti-organisation theory in that its presuppositions stand in fundamental opposition to those of functionalist organisation theory; as we shall see, anti-organisation theory inverts the functionalist problematic on almost every count" (Burrell e Morgan, 1979:311-312, grifos meus).

denadas e controladas para atingir objetivos predeterminados, recorrendo aos meios e recursos disponíveis. Não há nada de errado com essa definição; o grande problema é que essa aparente neutralidade costuma ser deixada de lado, pois os objetivos de uma organização quase sempre se confundem com maximização, lucratividade e produtividade, ainda que seja necessário recorrer à instrumentalização e à dominação para isso. Ora, o mundo social é muito mais complexo do que em geral se julga, e não podemos dizer que as organizações têm apenas esses propósitos. Elas podem até ser criadas para tal, mas uma vez que são entidades sociais que envolvem o trabalho humano, dependem de interação e geram uma cultura, não se reduzem a isso.

A vida humana contemporânea não pode prescindir das organizações e nem da gestão. A pergunta que o humanismo nos dirige é a seguinte: as coisas precisam realmente ser como são? Quando nos isentamos de respondê-la e de pensar uma nova versão da realidade, as práticas consolidadas continuam se perpetuando. A questão é que outra prática é possível, embora demande de nós um esforço para o qual não parecemos estar preparados. É justamente para evidenciar que esse esforço é possível e que podemos nos educar para ele, que estarei discutindo, no capítulo seguinte, a epistemologia crítica no que ela tem de dialógica e nos seus entrelaçamentos com a psicanálise.

O humanismo pode ser compreendido como descrito por Omar Aktouf no livro de 1989, *A administração entre a tradição e a renovação*, caracterizando-se por:

- considerar o ser humano como dotado de consciência, de capacidade, de julgamento, de livre-arbítrio, ou seja, como um ser que se emancipa e tem aspirações de crescimento;
- considerar o homem como um ser de comunidade, de sociedade e de relações com seus semelhantes;
- entender que a alienação no trabalho é profundamente desumanizante;

Matrizes epistêmicas e abordagens sociológicas... **155**

- ter uma teoria de sujeito que se oponha à teorias, muito comuns na administração, que fazem do ser humano primariamente um objeto a ser dirigido, motivado e controlado.

A partir do modelo apresentado por Gareth Morgan e Linda Smircich no artigo de 1980, "The case for qualitative research", que aborda o debate entre o subjetivismo e o objetivismo nas ciências sociais, podemos dizer que o pressuposto ontológico central do humanismo é que a realidade é resultado da ação humana e social, sendo o homem o transformador dessa realidade. Suas instâncias epistêmicas básicas se dirigem para o entendimento de como a realidade é transformada, sendo voltadas para a *práxis*. Contrariando os autores, sustento que o humanismo não é uma abordagem subjetivista ou objetivista, mas uma abordagem subjetivista-objetivista, que estabelece uma dialética entre essas duas posições, privilegiando o sujeito. No âmbito do humanismo, como notaram Gibson Burrell e Gareth Morgan, transitam a teoria crítica frankfurtiana, o anarquismo e o existencialismo. Acrescento também a psicanálise.

Alguns leitores ou leitoras provavelmente irão questionar como se situa o marxismo em relação à abordagem humanista. Em primeiro lugar, é possível dizer que o marxismo se apresenta em mais de uma abordagem sociológica, pois é preciso notar que o marxismo é plural e apresenta diversas formas de expressão, contando com uma tradição clássica, que enfatiza uma leitura mais economicista da obra marxiana, e com o marxismo ocidental, que questiona as leituras ortodoxas da obra de Karl Marx, enfatizando o método dialético e a tradição idealista do marxismo, representada por autores como Karl Korsch, Georg Lukács e Ernst Bloch (Bronner, 1997b). No âmbito do marxismo ocidental temos a escola de Frankfurt, a obra de Antonio Gramsci, o existencialismo de Jean-Paul Sartre e a fenomenologia de Maurice Merleau-Ponty, entre outros autores (Anderson, 2004 [1979]), que desenvolvem abordagens teóricas que podemos elencar como próximas do humanismo, de modo que podemos dizer que as manifestações humanistas ocorrem principalmente pela via do marxismo ocidental. Na linha da tradição clássica, temos marxistas estruturalistas, como Louis Althusser, que, inclusive, se opõe à abordagem humanista, crítico que é do existencialismo que lhe é contemporâneo.

No contexto dos estudos organizacionais no Brasil, situamos o trabalho de 2004 de José Henrique de Faria, *Economia política do poder*, como mais próximo da tradição clássica, fazendo dela uma releitura.[65] Por outro lado, vale mencionar que há uma nascente perspectiva marxiana nos estudos organizacionais, que vem sendo desenvolvida por Elcemir Paço-Cunha (2009a, 2009b, 2010), que realiza leituras e trabalhos inspirados nos escritos de Karl Marx, seguindo a corrente luckasiana desenvolvida por José Chasin, em obras como o livro publicado em 2009, *Marx: estatuto ontológico e resolução metodológica*. O enquadramento desses trabalhos nas abordagens sociológicas listadas não é simples, de modo que talvez esses autores pudessem desdobrar suas reconstruções epistêmicas de modo avançado, criando uma abordagem marxista, ou marxiana, embora seja possível identificar alguma aproximação dos mesmos com a abordagem realista crítica, como veremos mais adiante.

Na literatura internacional, temos alguns trabalhos que seguem a abordagem humanista no âmbito do *critical management studies*[66, 67] e também entre pesquisadores canadenses

---

65. Importante notar que o autor também realiza trabalhos baseados em autores da escola de Frankfurt, na linha do marxismo ocidental (Faria e Meneghetti, 2002, 2007, 2011).

66. Conforme Alvesson (1985); Watson (2001); Parker (2002); Watson (2004).

67. Na pesquisa que realizei sobre o movimento *critical management studies*, no projeto Estudos Organizacionais Críticos em uma Perspectiva Comparada: o Movimento Critical Management Studies e a Produção Nacional (2006-2009), constatei que Martin Parker é uma voz praticamente solitária em defesa do humanismo no contexto da hegemonia pós-estruturalista que há no movimento. Martin Parker "[...] é um crítico vigilante do movimento *critical management studies*, como fica claro em seu livro *Against management* (1992), no qual admite que este é um movimento ambicioso, mas ao mesmo tempo contraditório

Matrizes epistêmicas e abordagens sociológicas...

(Aktouf, 1996 [1989]; Lapierre, 2005; Aktouf e Holford, 2008). No que se refere à produção nacional, enfatizo, em primeiro lugar, os trabalhos feitos – a partir do pensamento de autores nacionais, como Maurício Tragtenberg,[68] Guerreiro Ramos[69] e Fernando Prestes Motta (Faria, 2003; Paula, 2005b) – por mim, Fernando Tenório, Maurício Serva, José Henrique de Faria e Francis Meneguetti. No livro publicado em 2008, *Teoria crítica nas organizações*, evidenciei que esses autores se alinham à abordagem humanista, sendo que isso se manifesta em Guerreiro por meio da fenomenologia de Edmund Husserl, do existencialismo cristão de Nikolai Berdiaeff e de leituras de textos frankfurtianos, configurando uma fenomenologia crítica, e em Tragtenberg, pela via do marxismo heterodoxo de Anton Pannekoek, Amadeo Bordiga e Rosa de Luxemburg, bem com por sua visão anarquista, que se inspira em Piotr Kropotkin. Quanto a Fernando Prestes Motta, é possível constatar incursões pelas obras de Pierre-Joseph Proudhon, Antonio Gramsci e Michel Foucault, bem com uma aproximação tardia com a psicanálise por meio da psicossociologia francesa, principalmente de Eugène Enriquez. No Brasil também temos a produção de diversos artigos inspirados em autores da escola de Frankfurt,[70] alguns

---

e de alcance limitado, uma vez que a crítica é realizada por profissionais das escolas de Administração e em geral se restringe às fronteiras do trabalho acadêmico. Por outro lado, alerta para o fato de haver uma hegemonia da crítica pós-estruturalista que tende a excluir importantes elaborações neomarxistas" (Paula, 2008a:49) Também conclui que, apesar da incursão de Mats Alvesson pela escola de Frankfurt nesse artigo de 1985, o autor "[...]também é assumidamente pós-estruturalista, ou melhor, pós-modernista, como ele prefere e demonstra em seu livro *Postmodernism and social research* (2002), que é resultado de 10 anos de pesquisa no campo" (Paula, 2008a:44).

68. Conforme Paula (2001); Faria (2001); Paula (2002, 2008b); Faria e Meneghetti (2009).

69. Ver Tenório (1990); Serva (1993); Tenório (1997); Paula (2007).

70. Ver Paula e Wood Jr. (2002); Paula (2003); Faria e Meneghetti (2002, 2007); Maranhão e Vilela (2010); Batista-dos-Santos, Alloufa e Nepomuceno (2010); Faria e Meneghetti (2011); Faria, Maranhão e Meneghetti (2011).

trabalhos que tratam da autogestão e da *práxis*[71] e artigos que se referem à perspectiva psicanalítica,[72] que será melhor discutida no capítulo VIII do presente livro. Boa parte dos trabalhos citados como manifestações da abordagem humanista tem um perfil eminentemente teórico e se constitui em *uma expressão da matriz epistêmica crítica*. No entanto, a abordagem humanista não deveria prescindir da *práxis*, que é sua verdadeira vocação, uma vez que visa ao interesse emancipatório. Nesse sentido, ela precisa fazer empréstimos da matriz hermenêutica[73] e admitir que não é possível descartar a matriz empírico-analítica e o interesse técnico, realizando ressignificações que possam reelaborar a técnica na prática, baseada no interesse emancipatório. Alguns esforços vêm sendo feitos nessa direção, de modo que cito como exemplo a tecnologia social inspirada em Andrew Feenberg (Dagnino, 2004, 2009; Neder, 2010), que é discípulo de Marcuse e sofreu influências de Habermas, perspectiva que vem sendo explorada por pesquisadores como Renato Dagnino e Ricardo Neder. A tecnologia social deriva de teorias e metodologias de fronteira, fruto de uma *reconstrução epistêmica embrionária*, que aproxima interesse técnico e interesse emancipatório, de modo que pode ser produtivo continuar explorando ainda mais essas possibilidades e, talvez, criar uma nova abordagem sociológica híbrida.

---

71. Conforme Misoczky e Andrade (2005a, 2005b); Misoczky, Moraes e Flores (2009); Flores (2009); Barreto e Paula (2009); Misoczky, Flores e Moraes (2010); Calbino e Paula, 2010; Calbino e Paula (2011); Klechen, Barreto e Paula (2011).
72. Conforme Motta e Freitas (2000); Godoi (2007); Sant'Anna e Kilimnik (2008); Rossato Neto (2008); Guimarães e Maestro Filho (2012).
73. É o caso de Tony Watson, autor próximo da abordagem humanista, que utiliza métodos etnográficos e recursos discursivos em suas pesquisas (Watson, 1995, 2000, 2001).

Abordagem estruturalista

Finalizadas essas considerações sobre o humanismo, dedicarei agora minha atenção à abordagem estruturalista. Para uma melhor compreensão do que o estruturalismo realmente significa, é preciso situá-lo historicamente enquanto movimento científico. No que se refere a esse aspecto, os dois volumes de *História do estruturalismo*, publicados em 1992, de François Dosse, são uma valiosa referência. Em primeiro lugar, é importante notar que não existe "um estruturalismo", mas "os estruturalismos", ou seja, trata-se de um movimento plural, de modo que tentar caracterizá-lo apressadamente pode resultar em uma "caricatura".[74] Em segundo lugar, o estruturalismo foi um movimento por meio do qual a linguística, a sociologia, a antropologia e a psicanálise se apoiaram em um modelo científico. Em outras palavras, o estruturalismo vem reivindicar um *status* científico para as ciências sociais em meio à expansão de abordagens subjetivistas (como a fenomenologia e o existencialismo) comprometidas com a posição transcendentalista e diante do monopólio dos métodos empírico-analíticos pelo positivismo.

Logo, o estruturalismo está em busca de *outra forma de se fazer ciência*, o que é exemplarmente evidenciado por Claude Lévis-Strauss, que em sua antropologia vai recusar o positivismo, pois embora se situe na filiação de Auguste Comte, Émile Durkheim e Marcel Mauss, busca em Karl Marx um contraponto. Também se afasta do funcionalismo de Malinowski, na época referenciado com uma das únicas possibilidades de pesquisa no domínio da antropologia, e nesse mesmo movimento abandona o empirismo anglo-saxônico. Sua inovação é importar o modelo linguístico, via Roman Jakobson, para buscar invariantes que possam explicar relações universais nas práticas sociais,

---

74. A título de exemplo, quando Gibson Burrell e Gareth Morgan identificam o estruturalismo radical com o positivismo incorrem nesse tipo de "caricatura", pois trata-se de uma simplificação do que o estruturalismo significa.

encontrando uma correspondência entre a estrutura da língua e a do sistema de parentesco por ele estudado. O resultado é a publicação, em 1958, de *Antropologia estrutural*, livro que marca a emergência de uma revolução estruturalista na França, na qual vão se destacar Roland Barthes (literatura), Louis Althusser (marxismo), Jacques Lacan (psicanálise) e Jean Piaget (pedagogia), impulsionada principalmente por leituras de Friedrich Nietzsche (Dosse, 2007a [1992]; Peters, 2000).

Assim, vale observar, que o estruturalismo *transita entre as matrizes empírico-analítica e hermenêutica*, ainda que mais próximo de uma abordagem linguística, sendo um exemplo de *reconstrução epistêmica avançada*, que acabou dando origem a uma nova abordagem sociológica que é *híbrida*. Esse *trânsito* do estruturalismo não passa despercebido a alguns pesquisadores no campo dos estudos organizacionais (Willmott, 1993a; Weaver e Gioia, 1994), que insistem em que ele seria um exemplo que invalida a incomensurabilidade dos "paradigmas". No entanto, como esses pesquisadores continuam realizando essa discussão ainda dentro do registro paradigmático de Thomas Kuhn, não conseguem romper com tal lógica. Por outro lado, o próprio estruturalismo falha na medida em que procura se colocar em pé de igualdade com as ciências da natureza, pois talvez tivesse avançado mais se continuasse focado na ideia de outra forma de fazer ciência. Essa busca de uma equiparação, que é um equívoco, evidencia-se nas palavras de Raymond Boudon, em entrevista concedida a François Dosse:

> Essa dupla fecundidade, essa dupla contribuição de rigor, de cientificidade, no ventre macio de uma ciência social ainda balbuciante e não implantada, só podia fazer nascer o sonho de se ter, enfim, alcançado o derradeiro estágio de cientificidade, em pé de igualdade com as ciências exatas. "Tem-se a impressão de que as ciências humanas vão tornar-se ciências completas, como a física de Newton. Isso existe em Claude Lévi-Strauss. [...] O cientismo torna-se digno de crédito porque a linguística se apresenta como algo científico, no sentido das ciências da natureza [...], é essa, fun-

damentalmente a chave do êxito." Caminho fecundo, por certo, mas chave também para devaneios e miragens que vão pairar, durante uma vintena de anos, sobre a comunidade científica, no domínio das ciências humanas [Dosse, 2007a [1992]:56].

No vácuo dessas pretensões, o potencial metodológico do estruturalismo vem sendo pouco aproveitado e compreendido, problema que é reforçado pelo rótulo de positivista e determinista herdado do diagrama de Gibson Burrell e Gareth Morgan. No artigo publicado em 2006, "O primeiro estruturalismo: método de pesquisa para as ciências da gestão", Hermano Thiry-Cherques realiza uma discussão sobre o uso do estruturalismo nos estudos organizacionais, admitindo que ele tem pouca influência direta no campo, mas que emerge em seus desenvolvimentos como o estrutural-funcionalismo e o estruturalismo genético nos trabalhos de Amitai Etzioni e Peter Blau, ou a partir das contribuições feitas por Talcott Parsons, Michel Foucault[75] e Pierre Bourdieu,[76] e acrescentamos, mais recentemente, por Antony Giddens.[77] A definição de estrutura trazida por Hermano Thiry-Cherques é útil devido a sua clareza:

---

75. As recentes incursões de estudiosos das organizações nacionais na obra de Michel Foucault me parecem mais pós-estruturalistas do que estruturalistas, motivo pelo qual vou indicá-las na próxima seção.

76. Autor abordado em artigos por Mizsoczky (2003); Peci (2003); Lounsbury e Ventresca (2003).

77. Em torno da teoria da estruturação de Antony Giddens, um aguerrido debate sobre a oposição entre a agência e a estrutura se estabeleceu nos estudos organizacionais. Há um número da *Organization Studies* dedicado a isso, com os autores debatendo o dilema a partir de diferentes abordagens (Knights, 1997; Reed, 1997; Child, 1997; Donaldson, 1997; Barley e Tolbert, 1997; Thiétarte e Forgues, 1997). O tema é recorrente para Michel Reed (1988, 2003), que o discute há pelo menos três décadas, mas de acordo com a abordagem realista crítica. Entre os pesquisadores nacionais, o debate também aparece em autores que militam em diferentes abordagens sociológicas: Peci (2003) e Junquilho (2003) fazem a discussão em uma abordagem estruturalista; Machado-da-Silva, Fonseca e Crubellate (2003), em uma abordagem funcionalista; e Alcadipani e Tureta (2009ª), em uma abordagem pós-estruturalista.

Por definição, uma estrutura é um sistema relacional ou um conjunto de sistemas relacionais, tais como as relações de parentesco, os esquemas de controle de tráfego, os códigos de etiqueta, etc. Uma estrutura é um todo formado de fenômenos solidários. Cada um dos seus elementos depende dos outros e é determinado por sua relação com eles. A alteração, acréscimo ou supressão de um elemento implica acomodação e reajuste na posição dos demais [Thiry-Cherques, 2006:142].

Sintetizando, "[...] a estrutura é um modelo explanatório abstrato, que descreve propriedades relacionais entre elementos" (Thiry-Cherques, 2006:142). O autor ainda esclarece: um sistema funciona e uma estrutura é. Em outras palavras, uma estrutura é um conjunto de relações que constitui um todo. Um ponto importante é que *essas relações não são de causalidade*, como alguns autores equivocadamente colocam,[78] pois não existem elementos primeiros determinantes (isolados), de modo que não se revelam nem a origem desses elementos, nem o modo como operam, mas sim as relações que definem sua sintaxe, ou seja, suas leis de relacionamento, motivo pelo qual utilizam o modelo linguístico como referência. Além disso, o estruturalismo examina a estrutura em um momento estático, mas sem desconsiderar sua dinâmica, pois faz uma distinção entre a sincronia, que se refere aos fenômenos linguísticos independentemente da evolução temporal, e a diacronia, que observa os fenômenos sociais (linguísticos, culturais, políticos...) quanto à sua evolução no tempo, ou seja, sua história.

Por outro lado, o "[...] estruturalismo tira o foco do sujeito, e das questões a ele relacionadas, como a subjetividade, o *pathos*, a liberdade individual, para enfatizar a condição humana, seus limites e restrições inconscientes e os padrões que a conformam" (Thiry-Cherques, 2006:143). Essa posição, que leva à famosa

---

78. É o caso de Cock e Richards (1995), por exemplo.

Matrizes epistêmicas e abordagens sociológicas...

proposição de uma filosofia sem sujeito e um anti-humanismo, costuma ser muito mal compreendida, pois isso não quer dizer que o sujeito não exista, mas que a preocupação é com sua real condição e não com sua emancipação. Vale a pena destacar que é exatamente por isso que há o embate entre o "estruturalismo radical" e o "humanismo radical": enquanto o primeiro faz a crítica social para desvendar a realidade do sujeito, o segundo a faz porque quer emancipar esse sujeito de sua condição atual. É justamente neste ponto que o *trânsito do estruturalismo* é interrompido, pois ele se limita e hesita em alcançar o interesse emancipatório.

Apesar disso, alguns autores conseguem romper essa barreira. Conforme mencionamos, existem "os estruturalismos": *seu hibridismo e capacidade de transitar os fazem ter representantes no campo do funcionalismo, da hermenêutica (análise linguística) e da dialética marxista.* Como foi visto, temos o marxismo estruturalista, na linha de Louis Althusser, que faz uso da dialética. Por outro lado, temos Jacques Lacan, que pode ser considerado um autor que traz o estruturalismo para o campo da matriz crítica, na medida em que utiliza o conceito de estrutura, mas, comprometido com o ideal da psicanálise, não abre mão do interesse emancipatório. Reconhece a real condição do sujeito, mas acredita na transmissão da psicanálise, no sentido de que a cada um é possível garantir uma posição de autonomia.

Abordagem pós-estruturalista

A abordagem pós-estruturalista, também denominada por alguns "abordagem pós-moderna",[79] é fruto de uma *reconstrução*

---

79. A discussão sobre o uso da terminologia abordagem pós-moderna é intensa na literatura. John Hassard, Martin Parker, Mats Alvesson e Stanley Deetz costumam recorrer a essa denominação, mas o próprio Martin Parker (1992a,

epistêmica avançada, pois deriva tanto da abordagem estruturalista (Peters, 2000), quanto do construcionismo social (Tsang e Kwan, 1999), presente na abordagem interpretativista. No livro publicado em 2000, *Pós-estruturalismo e filosofia da diferença*, Michael Peters descreve o pós-estruturalismo como um movimento filosófico, que procura dar uma resposta ao estruturalismo, estabelecendo algumas rupturas, mas mantendo algumas continuidades. O pós-estruturalismo é inseparável da tradição estruturalista linguística de Jakobson e Saussure, bem como da redescoberta de Nietzsche e da exploração de pensadores franceses como Deleuze e Derrida. Na sua primeira geração, destacam-se Jacques Derrida, Julia Kristeva, Jean-François Lyotard, Jean Baudrillard e as leituras pós-estruturalistas feitas da obra de Michel Foucault. Nas gerações mais recentes, temos feministas, pós-colonialistas, neofoucaultianos, neodeleuzeanos, neoderrideanos, que procuram desenvolver e aplicar o pensamento da primeira geração.

De acordo com Michael Peters, o pós-estruturalismo compartilha a noção de sujeito defendida pelo estruturalismo: um sujeito descentrado e dependente do sistema linguístico, ou seja,

---

1992b), por vezes a coloca em questão, discutindo se a teoria organizacional é pós-moderna ou se são as organizações que são pós-modernas, ainda que não tome uma posição definitiva em sua polêmica com Tsoukas (1992). No presente livro, assim como em publicações anteriores (Paula, 2008a, 2009b), faço a opção pela terminologia abordagem pós-estruturalista, pois, como justifiquei: "Também seria correto restringir o 'pós-modernismo' a um conjunto de abordagens filosóficas e autores, se estes não fossem representantes na verdade do pós-estruturalismo, termo muito mais preciso do que 'pós-modernismo' para designar esta corrente. Os próprios autores (Alvesson e Deetz, 1998 [1996]) admitem que o termo pós-modernismo tem sido usado para descrever um clima social e um período histórico, de modo que não discordariam de Jameson (1997) quando este aponta que o pós-modernismo na realidade é um novo estágio histórico que reflete o modo de produção reinante – o capitalismo tardio – e que as abordagens filosóficas apontadas, que constituem uma nova epistemologia, são melhores denominadas como pós-estruturalismo" (Paula, 2009b: 4).

Matrizes epistêmicas e abordagens sociológicas...

um sujeito construído discursivamente, governado por estruturas e sistemas e fruto da intersecção entre forças libidinais e inconscientes e práticas socioculturais. Porém difere do estruturalismo porque nega as tendências totalizantes de seus antecessores, as "grandes narrativas", valorizando o particular. Além disso, faz uma tentativa de resgatar a história, que no âmbito do estruturalismo foi apagada pela análise sincrônica das estruturas, concentrando-se na mutação, na transformação, na descontinuidade, na serialização e na repetição de estruturas. Por outro lado, questiona o cientificismo estruturalista e seu racionalismo, realismo e fé na capacidade transformativa do método científico, colocando em dúvida a pretensão estruturalista de identificar estruturas universais comuns a todas as culturas e à mente humana. Assim, desenvolveu alternativamente métodos e abordagens como a arqueologia, a genealogia e a desconstrução, que se recusam a ver o conhecimento e a verdade como representações precisas da realidade.

Na linha do construcionismo social, o pós-estruturalismo insiste que as organizações *"[...] are discursive constructions and cultural forms that have no ontological status or epistemological significance beyond their textually created and mediated existence[...]"* (Reed, 2005a:1622). Logo, as estruturas são tomadas como construções discursivas, marcando uma "virada linguística/cultural" que vem influenciando os estudiosos de organizações, especialmente os envolvidos no movimento *critical management studies* (CMS). O construcionismo social é uma teoria antifundamentalista e antiobjetivista que enfatiza a matriz discursiva como fonte do conhecimento, de modo que permanece "ontologicamente mudo", uma vez que afirma que as realidades com as quais lidamos são essencialmente produto da linguagem cotidiana e de sua tradução e reformulação em discursos especializados de um tipo ou de outro. Ao considerar que a realidade social é radicalmente emergente e contingente, o construcionismo social rompe com a ideia de que existem posições ontológicas, ou seja, essências preexistentes (Reed, 2005a:1622). É no pós-estruturalismo que o construcionismo social se radicaliza (Czarniawska, 2003).

O pós-estruturalismo também afirma abandonar o pensamento hegeliano em favor do pensamento nietzscheano, o qual opõe ao "trabalho da dialética" o "jogo da diferença" (Peters, 2000). O "jogo da diferença" defende que a utilização das oposições binárias para o entendimento de identidades políticas – como nós/eles, cidadãos/não cidadãos, legítimo/ilegítimo – resulta na exclusão de certos grupos culturais e sociais. Nesse sentido, o conceito de "diferença", na visão dos pós-estruturalistas, proporcionaria uma "lógica" mais apropriada para compreender as lutas pela identidade, pois deixa de definir o jogo histórico em termos de dicotomias que implicam exclusões. Assim, "o jogo da diferença" inauguraria uma nova forma de filosofar, um novo pensamento crítico que não é baseado no marxismo, nem na dialética. Dessa forma, se definiriam os críticos "modernos" que seguem a tradição hegeliana e marxista, baseando-se no "trabalho da dialética", e os críticos "pós-modernos" (ou melhor, "pós-estruturalistas"), que seguem a tradição nietzscheana, baseando-se no "jogo da diferença".

Uma nova lógica de pensamento poderia significar mais uma matriz epistêmica, uma vez que as três que apontei anteriormente (matriz empírico-analítica, matriz hermenêutica e matriz crítica) se guiam respectivamente pela lógica formal, a lógica interpretativa e a lógica dialética e pelos interesses técnico, prático e emancipatório. Alguns pós-estruturalistas são reticentes em aceitar o interesse emancipatório,[80] mas também não fica claro que novo interesse cognitivo poderia ser defendido a ponto

---

80. Uma demonstração disso é artigo de Souza, Souza e Leite-da-Silva (2011), que advoga que o pós-estruturalismo rompe com a ideia de emancipação do sujeito, contrapondo-se à posição de que a busca da emancipação é uma característica presente em todo pós-estruturalismo e também *critical management studies*.

de alicerçar uma nova matriz epistêmica. Logo, sustento que os pós-estruturalistas ainda se mantêm no registro da matriz crítica, mesmo porque essa busca por uma nova forma de filosofar e criticar está pontuada por limites (Habermas, 1990 [1985]; D'Agostini, 2002), pois o "jogo da diferença" tem como pressuposto o "trabalho da dialética", uma vez que para enxergar as diferenças é preciso primeiro ver os polos. Em outras palavras, ainda que os pós-estruturalistas afirmem que o "jogo da diferença" é distinto do "trabalho da dialética", o primeiro necessita do segundo para existir.

A abordagem pós-estruturalista vem sendo intensamente explorada por representantes do movimento CMS, que se caracteriza como um agrupamento de pesquisadores situados politicamente à esquerda que fazem críticas ao *management* e ao mundo dos negócios. Na realidade, esse foi originalmente constituído por autores filiados à *labor process theory* (LPT)[81] que partiam das elaborações de Braverman, mas que adotaram uma nova posição a fim de renová-la, abrindo gradativamente espaço para os estudos pós-estruturalistas.[82] A obra coletânea de 1992, *Critical management studies*, organizada por Mats Alvesson e Hugh Willmott, foi um dos marcos do início do movimento, reunindo escritos alinhados com o pensamento marxista e a teoria crítica que vinham sendo elaborados no período 1970-1990. Cabe observar que alguns autores (Forester, 1983; Steffy e Grimes, 1986) se adiantaram no tratamento desses estudos como *critical management*.

Nos últimos anos, as elaborações pós-estruturalistas ganharam terreno (Knights, 1995; Willmott, 1995), mas o CMS também vem se abrindo para outras perspectivas teóricas, amplian-

---

81. Uma discussão mais sistemática da evolução do CMS e da LPT no âmbito do pós-estruturalismo pode ser consultada em Paula, Maranhão e Barros (2009).
82. Conforme Hassard, Hogan e Rowlinson (2001); Adler (2007); Paula, Maranhão e Barros (2009).

do bastante o significado de crítica. A pesquisa que realizei entre 2006 e 2009, "Estudos Organizacionais Críticos em uma Perspectiva Comparada: o Movimento *Critical Management Studies* e a Produção Nacional", constata essa pluralidade do CMS, que é justificada, em entrevista realizada com alguns de seus principais representantes,[83] como um posicionamento político que visa fortalecer o CMS contra os ataques das posições *mainstream*.[84] Essa heterogeneidade se tornou um dilema e recentemente seus adeptos[85] debateram, na revista *Organization*, no fórum "Spe-

---

83. Foram entrevistados os seguintes pesquisadores: Hugh Willmott, Martin Parker, Tony Watson, Chris Grey, Bill Cooke e John Hassard. Mats Alvesson foi abordado, mas não concedeu um depoimento.

84. Segundo os entrevistados, o prestígio acadêmico dos representantes do CMS vem contribuindo para o fortalecimento do movimento de crítica e sua institucionalização, mas eles temem que uma mudança nas regras do jogo afete seu futuro. Os principais pesquisadores ingleses da área de crítica acreditam que, sem o estabelecimento de alianças políticas, esse movimento não terá relevância suficiente para continuar pleiteando espaço nas escolas de *business*. A força do movimento é vista com um elemento fundamental para continuar garantindo espaço e assegurar recursos para pesquisa, o que realimenta o próprio movimento, pois com essas condições há sempre estudiosos dispostos a participar e publicar, em troca de algum espaço e projeção. Pode-se compreender, portanto, que a pluralidade encontrada no CMS não é uma mera questão de diversidade epistemológica, mas também é resultado de coalizões, que agregam pesquisadores das áreas fronteiriças à crítica. Há, dessa forma, uma multiplicidade epistemológica entre os artigos do CMS, o que, por um lado, fortalece o movimento (político) de crítica nas escolas de administração, mas, por outro lado, pode desvirtuar o significado da crítica à gestão e ao gerencialismo, dado que nem todos os seus participantes estão comprometidos com o projeto político/teórico dessa vertente de estudos. Fortalecimento *versus* enfraquecimento, agenda crítica *versus* relevância política: essas são algumas das contradições que se percebe nas edições do CMS e que justificam, pelo menos em parte, a opção pelo pluralismo epistemológico. No entanto, a pluralidade parece fundamental para manter vivo o movimento, pois argumenta-se que se os organizadores do CMS optassem pelo purismo teórico, restringindo ao máximo as bases da crítica, certamente o movimento se esvaziaria. A opção que eles fazem pelo pluralismo é, portanto, política e não somente teórica.

85. Conforme Cooke (2008); Perrow (2008); Stookey (2008); Adler (2008); Willmott (2008); Ibarra-Colorado (2008); Cunliffe (2008); Voronov (2008).

aking Out on the Future of Critical Management", as dificulda-des enfrentadas e os caminhos a serem seguidos.

O debate sobre a abordagem pós-estruturalista (ou aborda-gem pós-moderna, como alguns autores preferem denominar) nos periódicos da área parece ter se iniciado no final da década de 1980 com discussões (Copper e Burrell, 1988; Burrell, 1988; Copper, 1989) sobre autores como Michel Foucault e Jacques Derrida. Na década de 1990, há um debate (Parker, 1992a; Par-ker, 1992b; Tsoukas, 1992) sobre uma dúvida – são as organi-zações que são pós-modernas ou há uma teoria organizacional pós-moderna? – que permanece sem resolução definitiva. No artigo de 1994, "Postmodern organizational analysis: toward a conceptual framework", John Hassard toma uma posição fa-vorável à abordagem pós-modernista, no que é seguido por diversos autores (Alvesson, 1995, 2002; Chia, 1995; Knights, 1997). No artigo de 1995, "Critique in name of what? Postmo-dernism and critical approaches to organization", Martin Pa-rker acompanha a proposição de Mats Alvesson e Stanley De-etz, no *Handbook de estudos organizacionais* (Alvesson e Deetz, 1998 [1996]), que colocam a teoria crítica e o pós-modernismo no mesmo terreno: a crítica. Na década de 2000, esses pes-quisadores seguem em suas respectivas linhas de trabalho e nessa época é que haverá maiores repercussões na pesquisa organizacional brasileira. Temos, assim, alguns pesquisado-res que trabalham segundo a abordagem pós-estruturalista, destacando-se Rafael Alcadipani, que faz leituras de Michel Foucault (Motta e Alcadipani, 2004; Alcadipani, 2005; Souza et al., 2006), de Gilles Deleuze (Cavalcanti e Alcadipani, 2010a. e da teoria ator-rede, de Bruno Latour (Alcadipani e Tureta, 2009a, 2009b; Alcadipani e Hassard, 2010). Há também arti-gos do pesquisador discutindo as características dessa aborda-gem (Cavalcanti e Alcadipani, 2010b; Souza, 2012), bem como trabalhos em uma perspectiva pós-colonialista (Alcadipani e Rosa, 2010; Rosa, Alcadipani e Medeiros, 2010).

Por ser uma reconstrução epistêmica avançada, o pós-estruturalismo também apresenta problemas de "enquadramento" no diagrama de Gibson Burrell e Gareth Morgan. Seus representantes procuram se distanciar do positivismo, mas ao mesmo tempo não partilham das visões humanistas. Além disso, a ênfase no construcionismo social os aproxima da abordagem interpretativista. De modo geral, o pós-estruturalismo não é exatamente categorizável nos quadrantes apresentados no diagrama, pois fica no meio do caminho entre o "humanismo radical" e o "estruturalismo radical" de modo a não partilhar nem do positivismo[86] nem do humanismo professados por esses "paradigmas" de Gibson Burrell e Gareth Morgan. Temos, assim, outra *abordagem sociológica híbrida* que *transita entre as matrizes epistêmicas hermenêutica e crítica*, ainda que haja controvérsias quanto a sua adesão ao interesse emancipatório. Alguns autores defendem que a emancipação não é o foco da abordagem pós-estruturalista (Souza, Souza e Leite-da-Silva, 2011), mas, por outro lado, há manifestações claras de outros autores (Willmott, 1995; O'Doherty e Willmott, 2000) de uma efetiva aproximação dessa abordagem com a matriz crítica. Estes veem consistência entre o pós-estruturalismo e a dialética, pois acreditam ser essa uma via para resgatar a subjetividade e superar o "desaparecimento do sujeito", recorrendo para isso ao pós-estruturalismo dos neomarxistas Ernesto Laclau e Chantal Mouffe, que defendem essas posições.

---

86. Vale recordar que Gibson Burrell e Gareth Morgan identificam o "estruturalismo radical" com o positivismo. Na nossa proposição, abandonamos o "paradigma do estruturalismo radical" para sugerir a abordagem estruturalista e sustentamos que identificá-la como o positivismo é uma simplificação do que ela significa.

Abordagem realista crítica

A abordagem realista crítica também é fruto de uma *reconstrução epistêmica avançada*, pois emerge em oposição ao construcionismo social, fazendo um reparo aos excessos discursivos da "virada linguística", mas mantendo proposições do mesmo. A discussão sobre o realismo crítico foi sistematizada a partir de 2000, em coletânea organizada por Stephen Ackroyd e Steve Fleetwood, *Realist perspectives on management and organizations*, e retomada em 2004, em outra coletânea dos mesmos autores, *Critical realist applications in organization and management studies*. Em 2005, com o artigo "Reflections on the 'realist turn' in organization and management studies", Michael Reed identifica o realismo crítico como uma "virada realista", que procura pensar os estudos organizacionais a partir de um conjunto de proposições ontológicas e princípios explicativos diferentes daqueles disseminados pelo "construcionismo social radical". No mesmo ano, Alessa Contu e Hugh Willmott provocam o auge e a radicalização dessa discussão, com um artigo dirigido a Michael Reed, "You Spin me round: the realist turn in organization and management studies". Em seguida, Michael Reed responde com o artigo "Doing the loco-motion: response to Contu and Willmott's commentary on 'The realist turn in organization and management studies'".

Examinando a literatura, constatei que explorar essa radicalização não seria o melhor caminho para um claro entendimento de qual é o embate entre o realismo crítico e o construcionismo social, de modo que recorro às proposições de Steve Fleetwood, em seu artigo de 2005, "Ontology in organization and management studies: a critical realist perspective", no qual realiza uma síntese das características da abordagem:

- realistas críticos sustentam que uma entidade pode existir independentemente do nosso conhecimento sobre ela, ou seja, que ela pode existir sem alguém estar observando, conhecendo ou construindo a mesma;

- contrariando formas ingênuas de realismo empírico, os realistas críticos aceitam que não há teoria, observação, descrição, interpretação ou explicação que seja neutra, ou, em outras palavras, que o nosso acesso ao mundo é sempre mediado pelo estoque de recursos conceituais preexistentes;
- para os realistas críticos, uma entidade é dita real se ela tem eficácia causal, se afeta o comportamento, se faz diferença. O materialmente real são entidades como os oceanos e montanhas que existem independentemente dos indivíduos ou comunidades capazes de falarem ou pensarem sobre elas;
- o idealmente real se refere a entidades conceituais como o discurso, a linguagem, os estilos, os signos, os símbolos, as ideias, as crenças, os significados, os entendimentos, as explicações, as opiniões, os conceitos, as representações, os modelos, as teorias e assim por diante. Em outras palavras, trata-se de entidades discursivas: os realistas críticos acreditam que o mundo é socialmente construído, mas sustentam que, além do discurso, há fatores extradiscursivos que são relevantes;
- o artificialmente real seriam entidades como cosméticos e computadores. O socialmente real se refere a práticas que mobilizam os mecanismos de mercado e as estruturas sociais, especialmente aquelas que constituem organizações. Estruturas sociais dizem respeito a mecanismos, regras, recursos, relações, poderes, posições e práticas;
- estruturas de classe, estruturas patriarcais ou regras tácitas no local de trabalho não requerem a atividade de identificação (ou seja, observar, conhecer e construir) para serem reproduzidas e transformadas. Quando os realistas críticos dizem que algo existe independentemente de nossa identificação, não significa que seja independente da atividade humana, mas que não é dependente de atividades específicas envolvidas com a identificação. Fazer essa distinção permite, na visão dos realistas críticos, ver exatamente que atividades estão envolvidas na reprodução e transformação das entidades;

- quando dizem que a realidade é socialmente construída, os construcionistas sociais cometem um exagero ontológico, pois excedem o valor que deveria ser atribuído ao falar e ao pensar, quando se deveria identificar o que de fato contribui para que a realidade seja construída;
- os realistas críticos aceitam que a linguagem não é transparente, ou seja, que ela não nos permite representar com acurácia o que percebemos. No entanto, aceitar essa posição não significa que se devam abandonar as tentativas de tornar a linguagem clara. Em outras palavras, evocar a "virada linguística" não deve ser uma desculpa para aceitar a ambiguidade;
- para os realistas críticos, a oscilação ontológica é uma propriedade do real e da prática das pessoas, mas ela não deve ser exercitada pelos analistas sociais. Os erros e inconsistências do real não podem ser reproduzidos pelos analistas, mas apenas identificados e reportados;
- os realistas críticos aceitam que no presente as pessoas fazem declarações significativas sobre o que ocorreu no passado, mas não tomam isso como se fosse o que realmente houve. O problema, na visão dos realistas críticos, é que os construcionistas sociais fazem uma confusão entre as práticas materiais e as práticas discursivas, pois recorrem a uma definição de discurso que rebaixa as práticas materiais na medida em que desvaloriza o extradiscursivo e exagera a importância do discurso.

Steve Fleetwood também afirma que os realistas críticos consideram a agência e a estrutura centrais para a ontologia social, sendo que ambas estão internamente relacionadas, de modo que uma só pode existir em virtude da outra. O foco não recai nem sobre o sujeito e nem sobre o objeto – rompendo com a ideia de uma polarização, os realistas críticos se referem à agência e à estrutura como um conceito mediado. O realismo crítico se opõe ao realismo ingênuo e empírico do positivismo e aceita muitos *insights* dos construcionistas sociais e pós-estruturalistas, mas rejeita o antirrealismo destes últimos. Dessa forma, para Steve Fleetwood, não haveria necessariamente um conflito entre realistas críticos e construcionistas sociais, mas uma oportunidade de diálogo. Apesar de Hugh Willmott aprofundar suas discordâncias em relação ao realismo crítico em 2005, com o artigo "Theorizing contemporary control: some post-structuralist responses to some critical realist questions", alguns anos mais tarde, em 2011, em um trabalho em parceria com Ismael Al-Amoundi, "Where constructionism and critical realism converge: interrogating the domain of epistemological relativism", também vai identificar convergências do mesmo com o construcionismo social.

O realismo crítico e o construcionismo social convergem em relação ao relativismo epistemológico, que implica um questionamento de que as categorias nas ciências sociais são universais, ou que elas possam ser compreendidas independentemente do contexto em que são utilizadas, como querem, por exemplo, os estruturalistas. Baseando-se nas proposições do Roy Bhaskar, autor que introduziu o movimento filosófico realista crítico, Ismael Al-Amondi e Hugh Willmott sugerem que o relativismo epistemológico quer dizer que nenhuma teoria ou metodologia deve ser descartada baseando-se no fato de estarem fundamentadas em uma ontologia diferente, ou seja, assume-se que não existe uma "ontologia correta" para determinada teoria ou metodologia.

Michael Reed não discordaria totalmente disso (Reed, 2005a), pois defende que o construcionismo social é "ontologicamente mudo", enquanto o realismo crítico é "epistemologicamente aberto e permissivo". No entanto, em sua visão, isso não significa que os recursos analíticos e explicativos utilizados possam simplesmente ignorar a ontologia, uma vez que o realismo crítico se fundamenta no real. Assim, o realismo crítico pressupõe uma ontologia na medida em que sustenta que o mundo não é constituído por meros eventos (empirismo) ou por construções mentais (idealismo), mas por estruturas reais que duram e operam independentemente de nosso conhecimento, experiência ou condições que facilitam nosso acesso a elas (Prado, 2009). Não por acaso, a "virada realista" também é conhecida como "virada ontológica".

No estudos organizacionais, além das citadas coletâneas de Stephen Ackroyd e Steven Fleetwood (Ackroyd e Fletwood, 2000; Fleetwood e Ackroyd, 2004) e do trabalho pregresso de Michael Reed (1997, 2001), outros autores vêm trabalhando em uma perspectiva realista crítica.[87] O realismo crítico também resgata e renova o enfoque clássico e os trabalhos na linha da economia política, fazendo releituras de Karl Marx e de obras de autores como Reinhard Bendix e Harry Braverman à luz da dinâmica material, estrutural e política contemporânea (Reed, 2005a). Nessa direção é possível indicar, entre os pesquisadores nacionais, o trabalho de José Henrique de Faria, publicado em 2004, *Economia política do poder*, e os artigos Elcemir Paço-Cunha (2009a, 2009b, 2010), como simpatizantes do realismo crítico. Ainda destacam-se os artigos de Alexandre Faria e outros pesquisadores (Faria A., 2001, 2004, 2005; Pimentel e Brito, 2011; Pimentel, 2012), que fazem uma discussão estética sobre o realismo crítico. Enquanto reconstrução epistêmica, a abordagem realista crítica também não se enquadra muito bem no diagrama de Gibson Burrell e Gareth Morgan. Por seu relativismo epistemológico, que implica um uso mais aberto de teorias e metodologias de outras abordagens sociológicas, é possível dizer que o realismo crítico também é *híbrido*, pois *transita entre as matrizes empírico-analítica, hermenêutica e crítica*.

---

87. Ver Whittington (1989); Mutch (1999); Clark (1999, 2002); Hudson (2001).

Alcance e limites das abordagens sociológicas

A exposição que realizei teve como propósito assinalar que as matrizes epistêmicas servem como referencial de orientação para as abordagens sociológicas, ou seja, como guias para sua identidade epistêmica, mas também evidenciou que *essas abordagens sociológicas não são precisas no que se refere a alcançar os interesses buscados por cada uma das matrizes epistêmicas*, pois na realidade fazem apenas aproximações desses interesses, o que sustenta a tese da incompletude cognitiva. Tomando como exemplo as *abordagens sociológicas puras*, que tendem a permanecer no espaço de uma única matriz:

- a abordagem funcionalista transita no espaço da matriz empírico-analítica, mas suas teorias e metodologias não conseguem contemplar a totalidade do interesse técnico, pois na maior parte das vezes focalizam especificidades, sem alcançar o todo;
- a abordagem interpretativista circula no espaço da matriz hermenêutica, mas, como vimos, nem todas as teorias e metodologias geradas são capazes de alcançar a hermenêutica propriamente dita e o interesse prático;
- a abordagem humanista está situada no espaço da matriz crítica, mas constatamos que frequentemente falha em alcançar na prática o interesse emancipatório.

Dessa forma, as próprias matrizes epistêmicas *reforçam a tese da incompletude cognitiva*, pois constatei que essas abordagens sociológicas procuram, cada uma de sua forma, dar sua explicação da realidade e atender a determinados interesses cognitivos, mas são apenas aproximações em relação a essa realidade e a esses interesses, pois estão sujeitas à *incompletude cognitiva*. Tal incompletude ocorre tanto no âmbito de uma única matriz quanto em relação às outras matrizes, pois quando permanecem em uma mesma matriz epistêmica, essas abordagens sociológicas deixam de contemplar os interesses das outras duas. Na busca por superar as limitações cognitivas e desenvolver o conhecimento, as teorias e metodologias das *abordagens sociológicas puras* realizam *reconstruções epistêmicas embrionárias* e caminham para a fronteira de outras matrizes epistêmicas. A abordagem funcionalista, por exemplo, procura alcançar o interesse prático gerando teorias e metodologias que fazem fronteira com a matriz hermenêutica. A abordagem interpretativista, por sua vez, se movimenta da fenomenologia e da linguística na direção de teorias e metodologias próprias da hermenêutica, sendo que ao se aproximar dela se torna fronteiriça à matriz crítica, pois passa a incluir o interesse emancipatório. Enquanto isso, o desafio da abordagem humanista é transcender seus limites teóricos e incluir nas suas teorias e metodologias o interesse técnico, caminhando para a fronteira da matriz empírico-analítica. A figura a seguir ilustra essa dinâmica, reforçando como "em cada matriz há o reflexo da outra".

FIGURA 4 Dinâmica das abordagens funcionalista, interpretativista e humanista

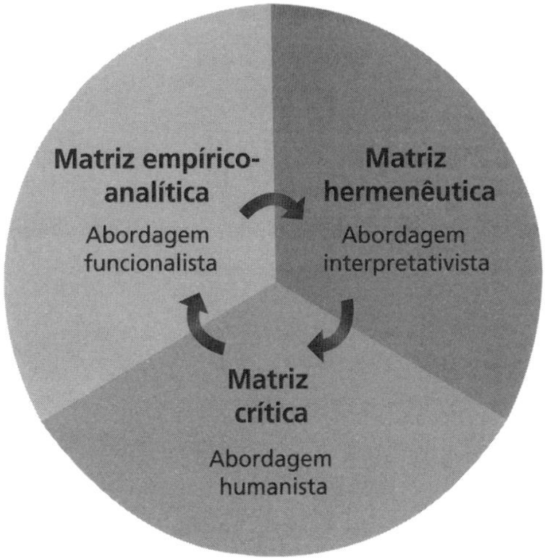

O trânsito das teorias e metodologias também pode levar a *reconstruções epistêmicas avançadas* que originam *abordagens sociológicas híbridas*, que têm a propriedade de transitar entre as matrizes epistêmicas e combiná-las. Esse trânsito é uma evidência de que as abordagens sociológicas híbridas buscam superar limites cognitivos, contemplando outros interesses e desenvolvendo o conhecimento.

Identifiquei três *abordagens sociológicas híbridas*, conforme figura a seguir: a abordagem estruturalista (matriz empírico-analítica e matriz hermenêutica), a abordagem pós-estruturalista (matriz hermenêutica e matriz crítica) e a abordagem realista crítica (as três matrizes).

FIGURA 5 As interconexões geradas pelas abordagens estruturalista, pós-estruturalista e realista crítica: abordagens sociológicas híbridas

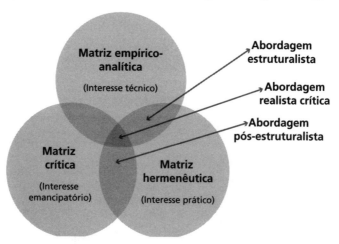

No entanto, como vimos, essas novas abordagens estão sujeitas do mesmo modo à incompletude cognitiva, pois também falham em suas tentativas de alcançar um novo patamar de conhecimento. É possível ainda afirmar que, ao permanecerem em uma única matriz epistêmica, *abordagens sociológicas puras*, como o funcionalismo, o interpretativismo e o humanismo, limitam seu potencial cognitivo, mas a busca por desenvolver o conhecimento, superando tais limitações, as leva a criarem teorias e metodologias que tentam transcender as fronteiras da matriz em que se encontram realizando *reconstruções epistêmicas embrionárias*. Já as *reconstruções epistêmicas avançadas* conseguem ir mais longe nessa tarefa de desenvolver o conhecimento, pois articulam matrizes epistêmicas. Vale ressaltar que não estou afirmando que *abordagens sociológicas híbridas*, como o estruturalismo, o pós-estruturalismo e o realismo crítico são superiores ao funcionalismo, ao interpretativismo e ao humanismo, mas que *esse último grupo de abordagens sociológicas, que são puras, emerge como uma base fundamental,* que é mais próxima da essência de cada uma das respectivas matrizes epistêmicas (empírico-analítica, hermenêutica e crítica). A partir das *abordagens sociológicas puras* surgem novas *abordagens sociológicas híbridas,* que são fruto de reconstruções epistêmicas avançadas, e isso também se deve ao fato de nas primeiras se desenvolverem *teorias e metodologias de fronteira.*

As reconstruções epistêmicas podem ser tomadas como dispositivos teóricos e analíticos que aumentam o alcance do conhecimento na medida em que recombinam teorias e metodologias, e até mesmo geram novas abordagens sociológicas, de modo que deveriam ser incentivadas e cultivadas pelos pesquisadores. Elas são uma comprovação de que a *tese da incomensurabilidade dos "paradigmas"* e as "revoluções científicas" estão deslocadas, "fora do lugar", no âmbito das ciências sociais e dos estudos organizacionais, pois além de inadequadas, incentivam a formação de zonas de conflito que não favorecem a superação das limitações cognitivas. *O fenômeno relevante que deveria circundar as abordagens sociológicas é a incompletude cognitiva e não a incomensurabilidade, ou seja, é a impossibilidade de so-*

zinhas abrangerem todo o conhecimento e não a incomunicabilidade entre elas. Assim, ao invés de enfatizarmos que elas são incomunicáveis, deveríamos observar que elas são incompletas, pois é dessa forma que estaremos nos alinhando com o curso natural do desenvolvimento do conhecimento sociológico, uma vez que, como foi constatado, ele ocorre pela tentativa de transcender as limitações cognitivas. Consolida-se, assim, uma *nova teoria do desenvolvimento do conhecimento.*

Em outras palavras, as abordagens sociológicas podem e devem dialogar. Não estou advogando, no entanto, que o objetivo primordial no campo dos estudos organizacionais deva ser o consenso entre as abordagens, mas que debates e esforços analíticos em torno do que as teorias, metodologias e abordagens sociológicas têm em comum, e de como se constroem pontes entre elas para gerar novos conhecimentos, parecem ser mais produtivos do que incentivar a rivalidade e as diferenças entre as mesmas. Dessa forma, o trabalho de reconstrução epistêmica, de "escavação" na busca do que está na origem das abordagens sociológicas, para uma compreensão mais abrangente de suas teorias e metodologias e uma exploração de suas fronteiras com outras epistemologias, é um caminho que pode ser tomado pelos pesquisadores que quiserem avançar na produção do conhecimento. Nessa direção, no próximo capítulo farei uma exposição para evidenciar como é possível realizar essa tarefa, apresentando uma *reconstrução epistêmica avançada,* que embasa a segunda proposição do presente livro: a *abordagem freudo--frankfurtiana.*

CAPÍTULO VII

Uma reconstrução epistêmica:
a abordagem freudo-frankfurtiana

O objetivo da reconstrução epistêmica que origina a abordagem freudo-frankfurtiana é construir um referencial teórico-analítico e metodológico para os estudos organizacionais orientado pelo interesse emancipatório que seja tecnicamente aplicável e também guie a atividade prática/comunicativa. Assim, um dos pontos fundamentais é indicar como o interesse emancipatório pode ser reapropriado na realidade cotidiana pelos grupos e organizações. Neste capítulo, evidencio que as ciências críticas são particularmente frutíferas para destacar a necessária articulação dos interesses, pois, como mencionei, precisam recorrer aos interesses técnico e prático para se materializarem.

Para isso, em primeiro lugar, abordo a noção de epistemologia, que engendra este capítulo. Em seguida, nas três primeiras seções, discuto, respectivamente, a epistemologia crítica frankfurtiana, a epistemologia crítica freudiana e a articulação entre ambas. Na quarta seção abordo o freudismo na epistemologia habermasiana, pois foi nesse filósofo da escola de Frankfurt que encontrei fundamentos para uma autorreflexão coletiva, que articula filosofia e psicanálise, primordial para alcançar o objetivo deste capítulo.

Adeptos da escola de Frankfurt são frequentemente acusados de realizarem a crítica pela crítica, sem nenhuma intenção técnica ou prática. Para se fazer uma ciência crítica, é preciso transcender o domínio da filosofia para chegar à ciência, e o caminho para isso é o método, que é familiar às ciências empírico--analíticas e hermenêuticas. O que precisa ficar claro é que o uso do método não implica o afastamento dos interesses emancipatórios quando esses são colocados como norte da pesquisa: Theodor Adorno comprovou isso com os estudos que realizou sobre a personalidade autoritária, quando recorreu aos métodos quantitativos (Adorno et al., 1993 [1950]).

Michel Löwy faz uma análise aguda dessa limitação da escola de Frankfurt, que a afastou de suas intenções no campo da *práxis*:[88]

> Em seu ensaio sobre a crítica da Escola de Frankfurt a Mannheim, Jay mostra de forma muito convincente que, apesar do fato de que a Teoria Crítica tenha sido capaz de iluminar as contradições e fraquezas da sociologia do conhecimento de Mannheim, ela não produziu uma proposição alternativa coerente quanto às raízes sociais do conhecimento objetivo. Referindo-se a Adorno – mas poderia se dizer a mesma coisa de Marcuse e Horkheimer – Jay escreveu que ele "não respondeu ao desafio central da sociologia do conhecimento [...] qual é o ponto arquimédico sobre qual a consciência verdadeira pode ser fundamentada? [...] Adorno não propôs nenhuma alternativa real que pudesse transcender o idealismo". [...] O próprio Marcuse definiu claramente, na passagem já mencionada de seu artigo sobre o conceito de essência (1936),[89] onde se acha o "ponto arquimédico" da Escola de Frankfurt: a ideia de *razão* crítica e de essência é "o ponto arquimédico onde a filosofia ancorou a liberdade do indivíduo sábio" e é por isso "a base a partir da qual a arma da crítica pode ser utilizada". Em outros termos: a própria *razão crítica* (e o conceito de essência humana que decorre dela) é o "ponto arquimédico". O

---

88. Relembrando o leitor ou leitora que o conceito de *práxis* utilizado no presente livro é aquele indicado por Cornelius Castoriadis (2000 [1975]:94): "Chamamos de *práxis* este fazer no qual o outro ou os outros são visados como seres autônomos e considerados como o agente essencial do desenvolvimento de sua própria autonomia".

89. Michel Löwy está se referindo ao artigo "Sobre o conceito de essência", de Herbert Marcuse, publicado em 1936.

Uma reconstrução epistêmica

problema é, como o próprio Arquimedes o sabia, que para poder erguer o mundo é necessário mais que uma referência espiritual: um suporte material, concreto, é necessário para aplicar a alavanca... Na ausência deste suporte, a Teoria Crítica foi condenada a se tornar mais e mais suspensa no ar, socialmente desenraizada, abstrata [Löwy, 1998:166-167, grifos no original].

A razão crítica e a essência humana apontadas como "ponto arquimédico" representam o interesse emancipatório que, em geral, conflita com o interesse técnico ligado à razão instrumental. A escola de Frankfurt não oferece "alavanca para erguer o mundo", pois está no domínio da filosofia e não da ciência e da técnica, às quais dirige sua crítica realizando uma oposição entre o positivismo e a dialética. Na filosofia, o embate se dá entre a filosofia positiva que sustenta as ciências empírico-analíticas e a filosofia negativa, que embasa as ciências críticas, ou entre a lógica formal e a lógica dialética. Tal dicotomia realiza um divórcio entre o mundo material e o mundo das ideias.

Ora, acredito que a ciência crítica deveria ser o caminho de reconciliação. A escola de Frankfurt, enquanto fonte epistemológica, oferece pistas, mas é preciso realizar um esforço para passar da filosofia à ciência. Não é casual que os frankfurtianos tenham recorrido insistentemente à psicanálise freudiana em seus estudos. A psicanálise é a ponte por meio da qual a filosofia negativa exercida pelos frankfurtianos encontra o caminho da ciência, sendo que o método psicanalítico se coloca como uma "alavanca", como um suporte para conectar a filosofia ao mundo material. Fundamentada nessas colocações, realizo essa reconstrução epistêmica, aproximando a epistemologia crítica frankfurtiana e a epistemologia freudiana, para, em seguida, traçar caminhos metodológicos para a pesquisa e a intervenção nas organizações, que são mediados pelo método psicanalítico.

É o próprio Jürgen Habermas que oferece essa pista, ao afirmar que a psicanálise é "[...] relevante como o único exemplo disponível de uma ciência que reivindica metodicamente o exercício autorreflexivo" (Habermas, 1982 [1968]:233). Sigmund Freud explicita a sociologia como uma psicologia aplicada, trazendo a psicanálise para o campo da teoria social. A superação da dominação na sociedade passaria pela autorreflexão do sujeito, além de uma autorreflexão do próprio conhecimento, tendo em vista uma compreensão aprofundada das estruturas do trabalho, da linguagem e do poder. Nesse processo, não há sentido em separar os interesses cognitivos (técnico, prático e emancipatório), como se cada um deles estivesse restrito a determinados domínios, pois tanto a dominação quanto a libertação perpassam os três interesses. Por outro lado, a busca da autoconservação humana não pode ser compreendida como uma satisfação imediata das necessidades, mas como a base na qual estão assentadas as condições de funcionamento do trabalho e da interação. Dessa forma, as teorias científicas deveriam se desdobrar em um saber tecnicamente aplicável, mas também em um saber para orientar a atividade prática, ambos sendo guiados pelo interesse emancipatório.

É nesse ponto que pretendo chegar, mas antes será necessário fazer uma reconstrução epistêmica a partir da epistemologia crítica frankfurtiana e da epistemologia freudiana para constituir o suporte teórico-analítico da abordagem freudo-frankfurtiana. Para isso, o ponto de partida será o conceito de epistemologia, que oferece uma análise tripartite do conhecimento, uma definição que envolve três componentes: *crença*, *verdade* e *justificação* (Moser, Mulder e Trout, 2009). A *crença* seria uma condição logicamente necessária para o saber: para se ter um conhecimento que é *verdadeiro*, é preciso que a crença seja correta. Além disso, é preciso haver razões que corroborem essa crença, ou seja, necessita-se de *justificação*, garantia ou prova. Por outro lado, na perspectiva filosófica, há um debate constante sobre se o conhecimento é derivado da *razão* ou da *experiência*. No primeiro caso, temos a possibilidade de um conhecimento *a priori*, que é herdeiro da tradição kantiana e admite a influência da intuição na elaboração do conhecimento. No segundo caso, defende-se o conhecimento *a posteriori*, ou seja, o conhecimento só seria possível por meio da experiência. A visão tradicional, também chamada de perspectiva positivista da teoria do conhecimento, coloca em questão a cientificidade das ciências sociais, buscando formas de torná-la mais esquemática e precisa, além de se apegar ao conhecimento *a posteriori*, ou seja, à necessidade de comprovação empírica dos fatos, colocando em dúvida o conhecimento *a priori*, derivado da intuição, que é comum nas ciências sociais e humanas.

Nosso conhecimento depende, de certa maneira, de *hipóteses explicativas centrais* sobre o mundo e sobre nós mesmos, que postulamos e aceitamos. Essas hipóteses explicativas centrais em geral oscilam entre o *realismo* e o *idealismo* no que diz respeito aos objetos de percepção, o que nos remete, mais uma vez, à problemática do conhecimento *a posteriori* e *a priori*.

O modo pelo qual um sujeito toma partido nos debates epistemológicos e compreende o próprio projeto da epistemologia depende em boa medida das opiniões que ele tem sobre a natureza da explicação. Suas atitudes pressupõem um conjunto de valores intelectuais a serviço dos quais ele se dedica à tarefa de buscar o conhecimento [Moser, Mulder e Trout, 2009:201].

Assim, a base e a intenção da epistemologia é uma *forma de explicar* e *ver o mundo*, que não está isenta de ideologia e que, na história do pensamento filosófico, fundamenta-se em um intenso debate entre as posições realista e idealista. Na próxima seção, abordo *a natureza da explicação e da visão de mundo* para a *epistemologia crítica frankfurtiana*, que é herdeira da posição idealista e procura, acima de tudo, encontrar o cerne do que é a ciência que compreende a sociedade e os fenômenos humanos, realizando uma distinção decisiva entre as ciências sociais e as ciências naturais para evidenciar, inclusive, a relação dialética que existe entre elas. Em primeiro lugar, como mencionei no presente livro e em trabalhos anteriores (Paula, 2009a), é importante reconhecer que *não há um monopólio da crítica*, pois ela pode ser realizada por abordagens filosóficas e sociológicas diversas. No entanto, quando menciono uma epistemologia crítica frankfurtiana, estou me referindo a uma *forma específica de fazer a crítica, que é a dialética*. Os autores da própria escola de Frankfurt me autorizam a fazer essa ressalva.

Theodor Adorno, em sua controvérsia com Karl Popper, no artigo "Introdução à controvérsia sobre o positivismo na sociologia alemã", publicado em 1974, não opõe o positivismo à crítica, mas o positivismo à dialética. Aliás, Theodor Adorno aborda o conceito de crítica popperiano, que seria puramente cognitivo, um mecanismo de confirmação provisória de proposições universais da ciência. Max Horkheimer, em 1937, no texto "Teoria tradicional e teoria crítica", havia fundamentado sua discussão em uma teoria dialética de sociedade. Então, porque a escola de Frankfurt ficou caracterizada como defensora da teoria crítica e não da teoria dialética? Ora, a epistemologia crítica frankfurtiana não se fundamenta em uma *lógica e explicação do mundo dialéticas*, mas em uma *forma crítica de ver o mundo*, entendendo como crítica a própria emancipação. Ao longo do capítulo ficará mais claro por que, para os frankfurtianos e para Sigmund Freud, dialética e crítica podem ser tratadas como sinônimos.

Epistemologia crítica frankfurtiana

No âmbito da escola de Frankfurt, um dos primeiros marcos da controvérsia entre o positivismo e a dialética é o texto "Teoria tradicional e teoria crítica", de Max Horkheimer, publicado em

1937.[90] O ponto de partida de Horkheimer é a *teoria tradicional de sociedade*, que busca sistemas teóricos nos quais as partes estejam conectadas ininterruptamente e livres de contradição. Além disso, a teoria tradicional das ciências sociais procura calcular um arcabouço lógico da história a partir de alguns pontos de referência observados empiricamente, assim como fazem as ciências naturais. As relações entre os fatos sociais observados são as de condicionalidade e causalidade, fundamentadas em uma estruturação hierárquica de hipóteses: *essa é sua forma de explicar o mundo.* Por outro lado, considerando o entrelaçamento do trabalho teórico com o processo de vida da sociedade, a teoria tradicional aponta como tarefa da ciência a previsão e a utilidade dos resultados, ou seja, o caráter positivo das descobertas, bem como a autopreservação e a reprodução contínua do existente: *essa é sua forma de ver o mundo.* Por isso, a teoria tradicional também é conhecida como positivismo e considerada conservadora.

Em contraposição, a *teoria dialética de sociedade* considera que os fatos sociais são determinações quem não têm origem em elementos puramente lógicos ou metodológicos, pois só podem ser compreendidos em conexão com processos sociais reais, que não se fundamentam exclusivamente por ponderações lógicas, mas preci-

---

90. Ainda que o texto seja bastante influenciado pelo marxismo, a ponto de Max Horkheimer ter feito uma nota preliminar esclarecendo que a teoria crítica é herdeira do idealismo alemão e, portanto, não é necessariamente materialista, é possível identificar no mesmo o delineamento de uma teoria dialética de sociedade. Antes de prosseguir, cabe um reparo: o pensamento de Karl Marx é sim crítico e dialético, mas ele não determina tudo o que são a crítica e a dialética, ainda que seja uma demonstração exemplar dessa epistemologia. O fato é que Karl Marx examinou uma situação histórica na qual a crítica da economia política tem alto poder explicativo, mas os pensadores da escola de Frankfurt, embora não tenham descartado essa crítica, conseguem ir além dela ao examinarem a sociedade que lhes era contemporânea a partir também da crítica da ideologia e da cultura. Voltarei a esse ponto oportunamente no corpo desta seção.

samente nas contradições, ou seja, na dialética: *essa é sua forma de explicar o mundo*. Para a teoria dialética de sociedade, o trabalho teórico sem dúvida ocorre dentro da ordem da realidade existente, mas a ciência não é vista apenas de um ponto de vista pragmático, como um trabalho profissional socialmente útil. Isso porque, para a teoria dialética de sociedade, importa que a ciência esteja orientada para a emancipação, tendo como meta a transformação do todo: *essa é sua forma de ver o mundo*. Como na história da filosofia, na acepção kantiana, a crítica é a capacidade de sair do estado de menoridade e se emancipar, a teoria dialética de sociedade, herdeira que é do idealismo alemão, ficou conhecida como teoria crítica, em oposição ao positivismo. Além disso, o entendimento do que é a dialética para os frankfurtianos os leva a considerá-la como sinônimo de crítica, pois ela seria uma operação que leva à emancipação: veremos isso mais detalhadamente ao longo desta seção.

Max Horkheimer afirma que a teoria crítica de sociedade se opõe à desumanização e à lógica cartesiana, defendendo um humanismo e uma lógica dialética.[91] Assim, a teoria crítica não

---

91. "[...] o pensamento crítico é motivado pela tentativa de superar realmente a tensão, de eliminar a oposição entre a consciência dos objetivos, espontaneidade e racionalidade, inerentes ao indivíduo, de um lado, e as relações do processo de trabalho, básicas para a sociedade, de outro. O pensamento crítico contém um conceito de homem que contraria a si enquanto não ocorre esta identidade. Se é próprio do homem que seu agir seja determinado pela razão, a *práxis* social dada, que dá forma ao modo de ser (*Dasein*), é desumana, e essa desumanidade repercute sobre tudo que ocorre na sociedade. [...] No pensamento sobre o homem, sujeito e objeto divergem um do outro; sua identidade se encontra no futuro e não no presente. O método que leva a isso pode ser designado clareza, de acordo com a terminologia cartesiana, mas esta clareza significa, no pensamento efetivamente crítico, não apenas um processo lógico, mas também um processo histórico concreto. Em seu percurso se modifica tanto a estrutura social em seu todo, como também a relação do teórico com a classe e a com a sociedade em geral, ou seja, modifica-se o sujeito e também o papel desempenhado pelo pensamento. A suposição da invariabilidade social da relação sujeito, teoria e objeto distingue a concepção cartesiana de qualquer tipo de lógica dialética" (Horkheimer, 1980a [1937]:132-133).

almeja apenas uma mera ampliação do saber, mas principalmente tirar o homem da situação de opressão; logo, suas intenções não são meramente epistêmicas, pois ela também almeja, por meio da *práxis*, promover a emancipação. Anos depois de Max Horkheimer, em 1961, Theodor Adorno no Congresso da Sociedade de Sociologia Alemã protagonizaria a conhecida polêmica com Karl Popper, no debate em que aprofunda as características epistêmicas da dialética e faz suas críticas ao positivismo. Um de seus pontos de partida é a questão da necessidade de justificação da ciência, que remete à validade objetiva exigida por ela. Theodor Adorno sustenta que a questão da validade objetiva é utilizada pelos positivistas contra os dialéticos, que são acusados de seduzir com suas proposições de modo especulativo (em um sentido popular e não filosófico), ou seja, sem uma autocrítica lógica e uma confrontação com o real (Adorno, 1999 [1974]). Frequentemente os positivistas acusam os dialéticos de fazerem colocações especulativas e sem validação objetiva, que deveriam ser melhor justificadas, o que evidencia a natureza de alguns conflitos epistêmicos e a dificuldade de compreensão por parte de alguns do que é a perspectiva dialética.

Por outro lado, as contradições constatadas pelos dialéticos são interpretadas como uma ameaça à objetividade exigida pelos positivistas. Em relação a essa cobrança de objetividade por parte dos positivistas, Theodor Adorno afirma que *a verdade da realidade social é que ela é plena em contradições e seu dinamismo não admite certezas*. Logo, a objetividade pretendida pelos positivistas seria falsa, pois suas certezas não passam de abstrações diante do que de fato é a realidade social. Por ser falsa, podemos dizer que é ideológica (Adorno, 1999 [1974]). Assim, para Theodor Adorno, buscando serem objetivistas, os positivistas acabam paradoxalmente sendo subjetivistas, afastando-se de seu propósito inicial. Ironicamente seriam os dialéticos que, renunciando à pretensão de objetividade, mais se aproximam do objetivismo, pois apresentam a existência de contradições que melhor refletem a realidade social.[92]

Além disso, a visão de totalidade sustentada pelos dialéticos, que costuma ser criticada pelos positivistas, seria mais sofisticada que a visão da generalização científica que não considera as contradições. Para os dialéticos, a noção de totalidade não é imposta pelo todo, mas construída pela relação antinômica entre o universal e o particular. Para Theodor Adorno, sem apreender a dimensão do que é a totalidade para os dialéticos, o positivismo realizaria apenas generalizações ingênuas:

> A diferença entre a visão dialética da totalidade, e a positivista, se aguça justamente porque o conceito dialético de totalidade pretende ser objetivo, isto é, ser aplicável a qualquer constatação social singular, enquanto as teorias de sistemas positivistas tencionam somente, pela escolha das categorias o mais gerais possível, reunir constatações sem contradição em um contínuo lógico, sem reconhecer conceitos estruturais superiores como condição dos estados de coisas por ele subsumidos. Ao denegrir o conceito de totalidade como retrocesso mitológico e pré-científico, o positivismo em infatigável luta contra a mitologia, mitologiza a ciência [Adorno, 1999 [1974]:125].

A dialética encara a sociedade de um modo mais micrológico que o positivismo. O singular para os dialéticos não é tomado apressadamente, pois o fenômeno singular encerra em si toda a sociedade: a micrologia e a mediação são mecanismos para alcançar a totalidade. Os positivistas, por sua vez, ao considerarem

---

92. "Não importa até que ponto a concepção dialética da sociedade recuperou sua pretensão de objetividade, e se esta lhe é mesmo possível – o fato é que ela a considera com mais gravidade do que seus opositores, que adquirem a segurança aparente das suas descobertas objetivamente válidas, na medida em que renunciam desde o início à vigorosa ideia de objetividade, tal como esta fora considerada em relação ao conceito em si" (Adorno, 1999 [1974]:118).

o fenômeno singular, realizam uma abstração tendo em vista a generalização, mas essa abstração se afasta ao mesmo tempo da singularidade (o particular) e da realidade mais abrangente desse fenômeno (o universal). Adorno sustenta que a sociologia empírica vem percebendo que perde em conteúdo específico devido à generalização estatística, pois no detalhe costuma aparecer algo decisivo sobre o universal que escapa à generalização.

O refinamento matemático da metodologia científica positivista converte a ciência em uma técnica, minando seu próprio conceito, na medida em que se considera a ciência um meio para se atingir determinados fins, fundindo a mesma na instrumentalidade. Ao pretender ser toda a verdade, a verdade cientificista se afasta dela, pois a "[...] ideia de verdade científica não pode ser dissociada de uma sociedade verdadeira" (Adorno, 1999 [1974]:141). Theodor Adorno também aponta que a crítica lógico-formal empreendida pelos positivistas é conservadora porque busca um mecanismo de confirmação provisória das proposições científicas, preferindo a certeza à verdade:

> A contradição dialética exprime os antagonismos reais que não ficam visíveis no interior do sistema lógico-cientificista de pensamento. O sistema, conforme o modelo lógico-dedutivo, constitui algo desejável, algo positivo para os positivistas; já para os dialéticos, tanto real como filosoficamente, constitui o cerne a ser criticado. [...] o positivismo, como toda tradição cético-nominalista, presta-se especialmente à manipulação ideológica em virtude de sua indeterminação de conteúdo, seu procedimento ordenador, e finalmente pela preferência da certeza em face da verdade [Adorno, 1999 [1974]:140, 145].

Por outro lado, o apego ao método científico positivista pode levar a uma delimitação excessiva dos problemas sociológicos que acaba simplificando demais o fenômeno a ser estudado. Ao insistirem em que, no âmbito das ciências sociais, tudo pode ser decomposto em problemas singulares, os positivistas acabam por inibir o pensamento. A questão é que essa posição reducionista elimina as contradições objetivas. Theodor Adorno ainda afirma que *conceitos como o de hipótese e testabilidade não podem ser simplesmente transferidos das ciências naturais para as ciências sociais*. Max Horkheimer teria sido o primeiro a assinalar que:

> [...] fatos sociais não são previsíveis da mesma maneira que o são fatos das ciências naturais no interior dos seus contínuos mais ou menos homogêneos. Entre a objetiva conformidade às leis da sociedade, conta-se o seu caráter contraditório, e finalmente sua irracionalidade. Cabe à teoria da sociedade refleti-la e possivelmente derivá-la; mas não discuti-la através da excessivamente zelosa adequação ao ideal de prognósticos a serem confirmados ou refutados [Adorno, 1999 [1974]:160].

Theodor Adorno sustenta que no âmbito das ciências sociais, *o postulado positivista da verificação precisa ser substituído pela "possibilidade de confirmação"*. Na dialética, a chave é a mediação e não a "coisa em si": conceitos como sociedade e coletividade não são simplesmente verificáveis pelos sentidos. É errôneo supor que a objetividade da ciência depende da objetividade do cientista, pois uma vez que os fatos sociais jamais se reproduzem da mesma forma como ocorreria em um experimento, não se pode dizer que eles são verificáveis. Os fatos nesse caso estão sujeitos a uma "possível confirmação", a partir de situações do passado e do futuro, de modo que a objetividade científica deriva da explicação que melhor reflete a realidade social em seu dinamismo e contradições. Por esse motivo, podemos dizer que *o caráter especulativo das proposições dos dialéticos é uma autorreflexão crítica do entendimento e não mera futilidade de opiniões sem confrontação com a realidade.*

A metodologia científica positivista nega a complexidade das relações sociais ao reivindicar a funcionalidade e a estrutura. A questão é que nas ciências sociais mais vale o conhecimento que exprime a complexa constituição de um processo social, como a produção e a distribuição, por exemplo, do que a decomposição em unidades mediante levantamento de fatos em fábricas isoladas. Para Theodor Adorno, as ciências sociais precisam analisar quais problemas permitem tratamento empírico adequado e quais não o permitem sem sacrifício de sentido. Além disso, *é fundamental distinguir a obsessão metodológica positivista da pesquisa empírica objetivamente realizada: o objetivo do conhecimento não deve ser deslocado pelos meios do conhecimento.*

No lugar do empirismo metodológico, Theodor Adorno privilegia a experiência, no sentido filosófico, e a interpretação, que significa perceber a totalidade dos traços dos dados sociais, pois um conhecimento social "[...] que não começa com uma visada fisionômica empobrece de maneira insustentável" (Adorno, 1999 [1974]:148). Na concepção de Theodor Adorno, as ciências sociais não são como as outras ciências, uma vez que possuem um caráter duplo:[93] a sociedade é sujeito e objeto ao mesmo tempo. Sujeito e sociedade enquanto objetos "são a mesma coisa" e também "não são a mesma coisa", pois o sujeito e sociedade não são só objetos, mas também sujeitos. *Isso é difícil de ser reconhecido pelos positivistas, pois sua doutrina tem como norma máxima a*

---

93. "[...] nela o sujeito de todo conhecimento, justamente a sociedade, o portador da universalidade lógica, é simultaneamente objeto. Subjetivamente, a sociedade, por remeter aos homens que a formam, e inclusive seus princípios de organização, remetendo à consciência subjetiva e sua forma de abstração universal, a lógica, é algo essencialmente intersubjetiva. Ela é objetiva, porque na base de sua estrutura de apoio, sua própria subjetividade não lhe é transparente, já que não possui sujeito global e impede a instauração deste em virtude de sua organização. Um tal caráter duplo, porém, altera a relação de um conhecimento científico-social ao seu objeto, e disto o positivismo não toma notícia. Ele trata sem mais a sociedade, potencialmente o sujeito que se autodetermina, como se fosse um objeto a ser determinado a partir do exterior. Literalmente, ele transforma em objeto, o que por sua vez causa a objetivação e a partir da qual a objetivação há que ser explicada" (Adorno, 1999 [1974]:148-149).

ausência de contraditoriedade. Theodor Adorno sustenta que é exatamente isso[94] que distingue uma teoria crítica de sociedade da sociologia convencional.

Theodor Adorno ainda argumenta que os conhecimentos dialéticos em geral são tomados de modo excessivamente literal pelos seus opositores sob a justificativa de rigor e precisão. No caso da dialética, a interpretação não é qualquer uma, mas fruto de uma mediação entre o fenômeno e seu conteúdo carente de interpretação pela história, que capta o que estava imobilizado nesse conteúdo, ou seja, aquilo que o singulariza. A interpretação permanece entrelaçada com o processo global dos acontecimentos e não se trata de uma doação de sentido por parte do conhecedor ou do agente social, pois é justamente o contrário, uma vez que um conceito dialético de sentido é a "[...] essência social que cunha os fenômenos que neles se manifesta e se oculta" (Adorno, 1999 [1974]:153). Ou seja, *o sentido não está descolado do real.*

Além disso, é importante combater o anti-intelectualismo latente dos positivistas, que privilegiam sempre o conhecimento *a posteriori*, baseado no empirismo. Para os positivistas "[...] o pensamento não passa de uma ratificação posterior, além do que já constitui um mal" (Adorno, 1999 [1974]:175). Theodor Adorno defende a possibilidade do conhecimento *a priori*, das proposições especulativas, contra toda inibição do pensamento e a favor da criatividade, sendo que não se trata de um culto da razão total, mas precisamente uma crítica da razão:

> Que não se deve comer da árvore do conhecimento, torna-se no positivismo a máxima do próprio conhecimento. A curiosidade é

---

94. "[...]uma teoria crítica, apesar de toda experiência de coisificação, e mesmo justamente ao exteriorizar esta experiência, se orienta pela ideia da sociedade como sujeito, enquanto a sociologia aceita a coisificação, repetindo-a em seus métodos, perdendo assim a perspectiva em que a sociedade e a sua lei unicamente se revelaram" (Adorno, 1999 [1974]:149).

punida na nova face do pensamento, a utopia dele deve ser expulsa sob qualquer configuração, inclusive a da negação. O conhecimento se resigna à reconstrução repetitiva. Ele empobrece do mesmo modo que a vida empobrece sob a moral do trabalho [Adorno, 1999 [1974]:176].

Theodor Adorno também chama a atenção para o fato de que, embora a experiência seja um conceito central no positivismo, dado seu empirismo, o positivismo não conhece de fato o que é a experiência, no sentido filosófico, uma vez que só admite uma experiência regulamentada e sem nenhuma espontaneidade:

No positivismo está documentada uma constituição histórica do espírito, que não mais conhece a experiência, motivo por que tanto elimina seus rudimentos como se oferece como seu substituto, como única forma legítima de experiência. A imanência do sistema que virtualmente se imobiliza não tolera sequer algo qualitativamente outro, que poderia ser experimentado, nem capacita os sujeitos que lhe são adequados a uma experiência não regulamentada. A situação de mediação universal da coisificação de todas as relações entre homens está sabotando a possibilidade objetiva de uma experiência específica da coisa – este mundo ainda é passível de uma experiência viva? – incluída a aptidão antropológica. Com razão Schelsky denominou o conceito de experiência não regulamentada um dos pontos centrais da controvérsia entre os dialéticos e os positivistas. A experiência regulamentada que o positivismo prescreve anula a própria experiência, elimina na intenção o sujeito que experimenta [Adorno, 1999 [1974]:177-178].

As questões levantadas por Adorno sobre a especificidade das ciências sociais, também vêm sendo abordadas por alguns epistemólogos. Destaco especialmente três ensaios de Hilton Japiassu, publicados em 1981, no livro *Questões epistemológicas*, pois suas elaborações estão bastante alinhadas com as posições que defendo nesta seção. No ensaio "O problema da verdade", Hilton Japiassu sustenta que a categoria verdade não pode mais ser concebida como a base das teorias do conhecimento, pois em suas investigações *os cientistas não vão encontrar "a verdade", mas tão somente "verdades"*, que são descobertas depois um penoso processo de produção histórica. Dessa forma, não existem certezas, mas apenas possibilidades de verdade, ou seja, *"verdades provisórias"*. Hilton Japiassu considera também a objetividade um critério de cientificidade bastante problemático, pois a aproximação entre o sujeito histórico e a própria realidade é histórica, estando sujeita a grande variabilidade. Verdades absolutas e teorias sem erros são dogmáticas, e o fato é que a renovação do conhecimento é diretamente proporcional à presença do erro.

Para Hilton Japiassu, Karl Popper teria substituído o princípio da verificabilidade pelo da falsificabilidade, assinalando que, com isso, a técnica que faz o contraste entre as teorias passa a ser a crítica. Theodor Adorno é mais preciso ao colocar que o conceito de crítica popperiano é puramente cognitivo: o que ele estava querendo dizer é que a crítica de Karl Popper tem meramente a intenção de ter o conhecimento da realidade. Na crítica popperiana não só a lógica de pensamento utilizada difere da dialética, como se insere em outra visão de mundo, que é conservadora e não tem pretensões emancipatórias (Adorno, 1999 [1974]). Hilton Japiassu evidencia que ocorreu alguma evolução na lógica positivista com a falsificabilidade, com o que Theodor Adorno parece concordar, mas demarcando que a falsificabilidade não é a mesma coisa que contraditoriedade. No tratamento dos fatos, a falsificabilidade acaba ganhando um sentido operacional e instrumental que leva muitos cientistas a tratá-la como se fosse um novo mecanismo de verificação.

Hilton Japiassu afirma que a processualidade de nossa razão está eivada pela incerteza, pelo fato de nos sentirmos perdidos e pela decepcionante descoberta de que "as verdades" não são "a verdade". Para o epistemológo, no entanto, precisa ser dessa forma, pois senão acabaríamos obtusos e dogmáticos. Sobre a epistemologia crítica e a questão da verdade, o autor afirma:

> A epistemologia crítica nos ensina que, face à verdade, não podemos ter princípios absolutamente fundamentais, nem tampouco critérios que sejam inquestionáveis, permitindo-nos instalar-nos no conforto de um reino qualquer de segurança que nada mais é que o repouso no sono dogmático. Precisamos estar conscientes de que, por mais cientistas ou filósofos que sejamos, sempre possuímos apreensões diferentes da verdade, quando não antagônicas. Por isso, não podemos estar certos, de antemão, nem mesmo de que haja uma verdade [Japiassu, 1981a:35-36].

Ao longo desta seção, evidencio que isso não basta para caracterizar a epistemologia crítica frankfurtiana que estou discutindo, pois a provisoriedade de todo e qualquer modelo explicativo também cabe para um positivismo esclarecido. A epistemologia crítica frankfurtiana não envolve meramente uma teoria do conhecimento, pois não se trata apenas de se chegar a um saber e tomá-lo como algo neutro e isento de ideologias. Esse saber precisa ser engajado, de modo que suas intenções epistêmicas são de outra qualidade, uma vez que não envolvem apenas uma forma de pensar, mas também uma maneira de ver o mundo. Em outras palavras, revelo que a epistemologia crítica frankfurtiana é mais transparente ao admitir suas opções ideológicas como parte do processo de construção do conhecimento. Certamente alguns vão dizer que isso não é ciência, mas tenho justamente a intenção de problematizar o que é ciência, motivo pelo qual, em seguida, relaciono a epistemologia crítica frankfurtiana com a epistemologia freudiana.

No ensaio "O problema da objetividade", Hilton Japiassu se mostra atento às deformações realizadas em nome da ciência, pois admite que a universidade não está formando, mas conformando os indivíduos a um saber dominado e/ou absorvido pelo processo socioeconômico. Também aponta que, ainda que esteja sob o efeito da distorção ideológica, a atividade científica procura se apresentar sempre como a-ideológica, valendo-se para isso do mito da objetividade científica, que frequentemente divorcia o conhecimento do mundo natural e do mundo social. O conhecimento do social totalmente separado do natural é idealismo, enquanto que o conhecimento do natural totalmente separado do social é materialismo mecanicista. Nesse ensaio, Hilton Japiassu também revela uma posição mais precisa sobre a função da crítica no âmbito da ciência:

> Instaura-se, assim, uma barreira intransponível entre as práticas científicas (conhecimento objetivo) e tudo que se diz, se pensa ou se escreve fora desse saber instituído e institucionalizado. Um dos efeitos mais patentes dessa dicotomia, é impedir que as ciências venham a assumir uma função crítica, posto que estariam concentradas nas mãos de uma comunidade científica autogovernada, não tendo necessidade de colocar-se questões sobre a interpretação das ciências e da ordem social no nível do conhecimento, ou mesmo, sobre o lugar social dos cientistas no nível estrutural. Ora, se um dos objetivos dessa dicotomia consiste em desacreditar tudo o que não merece o rótulo de "científico", não vemos como ela não venha instaurar um verdadeiro processo inquisitório contra as possíveis infiltrações da subjetividade, dos sentimentos, das necessidades, dos desejos, numa palavra, do vivido e de todas suas manifestações. E tudo isso, em nome justamente das exigências "objetivas" da "realidade". É em nome desse "realismo" que se chega até mesmo a justificar a opressão e a repressão. Porque o saber instituído e institucionalizado só pode aceitar como válido o que estiver fundado na realidade objetiva dos fatos, tal como ele a capta e a vê, vale dizer, conhece. E é por detrás dessa distinção que funciona a ideologia dominante do saber [Japiassu, 1981b:73].

No excerto citado, Hilton Japiassu admite que o processo de elaboração do conhecimento, a "ciência", para além do "realismo", deveria abrir-se a questões metafísicas, reconhecendo a necessidade de algum grau de idealismo na produção do saber, até mesmo como forma de superação da opressão realizada pelas instâncias ditas científicas que monopolizam a produção do conhecimento. O autor se coloca claramente contra o que ele chama de dualismo epistemológico, que divide o pensamento em dois domínios impenetráveis: o lado que se situa fora da realidade (sonhos e aspirações humanas) e o lado que se situa dentro do real (ciência que conhece objetivamente e instala a verdade). Em sua visão, o que deveria ser evitado é a manipulação sem escrúpulos das opiniões, das necessidades e dos próprios indivíduos em nome do interesse da realidade.

Hilton Japiassu sustenta que nosso atual empirismo universitário é permeado pelas seguintes normas latentes ou inconscientes: devemos nos ater exclusivamente ao que é observável, devemos nos prender unicamente aos fatos, devemos nos restringir exclusivamente à realidade, devemos privilegiar apenas o que é eficiente e devemos aceitar apenas aquilo que trouxer o rótulo de científico. Esses imperativos compõem um discurso geral da ciência, discurso esse que reflete a ideologia dominante da ciência, como se houvesse uma "única" ciência capaz de revelar aos homens "a verdade". Esse discurso ainda se legitima pelo apelo ao princípio da neutralidade, bem como pelo apelo à objetividade em detrimento da subjetividade. Com esse ponto de vista, Hilton Japiassu se aproxima bastante do esforço dos frankfurtianos na crítica ao positivismo e, inclusive, arrisca-se a defender como indispensável a dimensão crítica nas práticas científicas e na pedagogia universitária, sustentando a importância de uma ciência crítica e da interdisciplinaridade. Para Hilton Japiassu, os objetivos da ciência crítica seriam:

> [...] confrontar a ciência com tudo aquilo que, por não ser científico, foi banido do reino do conhecimento. Trata-se de questionar a ciência a partir de critérios extracientíficos. Em outras palavras,

trata-se de questionar e derrubar o muro aparentemente intransponível que separa radicalmente o "saber objetivo" do "saber subjetivo". [...] Outra coisa que a ciência crítica vem mostrar é que não existe mais templo dourado do saber, rodeado das trevas da ignorância e da subjetividade. [...] Porque é inadmissível que o discurso geral da ciência continue, em nome da objetividade, exigindo que as ciências obedeçam única e exclusivamente a seus imperativos próprios, que seu desenvolvimento seja comandado unicamente por sua própria lógica interna. Isto seria mascarar as relações entre as exigências específicas das ciências e a vida social. Seria ainda dissimular a subordinação das orientações das pesquisas aos imperativos socioeconômicos. Porque a partir do momento em que o conhecimento dos fatos pretende bastar-se a si mesmo, cai no dogmatismo e perde sua dimensão crítica [Japiassu, 1981b:78-79].

Ao admitir a necessidade do caráter crítico para a ciência, Hilton Japiassu destaca a escola de Frankfurt e sua crítica da ciência, como forma de desalienar a própria ciência e exercer uma função libertadora que faça o progresso científico corresponder ao progresso humano: insere-se assim a dimensão emancipatória no cerne do que ele caracteriza como ciência crítica, ao lado da qual Hilton Japiassu perfila a interdisciplinaridade, como dimensão que se vive e não algo que se ensine ou aprenda, pois implica abertura, curiosidade, sentido de aventura e intuição das relações existentes entre as coisas. Seria fundamental, assim, instaurar uma pedagogia da incerteza, evitando que os educadores deformem os alunos com a imposição de verdades, pois uma opção crítica só é viável a partir da incerteza das teorias estudadas. Além disso, seria importante evitar o materialismo mecanicista, também conhecido como objetivismo, positivismo, empirismo ou cientificismo, que divorcia a natureza e a sociedade, desvendando as máscaras das ciências, seus anteparos ideológicos, como a ilusão da neutralidade e a visão de que ciência leva necessariamente ao progresso e à eficácia.

No ensaio "O estatuto epistemológico das ciências humanas", Hilton Japiassu levanta a questão da cientificidade dessas ciências. A originalidade das ciências humanas seria constituída pela sua ambiguidade: haveria, de um lado, a exigência de inteligibilidade, ou de um *a priori*, e de outro, a exigência de cientificidade no sentido de uma objetividade. Hilton Japiassu revela também o que entende por epistemologia, apresentando uma concepção bastante próxima daquela que estou defendendo ao longo desse capítulo:

> Por epistemologia entendemos essa disciplina que se interessa menos em descrever os métodos, os resultados ou a linguagem da ciência, ou da razão nas ciências, do que em elaborar uma *reflexão crítica* permitindo-nos descobrir e analisar os problemas tais como eles se colocam ou se omitem, se resolvem ou desaparecem, na prática efetiva dos cientistas. Trata-se de uma disciplina permitindo-nos submeter a prática científica a uma reflexão que, diferentemente da filosofia clássica da ciência, aplica-se, não à ciência feita, acabada, verdadeira, de que deveríamos estabelecer as condições de possibilidade e de coerência, de que deveríamos fornecer todos os seus títulos de legitimidade, mas às ciências *em vias de se fazerem*, em seu desenvolvimento histórico, vale dizer, em sua *processualidade* [Japiassu, 1981c:96, grifos no original].

O entendimento da epistemologia como uma disciplina que procura elaborar uma reflexão crítica da ciência e atenta ao seu devir é congruente com o que procuro sustentar, mas acrescento que *ao se tratar de uma epistemologia crítica, a finalidade e o interesse também importam, uma vez que a dimensão emancipatória pede um saber engajado*. Não é acidental que as ciências humanas tenham surgido em um momento de crise da ciência. A expressão ciência não é uma categoria epistemológica, mas uma noção ideológica, na medida em que o objeto que designa é um produto do imaginário, de um conjunto coerente e sistemático de representações ou imagens consideradas susceptíveis de explicar e justificar a realidade concreta, pois o "[…] aparecimento das ciências humanas veio fundar, epistemologicamente, a impossibilidade de um discurso científico ver-se definitivamente protegido contra toda contaminação ideológica" (Japiassu, 1981c:100). Assim, a posição de Hilton Japiassu se alinha com a minha proposição inicial de que a epistemologia é, além de uma forma de explicar, uma forma de ver o mundo.

Hilton Japiassu ainda evidencia quais são as *objeções* que procuram negar às ciências humanas um estatuto epistemológico científico. *A primeira objeção seria filosófica*, que argumenta que por essência o homem não pode se constituir objeto da ciência e condena todas as ciências humanas, principalmente a história e a psicanálise, que se ocupam de fatos singulares. *A segunda objeção é colocada pelos empiristas*, que veem nas ciências humanas uma eterna inferioridade em relação às ciências da natureza, recomendando para as ciências humanas o reducionismo como forma de manter a cientificidade. *A terceira objeção é epistemológica*, que estabelece uma oposição radical entre ciências humanas e ciências da natureza, negando às primeiras a capacidade de chegar ao mesmo grau de objetividade das segundas e mesmo à dignidade da cientificidade. *O que essas objeções têm em comum é o fato de valorizarem excessivamente os métodos e os resultados, como ocorre nas ciências naturais.* Para Hilton Japiassu, entretanto, não podemos recusar o estatuto epistemológico científico às ciências humanas, porque:

> […] a realidade da prática científica não nos permite afirmar a existência de um "corte epistemológico" definindo uma vez por todas o "científico" e o "não científico". Pelo contrário, a ciência consiste em uma "ruptura" incessantemente renovada com o conhecimento comum, pois ela é um processo histórico dependendo, não do *ser*, mas do *devir* [Japiassu, 1981c:103-104, grifos no original].

O epistemólogo reconhece, no entanto, que a cientificidade das ciências humanas parece ser proporcional à sua desumanidade, pois considerando os critérios de explicação e falsificação sistemática, as teorias globais das ciências humanas padecem da seguinte ambiguidade: ou são teorias unificadoras e explicativas, ainda que não verificadas (no sentido de não falsificadas), ou são teorias pouco verificadas, mas que tiveram de renunciar a toda ambição integradora, perdendo seu potencial explicativo. Theodor Adorno oferece uma pista quando contesta a verificabilidade em nome da "possibilidade de confirmação": a ciência social *sempre estará sujeita à incerteza* e justamente essa característica é suficiente para sustentar sua cientificidade, ou seja, as explicações são provisórias, valem em determinadas condições históricas e não suscetíveis à reprodutibilidade, mas nem por isso perdem sua qualidade de conhecimento produzido, ainda que transitório. Esse caráter provisório também está presente nas ciências naturais: a diferença é a possibilidade de verificação e falsificabilidade, que é difícil nas ciências humanas devido à própria natureza de seu objeto de estudo, que realiza uma mistura inextrincável de fatos da consciência e situações objetivas.

Afinal, qual é a definição de ciência que utilizamos em nosso campo de atuação? Existe um único tipo de ciência? Qual é a *especificidade das ciências humanas e sociais*? Procuro responder a essas perguntas, e o exame da epistemologia freudiana pode nos ajudar nessa tarefa, uma vez que Sigmund Freud não abre mão de atribuir um estatuto científico para a psicanálise. Sustento, assim, que *há na psicanálise freudiana uma singularidade epistemológica e metodológica que pode ser útil para fortalecer o estatuto científico das ciências sociais.*

Epistemologia freudiana

No livro *Psicanálise, ciência ou contraciência?*, publicado em 1998, Hilton Japiassu afirma que o saber psicanalítico é inovador, instituinte, crítico, subversivo e transgressor. O positivismo lógico, advindo do Círculo de Viena, que tem em Ludwig Wittgenstein um dos seus principais representantes, nega à psicanálise o estatuto de ciência, pois afirma que ela é um programa metafísico de pesquisas, uma vez que coloca teorias pouco operatórias à falsificabilidade, opinião que é compartilhada por Karl Popper. Para Sigmund Freud, no entanto, a psicanálise não só é uma ciência, como se trata de uma ciência natural, uma *Naturwissenschaft*. No livro *Introdução à epistemologia freudiana*, publicado em 1983, Paul-Laurent Assoun discute sistematicamente que, para Sigmund Freud, não há como fazer uma separação entre o naturalismo e a hermenêutica, pois eles estariam vinculados como uma única e mesma linguagem. O próprio conceito de pulsão,[95] que é uma das chaves da psicanálise, é um conceito que está na fronteira entre o físico e o psíquico, expressando claramente como essa separação é impossível.

Tanto Paul-Laurent Assoun quanto Hilton Japiassu insistem em dizer que a epistemologia freudiana se caracteriza por um *monismo radical*, não admitindo um dualismo, o que quer dizer que Sigmund Freud recusa a separação entre alma e corpo, inorgânico e orgânico e também entre ciências da natureza e ciências do espírito, que para ele estariam fortemente relacionadas. Assim, no trabalho de constituição da metapsicologia, que é o

---

95. Sigmund Freud (1996c [1905]) elabora o conceito de pulsão em oposição ao conceito de instinto. Na sua visão, a pulsão é um conceito limite, pois se encontra na fronteira entre o somático e o anímico, ou seja, tem um caráter dual: de um lado é um afeto, que está ligado às energias libidinais, e de outro é um representação ideativa, ou seja, uma simbolização desse afeto, que é mediada pela linguagem. A pulsão, que é o motor da psique humana, seria então "[...] um distúrbio econômico, uma insatisfação que se manifesta como devendo ser superada, como um déficit a ser reparado" (Assoun, 1983:211).

cerne da identidade epistêmica freudiana, não se descartam as referências à física e à química, com destaque para o princípio da conservação da energia, que inspira Sigmund Freud quanto ao funcionamento do aparelho psíquico, no "Projeto para uma psicologia científica", de 1895. No entanto, como ciência que estuda os processos inconscientes,[96] a psicanálise freudiana também faz apelos à filosofia na constituição de sua metapsicologia, evocando a teoria kantiana sobre o conhecimento. A psicanálise freudiana, ao abordar o inconsciente, trata do incognoscível, que coloca em questão seu materialismo, dando lugar a um agnosticismo vigilante. Para ir além desse agnosticismo, Sigmund Freud desloca-se para a constituição de uma metapsicologia[97] que possa codificar o estudo dos processos inconscientes.[98]

---

96. Segundo a primeira tópica freudiana (Freud, 1996g [1915]), o aparelho psíquico humano é constituído por um sistema pré-consciente-consciente e um sistema inconsciente. Esses sistemas se constituem mutuamente ao longo do desenvolvimento psíquico do indivíduo e são afetados por estímulos externos, sejam eles ambientais ou endógenos (pulsionais) (Freud concebe a pulsão como estímulo externo ao aparato psíquico, mas endógeno porque tem origem no próprio indivíduo.). De acordo com a teoria freudiana (Garcia-Roza, 2007), o inconsciente não é bem um lugar ou estrutura, mas uma lógica de nosso funcionamento psíquico. Uma vez que o inconsciente se constitui por meio do recalque originário, pode-se dizer que ele é índice do laço social, pois denota o primeiro momento em que a criança recolhe seu desejo por considerá-lo inaceitável pelo mundo. Daí dizermos que o inconsciente é a sede dos nossos recalques e, consequentemente, dos nossos desejos recônditos, que se manifestam, ainda que de forma disfarçada, nos sonhos, nos atos falhos e chistes, que foram objeto da atenção de Freud.

97. Japiassu (1998, p. 64) assim define a metapsicologia: "Trata-se de um saber que se adapta a uma objetividade particular, os fenômenos inconscientes, ultrapassando o dado imediato, pois vai além (meta) do consciente".

98. "Só que Sigmund Freud não pode contentar-se com essa garantia agnosticista: precisa integrar, em procedimento de conhecimento específico e codificado, o estudo desses processos inconscientes, que, quando transparecem nos fenômenos, constituem uma transobjetividade. Não poderia contentar-se com uma forma posicional de objetividade em primeiro grau. Portanto, o que se torna exigido é aquilo que ele chama, desde sua correspondência com Fliess, de uma 'metapsicologia', 'psicologia que vá ao fundo do consciente'" (Assoun, 1983:83-84).

Digna de nota ainda é a influência exercida por Ernst Mach com sua obra *Conhecimento e erro*, publicada em 1905, que faz um passeio especulativo pelo pensamento, sem descartar a ciência, apontando o caráter provisório do saber. A passagem de Sigmund Freud por Ernst Mach constitui uma etapa da construção de seu edifício epistemológico, que evidencia sua maneira de pensar. Esta consiste em se opor a uma ciência tradicional, que concebe uma totalidade do mundo a partir de alguns conceitos fundamentais e se encerra em um sistema acabado, propondo a ciência da psicanálise, que é sempre inacabada e pronta a retificar, ou modificar suas teorias. A consciência epistemológica da psicanálise constituiu-se durante a revolução epistemológica que se operou entre os anos 1890-1920 sob a influência de Ernst Mach, que repercute tanto em Sigmund Freud como em Albert Einstein. É possível, inclusive, ver uma *analogia entre a revolução no psiquismo promovida por Freud e a descoberta einsteiniana da relatividade.* Além disso, tanto Sigmund Freud quanto Albert Einstein também realizam uma ruptura com a corrente machniana e com o que ela ainda tinha de positivista. Em Sigmund Freud, esse movimento se faz perceber quando ele estabelece um nexo entre a racionalidade e o imaginário, revelando a especulação metapsicológica, para além dos fatos.

Para Paul-Laurent Assoun, a tradição epistemológica que penetra a metapsicologia freudiana, consiste em uma construção fundada em um trabalho constante de imaginação científica que adapta pensamentos a pensamentos (aspecto especulativo), mas correlacionando-os com a investigação do material experimental (adaptação dos pensamentos aos fatos). A metapsicologia constituída por Freud se organiza em dois eixos: o espaço e o tempo. No que se refere ao espaço, temos as tópicas freudianas,[99] e quanto ao tempo, emergem os problemas da dinâmica, que para

---

99. Primeira tópica (consciente, pré-consciente e inconsciente) e segunda tópica (ego, superego e id).

além da topologia envolve o campo de forças que se estabelece na psique e que explica o funcionamento do recalque.[100] Além desses dois eixos, temos também a dimensão econômica, que sustenta a teoria da libido, que trata da tendência de o aparelho psíquico manter tão baixa quanto for possível a quantidade de excitação nele presente (princípio da inércia), ou pelo menos mantê-la constante (princípio da constância), tendo em vista o gerenciamento do prazer. Um dos pontos de partida da psicanálise é o "Projeto para uma psicologia científica", de 1895, que é uma demonstração emblemática de como, aprofundando-se em seu modelo de psiquismo, do qual deriva a primeira tópica freudiana (pré-consciente, consciente e inconsciente), Sigmund Freud percebe que não há como tratar do fenômeno senão aliando suas características naturais, como a circulação da energia no aparelho psíquico, e simbólicas, ou seja, a própria linguagem, que torna as ações humanas sujeitas à interpretação.

Para Hilton Japiassu, *o modelo de psiquismo de Sigmund Freud tem todas as características de um modelo científico, porém a realidade ou a verdade do psiquismo não é suscetível de verifica-*

---

100. Sigmund Freud (1996f [1915]) afirma que para nos defendermos dos perigos pulsionais, que poderiam nos levar a comportamentos que não são socialmente aceitos, constituem-se nossas *defesas e também o sistema inconsciente, cuja primeira operação é conhecida como recalcamento (Verdrängung)* originário, pois ocorre ainda na infância quando uma primeira representação ideativa é considerada intolerável pelo indivíduo (grifos meus). Por causar grande desprazer, a representação então é recalcada, mas o afeto fica como energia livre circulando no aparelho psíquico e buscando fazer alguma ligação, se associando, por exemplo, às representações conscientes que sejam distintas das representações recalcadas e, portanto, mais toleráveis. O afeto ainda pode se descarregar por meio de atuações do indivíduo (passagem ao ato físico), que escapam à esfera da racionalização, ou ser sublimado, ou seja, canalizado para outro objeto ou ação que produza prazer e seja socialmente aceito. Dessa forma, a vida psíquica humana é balanceada pela dinâmica entre prazer e desprazer. Para Sigmund Freud (1996j [1920]), nossa tendência natural é combater o desprazer, reduzindo as excitações que atingem o aparelho psíquico, ou seja, tentando manter o nível de energia o mais baixo possível ou, pelo menos, constante.

ção, *uma vez que o imediato vivido nos é inacessível*. Tudo que o psicanalista tem à sua disposição é o relato de seu paciente, cujo sentido só é apreensível por meio de uma interpretação que seja aceita por esse paciente e que ainda esbarra na dificuldade de haver a hipótese de uma interpretação negada devido à resistência do próprio paciente, condição que, inclusive, é muito comum nas neuroses.[101] Diante de um saber que não tem condições de ser verificado ou falsificado objetivamente, o que temos são os seguintes critérios: a verossimilhança da interpretação e sua possibilidade de integrar os fenômenos a serem explicados. Ou seja, as interpretações são colocadas e, sendo aceitas, ou capazes de vencer as resistências do paciente, podemos dizer que são válidas. A interpretação nunca tem o estatuto de uma verdade definitiva e para ser eficaz necessita

> [...] ser "verdadeira" de certa forma: precisa fornecer um conhecimento adequado do acontecimento singular que acaba de produzir, pois é ressituado numa construção que lhe dá sentido. Se uma interpretação pode ser modificada, não é pelo fato de ser errônea, mas porque o mesmo acontecimento (uma lembrança, por exemplo) pode ser ressituado, em outro momento, numa outra construção onde adquirirá um outro sentido [Japiassu, 1998:20].

Em outras palavras, uma interpretação que não faz sentido em um contexto não está necessariamente errada, pois pode fazer sentido em outro contexto, com adaptações. Esse posicio-

---

101. A neurose é caracterizada por Sigmund Freud (1996d [1905-1906]) por meio do fenômeno do recalcamento: as representações consideradas intoleráveis pelo sujeito são retidas no inconsciente, mas o afeto fica livre, ligando-se a representações distintas das originárias e manifestando-se na forma do sintoma, que nada mais é que uma forma desviada de atividade sexual. Assim, a pulsão que não se satisfaz como desejava, devido ao recalque, encontra outras vias de satisfação, ainda que essas sejam patológicas. Surgem dessa forma as psiconeuroses: fobia, histeria e neurose obsessiva.

Uma reconstrução epistêmica

namento rendeu críticas por parte de Ludwig Wittgenstein e Karl Popper, para quem a falsificabilidade e a procura do erro, e não do acerto,[102] é fundamental para definir a cientificidade de uma proposição. No entanto, a proposta de Sigmund Freud trata de outra lógica de pensamento, que é bastante adequada para tratar os fenômenos humanos e sociais dada sua dinâmica e contingência. Aliás, nas ciências sociais, quando trabalhamos no registro da hermenêutica, podemos dizer que os critérios apontados por Hilton Japiassu também são válidos. Paul-Laurent Assoun sustenta que o fato de a psicanálise freudiana não ser susceptível de verificação e validação empírica é justamente aquilo que a diferencia:

> A argumentação é a seguinte: toda teoria digna deste nome deve ser susceptível de validação empírica e de procedimentos determinados de verificação. Ora, a base da psicanálise freudiana, longe de repousar em fatos e procedimentos, é toda construída sobre o cal de *noções* com conotação metafísica, tomadas de empréstimo à energética de seu tempo. Por outro lado, a *interpretação* freudiana remete à arbitrariedade, por não se apoiar em procedimentos permitindo objetivar tal configuração de enunciados [Assoun, 1983:40, grifos no original].

Para Paul-Laurent Assoun, quando se procura realizar uma depuração na psicanálise por meio de uma reconstrução operacionalista, o edifício freudiano é esvaziado de sua espessura pulsional e se evapora, perdendo sua especificidade:

> [...] a dinâmica do recalque é pluralizada numa soma de manifestações testáveis; a tópica se espatifa num quebra-cabeça hipotético; a energética se quantifica obstinadamente em "indicadores". Con-

---

102. Importante notar que a procura do "acerto" aqui supõe o "erro", considerando-se a dinâmica e a contingência de todas as coisas.

vertido em objetividade operacional, o freudismo se purifica tanto, que se evapora [Assoun, 1983:42].

Hilton Japiassu argumenta que o problema da cientificidade da psicanálise é antigo:[103] essa preocupação aparece quando Freud tenta defender suas teorias na faculdade de medicina e reaparece na segunda geração de psicanalistas freudianos, quando Wilhelm Reich tenta evidenciar que a psicanálise é uma ciência porque é materialista e dialética. Os argumentos se alteram ao longo do tempo, mas esse debate parece ter um caráter político. Diante disso, sustento que *o fato de a psicanálise ser um saber fronteiriço faz dela um exemplo importante para elucidar a questão da cientificidade das ciências humanas*, pois quando tratamos de fenômenos sociais, temos também fenômenos que oscilam entre o naturalismo e a hermenêutica, entre o físico e o metafísico, até porque temos o homem e sua psique envolvidos. Assim, os problemas do estatuto científico da psicanálise e das ciências humanas caminham lado a lado. Para tentar evidenciar o caráter científico da psicanálise, Hilton Japiassu recorre ao processo de constituição de uma ciência, fazendo uma descrição que equivale ao próprio processo de constituição da psicanálise:

a) Em primeiro lugar, uma ciência se constitui opondo-se às opiniões, a essa forma de conhecimento que se apresenta como um conjunto falsamente sistemático de juízos, de representações esquemáticas e sumárias, elaborado para a prática e pela prática, visando traduzir as necessidades em conhecimentos e a designar os objetos

---

103. O próprio Sigmund Freud (1996i [1915]:59) estava atento a isso e defendia outra noção de cientificidade: "A ciência tem apenas algumas poucas proposições apodícticas em seu catecismo: o resto são asserções promovidas por ela a um certo grau de probabilidade. Atualmente, constitui sinal de modo científico de pensamento contentar-se com aproximações da certeza e ser capaz de dedicar-se a um trabalho construtivo mais além, apesar da ausência de confirmação final"

por sua utilidade; numa palavra, uma ciência se constitui *negando e criticando as evidências do senso comum*; b) em segundo lugar, uma ciência se constitui *enfrentando e denunciando criticamente as oposições e resistências* que necessariamente uma disciplina nova recebe, não somente do saber preexistente, da ideologia dominante, mas do saber já instituído e institucionalizado (oficial), repleto de certezas, incapaz de questionar-se e de abrir-se ao novo; c) finalmente, *lutando contra os interesses* daqueles que pretendem inicialmente, ignorá-la; em seguida, denegri-la; finalmente, deformá-la para eliminar seu conteúdo inovador, instituinte, fundante e subversivo [Japiassu, 1998:60-61, grifos no original].

Para Hilton Japiassu, porque o saber na psicanálise freudiana não responde às exigências colocadas pelos axiomas positivistas da verificabilidade e da refutabilidade, também significa que ela não se rende às exigências culturalmente determinadas, inclusive introduzindo na cultura uma disjunção capaz de modificar nossa representação de ciência e a relação do pesquisador com o saber.

Assim, longe de ser proscrito do reino da cientificidade, por insuficiência de racionalidade e de rigor epistemológico, o discurso próprio desse saber tem a particularidade de dirigir às ciências já "constituídas", estabelecidas e reconhecidas, uma questão que elas não se põem e que, se a ouvirem, levará a uma transformação profunda da própria cultura científica. É nesse sentido que a psicanálise ocupa um lugar especial em nossa cultura: apresenta-se como uma *contraciência*, como um fermento de transformação profunda, não somente de nossa relação com o saber, mas de representação que o homem tem de si mesmo ou, no dizer de J. Laplanche, transformação de um "modo de ser" social e cultural [Japiassu, 1998:33, grifos no original].

A epistemologia crítica frankfurtiana também tem esse caráter de colocar em questão a cultura científica vigente. Na seção seguinte, revelo que existem relações profundas entre a epistemologia crítica frankfurtiana e a freudiana, a ponto de uma não fazer sentido separada da outra. Hilton Japiassu coloca a psicanálise como uma *contraciência* e admito que a escola de Frankfurt também aponta para essa direção. No entanto, ao invés desse sentido negativo de ser *contra*, exploro um sentido positivo de ser *outra*. Dessa forma, apresento a epistemologia crítica frankfurtiana e a epistemologia freudiana como as bases de *outra ciência, aqui expressada na abordagem freudo-frankfurtiana*. A psicanálise e as ciências sociais não podem funcionar por meio do mesmo tipo de objetividade e causalidade do positivismo, pois são portadoras de inegáveis especificidades.

As ciências sociais atualmente oscilam entre dois modelos: o positivista (explicativo) e o interpretativo (compreensivo) (Dosse, 2003 [1993]). O modelo interpretativo tem suas inter-relações com a psicanálise e, inclusive, há um esforço dos hermeneutas (Assoun, 1983), para evidenciar que a interpretação é uma variante da explicação. No entanto, diante da epistemologia crítica frankfurtiana, não podemos deixar de lado a perspectiva dialética, que não se esgota nas relações de causalidade, pois tem como ingredientes principais as relações de contraditoriedade, que também têm uma forte presença na psicanálise. Em outras palavras, *não basta explicar, interpretar e compreender*, pois a epistemologia crítica frankfurtiana *envolve principalmente a dialética*, ou seja, é preciso admitir, como muitas vezes Sigmund Freud faz, que *os fenômenos são isto e ao mesmo tempo também aquilo*.

É importante destacar que ao defender a cientificidade da psicanálise freudiana não sugiro separar o método psicanalítico da doutrina freudiana; pelo contrário, se há algo que singulariza essa ciência é sua doutrina, a metapsicologia, que engendra a própria identidade da psicanálise freudiana. Essa identidade, no entanto, não se separa da dialética, pois se constitui de uma racionalidade que é contraditória, uma vez que se baseia ao mesmo tempo, a partir do "Projeto para uma psicologia científica", de 1895, em um modelo teórico energetista e uma exigência hermenêutica. Paul-Laurent Assoun discorda que a dialética tenha vindo de fora, a partir do marxismo, e também da ideia de que o suporte epistemológico do freudismo é a fenomenologia. Para o autor, a *dialética é imanente ao freudismo, sendo que sua identidade epistêmica é autônoma.*[104]

A autonomia da identidade epistemológica freudiana transparece, segundo Paul-Laurent Assoun, na técnica utilizada por Sigmund Freud em sua ciência, que é heurística, pois ele não utiliza a perspectiva experimental, ou seja, não recorre às experiências *in vivo*: confirmar a teoria, para Sigmund Freud, é revelar materialmente o vestígio na estrutura. Em outras palavras, *Sigmund Freud privilegiava o fato isolado – que seria o vestígio*[105] *– em detrimento das estatísticas generalizantes, sendo que preferia a observação à experimentação.* Sigmund Freud, ao fazer uma leitura de dois registros paralelos – a teoria anátomo-patológica do cérebro e a clínica (a primeira tópica freudiana corresponderia à anatomia) – constitui um barroco epistemológico, pois faz encontrar dois estilos heterogêneos, fazendo emergir um estilo novo, profundamente original.

Paul-Laurent Assoun reconhece que em um dado momento de sua busca investigativa, Sigmund Freud realiza um salto, deixando

---

104. "O acesso à identidade freudiana supõe, não que o confrontemos diferencialmente com outro saber, como a fenomenologia, mas que o reenraizemos em seu húmus próprio, sem preconcepção de recessividade, descobrindo sua historicidade, não como uma reserva, nem tampouco como um dado bruto, mas como um esquema de constituição que lhe pertence de pleno direito" (Assoun, 1983:36).

105. "Paciência, senhoras e senhores! Penso que suas críticas perderam o rumo. É verdade que a psicanálise não pode vangloriar-se de jamais haver-se ocupado de trivialidades. Pelo contrário, o material para sua observação é geralmente proporcionado pelos acontecimentos banais, postos de lado pelas demais ciências como sendo bastante insignificantes – o refugo, poderíamos dizer, do mundo dos fenômenos. [...] Assim sendo, não subestimemos os pequenos indícios: com sua ajuda podemos obter êxito ao seguirmos a pista de algo maior" (Freud, 1996h [1915]:36-37).

de ser um filho dócil do saber de seu tempo para se emancipar e tornar-se o "fundador da psicanálise". Para o autor, é bastante difícil compreender exatamente como isso aconteceu, mas na tentativa de delimitação de seu objeto, a partir do entroncamento da neuropatologia e da psicopatologia clínica, além da descoberta do inconsciente e da demarcação da importância da sexualidade, Sigmund Freud fundou a psicanálise. Nos relatos presentes nas cartas a Wilhelm Fliess, essa identidade epistemológica vai se revelando até o momento em que é confessada, quando Sigmund Freud escolhe o termo metapsicologia. A psicanálise então emerge enquanto teoria e técnica, de modo que *a metapsicologia é a raiz da identidade epistemológica freudiana: assim podemos dizer que Freud foi o primeiro psicanalista e o único metapsicólogo*. A psicanálise se situa, então, no lugar de cruzamento entre a tópica, a dinâmica e a economia,[106] sendo uma construção sempre inacabada e provisória, apontando para um indeterminismo (Birman, 2009), que singulariza sua epistemologia.

Paul-Laurent Assoun, no entanto, não trata em seu texto do encontro de Sigmund Freud com a *exigência hermenêutica* e talvez por isso não tenha captado inteiramente como se deu seu salto para a psicanálise. No ensaio de 1985, "A epistemologia freudiana", Sérgio Rouanet afirma que *o ineditismo da epistemologia freudiana está na consideração do erro como parte do processo de conhecimento*, que imbrica sabido e não sabido e consciência e não consciência. Na raiz do distúrbio econômico (do ponto de vista energético) dessa insatisfação, estaria uma dialética da presença e da ausência, que se manifesta por uma fuga do indivíduo tanto de uma percepção interna ameaçadora, que é a base do recalque, quanto de uma percepção externa traumatizante, ambas geradoras de desprazer. O sintoma apresentado então seria uma manifestação do passado psíquico permanecendo sobre o presente. O recalque, assim, ocorre quando a gratificação de um impulso é

---

106. Economia no sentido freudiano se refere à circulação pulsional/energética.

Uma reconstrução epistêmica

geradora de prazer e desprazer ao mesmo tempo e seu mecanismo é separar a coisa (imagem) de sua representação (palavra), que fica retida no inconsciente. O recalque obedece às exigências da civilização que se colocam contra os impulsos do indivíduo. O trabalho da psicanálise seria então, por meio da associação livre[107] e do trabalho da hermenêutica, restabelecer no indivíduo a consciência das situações vividas, ou seja, fazer ele perceber o próprio mecanismo do recalque.[108]

Sustento que o êxito de Sigmund Freud está no fato de colocar lado a lado, dialeticamente, o modelo teórico energetista e a exigência hermenêutica, que a princípio poderiam parecer dimensões incompatíveis. Por outro lado, Sigmund Freud vai além de interesse técnico e prático, para abranger também um interesse emancipatório.[109] Para Sérgio Rouanet, o interesse

---

107. Associação livre é a base do método psicanalítico, que consiste em uma regra fundamental: que paciente que deite no divã e fale, sem restrições, tudo que lhe vier à cabeça (Nasio, 1999).

108. "O ego perceptivamente competente não é, portanto, o que percebe corretamente a realidade externa e interna, e sim o que é capaz de observar com exatidão o mundo exterior, e à luz dos dados obtidos, administrar a vida psíquica de modo a admitir à consciência as representações, e somente elas, que incorporem impulsos compatíveis com a realidade observada" (Rouanet, 1985:39-40).

109. Sérgio Roaunet (1985) não utiliza os interesses cognitivos de Jürgen Habermas (1982 [1968]) e recorre a outra terminologia para caracterizar os pensamentos, mas é possível fazer aqui uma equivalência: pensamento prático – interesse técnico; pensamento cognitivo – interesse prático; e pensamento crítico – interesse emancipatório. É importante lembrar que na terminologia habermasiana, interesse prático é diferente de técnico, sendo que remete à comunicação e à hermenêutica. Assim, na citação a seguir, considero que Rouanet está utilizando o termo pensamento prático no sentido de interesse técnico, o termo pensamento cognitivo no sentido de interesse prático e o termo pensamento crítico no sentido de interesse emancipatório. Citando Rouanet: "Enquanto o pensamento prático busca as vias mais diretas para atingir o investimento de desejo, o pensamento cognitivo tenta investigar todos os caminhos, ampliando ao máximo o âmbito da rede associativa. Enfim, *o pensamento crítico entra em jogo quando se produz um erro lógico ou psicológico. A fim de identificar o erro, o pensamento regride ao longo de toda uma cadeia associativa, até encontrar as conexões deficientes*" (Rouanet, 1985:45, grifos meus).

emancipatório, que se expressa no pensamento crítico, se apresenta quando ocorre um erro lógico ou psicológico, pois para identificar o erro o pensamento percorre a cadeia associativa para encontrar as conexões deficientes. O interesse técnico se restringe às vias mais diretas, e o interesse prático amplia a rede associativa, mas é o interesse emancipatório que realiza o verdadeiro salto e as necessárias rupturas. Assim, *para além da hermenêutica*, a epistemologia freudiana inclui *uma forma de pensar que é dialética*: partindo de um vestígio, um fato isolado, um erro lógico ou psicológico, uma contradição, ela percorre a cadeia associativa cognitiva até encontrar onde estão as incoerências e atingir uma interpretação que seja uma explicação para isso, ou seja, *encontrar um esclarecimento*, que é a *tônica da emancipação*.

Importante notar que a dialética e a crítica se entrelaçam: a forma de pensar, a lógica dialética é a operação que concretiza a visão de mundo, a emancipação. A operação pode ser chamada de crítica, pois é, em um só gesto, pensamento e ação, no sentido da *práxis*: *daí dialética e crítica serem tomadas como sinônimos.* Sérgio Rouanet ainda pontua que o interesse técnico tende a se deter diante de associações desagradáveis, o que não ocorre com o interesse prático e principalmente com o interesse emancipatório, pois este se coloca em oposição ao princípio do prazer.[110] Além disso, ele acrescenta que o interesse emancipatório, que guia o pensamento crítico, não apenas encontra conexões defeituosas, mas pode também *criar novas conexões*. Assim, não apenas a psicanálise se desenvolve por meio do pensamento crítico, como procura levar essa forma de pensamento para o paciente,

---

110. Princípio do prazer e princípio da realidade são conceitos que Sigmund Freud (1996j [1920]) aborda no texto "Além do princípio do prazer": o princípio do prazer é o elemento interno que leva o indivíduo a maximizar seu prazer e a evitar o desprazer para satisfazer às pulsões; já o princípio da realidade é o elemento externo que impõe a necessidade de adiar o prazer, ou suportar o desprazer, para que seja possível viver em sociedade.

Uma reconstrução epistêmica

como maneira de compreender e enfrentar seus sintomas para superá-los.

Sérgio Rouanet evidencia que o pensamento freudiano também nos possibilita *desvendar a dinâmica psíquica da ideologia*. Diante de conexões desagradáveis, a tendência do indivíduo é realizar falsas conexões que sejam mais prazerosas. Surgem então alguns mecanismos de defesa, como a *racionalização*, por meio da qual o indivíduo propõe uma falsa correlação, atribuindo a seus atos motivações psíquicas e socialmente aceitáveis. Há também o *isolamento*, que consiste em reprimir ou romper as relações associativas. Outro mecanismo seria a *projeção*, que falsifica o pensamento na medida em que inverte as relações de causa e efeito, atribuindo, por exemplo, um sentimento que é seu a outra pessoa. Além disso, as formas de funcionamento dos processos psíquicos primários, o *deslocamento* e a *condensação*, que consistem em operações do inconsciente, *também atuam falsificando o pensamento*. Dessa forma, o que ocorre é que o ego[111] abre uma via para que essa gramática privada – que é a gramática do inconsciente – passe a reger a atividade intelectual.[112]

---

111. A segunda tópica freudiana traz os conceitos de id, ego e superego. O id é o reservatório primordial da energia pulsional: por acumular toda libido, ele fornece energia para a formação do ego e do superego, que se constituem na interação com o ambiente. O ego é a parte do id que foi modificada pela influência do mundo externo, ou seja, o princípio da realidade, que coloca barreiras à satisfação plena. O ego então corresponde a uma organização coerente dos processos mentais e ao consciente: ele controla a descarga de excitações para o mundo externo e realiza as repressões necessárias sob o comando do superego, instância que se forma devido às imposições parentais e do mundo social (Freud, 1996l [1923-1925]). O ego serve a três senhores: o mundo externo, o id e o superego, que exerce o papel de juiz face ao ego (Freud, 1996p [1932-1933]).
112. Na citação a seguir, considero que Sérgio Rouanet (1985) está utilizando o termo pensamento prático no sentido de interesse técnico. Além disso, sustento que o autor usa o termo pensamento teórico com o mesmo sentido de pensamento cognitivo (interesse prático) aliado ao pensamento crítico (interesse emancipatório), se opondo ao pensamento prático (interesse técnico). Citando Rouanet: "Optando pelo pensamento prático, o Ego é capaz

Para Sérgio Rouanet, o *mecanismo do recalque* e a *operação ideológica* têm algo de *análogo* e ambos passam pelo *pensamento crítico* para alcançar o nível emancipatório.[113] É exatamente nesse ponto que as epistemologias crítica frankfurtiana e freudiana se encontram: onde o operação ideológica e o recalque são análogos, ou seja, onde a cultura e o psiquismo se articulam. Sigmund Freud (1996l [1923-1925], 1996k [1921], 1996n [1927], 1996o [1929-1930]) ainda vai além, realizando uma crítica sistemática da cultura com os livros *Totem e tabu*, *Psicologia de grupo e análise do ego*, *O futuro de uma ilusão* e *O mal-estar na civilização*, entre outros escritos que inspiraram os frankfurtianos. Em seguida, discuto esse entrecruzamento entre as epistemologias e, para tanto, recorro ao livro de Sérgio Paulo Rouanet, publicado em 2001, *Teoria crítica e psicanálise*, que é, na literatura consultada, no meu ponto de vista, a mais competente análise dessas relações.

---

de pensar, mas não é capaz de levar suficientemente longe sua atividade exploratória. No caso anterior, a atividade intelectual é deformada pela intrusão dos processos primários, que passam a codeterminar o seu itinerário. [...] Enquanto o pensamento teórico permitiria ao sujeito chegar a um conhecimento descontextualizado, e, portanto, a uma visão mais geral de sua própria realidade circundante, o pensamento prático o autoriza a alcançar apenas o saber necessário para que pudesse mover-se com facilidade dentro do seu contexto, mas não o suficiente para ultrapassá-lo por uma reflexão mais abrangente" (Rouanet, 1985:50).

113. Vale a mesma observação feita na nota anterior. Citando Rouanet: "De novo, confirma-se a interpenetração da verdade e do erro. O Ego intelectualmente competente seria aquele capaz de coordenar percepções externas e internas com vistas a gerir a vida pulsional através de atos intencionais de julgamento, o que significa, no caso do pensamento teórico, a produção de conhecimento novo. Mas o pensamento é frágil, [...] a regulamentação da vida pulsional continua a fazer-se, em grande parte, através de automatismos cegos de defesa, e da opacidade cognitiva que ela acarreta, e o conhecimento resultante do trabalho associativo é frequentemente falso, subordinando-se menos ao princípio da realidade que ao princípio do prazer" (Rouanet, 1985:50-51).

A articulação entre a epistemologia freudiana e a epistemologia crítica frankfurtiana

Apresentei anteriormente as características da epistemologia crítica frankfurtiana e da epistemologia freudiana. Nesta seção, realizo uma articulação entre as duas e, para efetuá-la, continuarei a recorrer às elaborações de Sérgio Rouanet. Isso não quer dizer, no entanto, que os textos originais de Theodor Adorno, Max Horkheimer, Walter Benjamin, Herbert Marcuse e Jürgen Habermas não tenham sido consultados e lidos por mim, mas que a identificação do freudismo nos textos da escola de Frankfurt não é uma tarefa muito fácil, pois as referências estão fragmentadas em diversos textos e, mais do que referências sistemáticas e explícitas à Sigmund Freud, o que se apreende nesses trabalhos é um modo de pensar que é próprio do freudismo e que expressa o espírito da época em que esses autores viveram.

Além disso, não é objetivo do presente livro recuperar o freudismo em cada um dos autores, mas evidenciar como as epistemologias se articulam, de modo que recorrer a Sérgio Rouanet, que é um comentador competente dessa discussão, foi uma decisão pela responsabilidade acadêmica, uma vez que julgo que não teria como fazer um percurso tão rigoroso quanto o realizado pelo filósofo, que é um especialista no assunto, e que seria redundante realizar um trabalho que já foi feito com tanta maestria. Os textos frankfurtianos foram consultados ao longo de vários anos de pesquisa, e considero que a interpretação de Sérgio Rouanet sobre a influência do freudismo no pensamento da escola de Frankfurt é adequada e alinhada com minha própria interpretação.

Sérgio Rouanet afirma que "[...] o freudismo não é, para a Escola de Frankfurt, uma influência: é uma interioridade constitutiva, que habita seu corpo teórico e permite à teoria crítica pensar seu objeto, pensar-se a si mesma e pensar o próprio freudismo enquanto momento da cultura" (Rouanet, 2001:11). Em outras palavras, o freudismo está incrustrado no pensamento da escola de Franfurt. A presença de Sigmund Freud se faz sentir em cada um dos momentos da reflexão frankfurtiana – a crítica da cultura, a teoria da personalidade e o estatuto do conhecimento –, mas funciona de forma distinta em cada um dos autores da escola, caminhando da síntese freudo-marxista dos anos 1920 e 1930 para a epistemologia dialógica de Jürgen Habermas.

A psicanálise, assim como o marxismo, é uma ciência crítica, pois trata-se de ciências desmistificadoras, que colocam em questão a veracidade dos fenômenos e motivos manifestos, buscando o que está oculto, as correlações e causas reais.[114] Além disso, marxismo e psicanálise se complementam, pois enquanto o primeiro aborda o fator objetivo, as condições históricas que constituem a base econômica da ideologia, a segunda tenta explicar o fator subjetivo, as condições energéticas que constituem a base econômica da psique. Sérgio Rouanet, no entanto, constata que no âmbito da escola de Frankfurt, o criticado revisionismo de Eric Fromm teria privado tanto o freudismo quanto o marxismo de seu conteúdo polêmico, pois subtraiu da psicanálise a teoria das pulsões, e do marxismo, a luta de classes. Com a supressão da teoria das pulsões, a psicanálise é dessexualizada e, ao retirar a libido de cena, o revisionismo desmonta o edifício freudiano, pois é na economia da libido que se fundamenta a crítica ideológica de Freud, conforme vimos anteriormente. Com o revisionismo, estabelece-se um culturalismo que separa o social do psíquico, para juntá-los depois de ter simplificado cada um ao máximo. Assim, o revisionismo vai na direção oposta de Sigmund Freud, que na realidade mostrou como o social e o psíquico são complexos e inseparáveis. Representante exemplar

---

114. "[...] ciências desmistificadoras, isto é, suspeitam da veracidade dos fenômenos ostensivos, e procuram interpretá-los como resultantes de forças ocultas. Ambas estão convencidas de que o que é alegado como motivo manifesto é um mero pretexto, que oculta as verdadeiras correlações e as causas reais" (Rouanet, 2001:19).

do freudo-marxismo, Eric Fromm desmitifica o pessimismo cultural de Sigmund Freud, sucumbindo a um otimismo exagerado, que trivializa a substância crítica do freudismo. Apesar disso, Sérgio Rouanet reconhece que o freudo--marxismo tem sua importância, pois prefigurou a teoria dos aparelhos ideológicos do Estado e também demonstrou como a ideologia se interioriza nas consciências, desvelando os mecanismos afetivos que explicam a persistência da falsa consciência. A escola de Frankfurt teria corrigido seus defeitos, pois retoma o freudo-marxismo refletindo sobre as implicações do pessimismo cultural de Sigmund Freud, sem postular de forma apressada uma grande síntese otimista. Por outro lado, no caso dos freudo-marxistas, tratava-se de explicar a defasagem entre a consciência proletária e sua situação real, ou seja, de desvendar a exploração sofrida pelo trabalhador. No pós-guerra, os frankfurtianos se deparavam com outra situação, na qual a realidade é a própria ideologia: não havia mais uma "utopia de consumo" idealizada, mas uma massificação da produção e do consumo que deixou essa "utopia" ao alcance da classe trabalhadora.

> A ideologia não tem mais como função negar a realidade presente, seja pela dissimulação, apresentando o sofrimento como seu contrário, seja pela promessa utópica de uma ordem futura que o anule. Ao contrário, a ideologia torna-se *afirmativa*; o presente já é a utopia realizada, o que leva os frankfurtianos à tese extrema de que a ideologia se funde com o real e como tal desaparece: é a própria realidade, agora, que desempenha as funções de mistificação antes atribuídas à ideologia. A mentira assume a última de suas máscaras, que é a da verdade. A tarefa de desmistificação se torna assim praticamente insolúvel [Rouanet, 2001:71, grifo no original].

Em outras palavras, o que ocorre é que a classe proletária muda de *status* e passa a ter acesso às benesses do mercado de consumo, de modo que torna-se presa da cultura dominante:

"No passado a falsa consciência levava à aceitação do sofrimento em nome de uma ideologia legitimadora desse sofrimento; hoje a falsa consciência consiste em obliterar a própria noção de sofrimento" (Rouanet, 2001:73). Quando a ideologia se confunde com a realidade, a crítica passa a ser da cultura. *Isso recoloca a psicanálise e escola de Frankfurt no centro do trabalho crítico, pois elas complementam a crítica marxista.* Theodor Adorno e Max Horkheimer se colocam contra qualquer possibilidade de uma síntese, de uma utopia que aponte para uma superação da situação atual, postura que é coerente com a doutrina da não identidade,[115] que é central para a filosofia desses pensadores.

Sérgio Rouanet reconhece que a própria escola de Frankfurt colocou em questão a crítica de que a psicanálise tem como objetivo tornar o indivíduo mais ajustável à realidade e conformista em relação à sociedade atual. Para defender Sigmund Freud contra seus críticos, os frankfurtianos apontam que essa contradição terapêutica seria um reflexo de uma contradição real. O problema não estaria na psicanálise, mas sim na realidade que a circunda: o sujeito adoece por causa da realidade em que vive e tenta se curar buscando se ajustar novamente à realidade que tem, sendo que Sigmund Freud teve o mérito de apontar esta contradição objetiva.[116]

---

115. Veremos o conceito mais adiante, mas é interessante destacar a posição de Theodor Adorno, para quem não há uma identidade entre sujeito e objeto, pois esses, na verdade, se situam em uma espécie de campo de forças que impede que um seja reduzido ao outro: a insistência na existência dessa identidade é ideológica, pois não há como sustentar que o sujeito vai se reconciliar definitivamente com a realidade. "A verdade não está nem na redução idealista do objeto ao sujeito, nem no pseudomaterialismo, no fundo de uma variante da razão Iluminista, que tenta dissolver o sujeito no objeto, mas no que Adorno chama de campo de forças entre ambos. O mesmo princípio da não identidade, que impede o reducionismo objetivista e o subjetivista, veda a dissolução do particular no universal" (Rouanet, 2001:75).

116. "Produto da cultura, a psicanálise é marcada pelo que na cultura existe de livre e de repressivo, e só assumindo, sem falsas mediações, esses dois momen-

Sérgio Rouanet evidencia que a psicanálise alinha-se ao *humanismo*, que se recusa a sucumbir à realidade e acredita na possibilidade de transformação. Vale acrescentar uma colocação de Hilton Japiassu: a busca da cura na psicanálise não tem como fim adaptar o indivíduo à coletividade, alienando-o e tornando--o conformista, mas sim a salvação de sua subjetividade pela descoberta de "sua verdade". Hilton Japiassu vai além, ao questionar até que ponto a psicanálise ainda é portadora de uma vocação humanitária, no sentido de trabalhar para restituir a dignidade e a liberdade humanas, sendo que sua resposta é que ela cumpre esse objetivo.[117]

A partir dessas considerações, sustento que *a epistemologia freudiana está incrustrada na epistemologia crítica frankfurtiana*, sendo ambas dialéticas enquanto formas de pensamento e críticas na sua forma de ver o mundo, considerando que dialética e crítica são uma só operação, pois é a dialética que abre o caminho para a emancipação. Por outro lado, *ambas também estão enraizadas no solo do humanismo*. Sérgio Rouanet afirma que o freudismo contribui para a formação da teoria crítica e proporciona elementos para sua crítica da cultura: as afinidades

---

tos, pode a psicanálise mergulhar na cultura, fazendo sua crítica imanente, que é ao mesmo tempo uma autocrítica. Autocrítica tanto mais dolorosa quanto mais implacavelmente o freudismo se recusa em dar por concluída uma reconciliação incompatível com a realidade contemporânea. [...] Recusa, por amor, o fácil amor dos revisionistas. W. Benjamin já percebera que é somente por causa dos desesperados que a esperança nos é concedida. A psicanálise radical está imbuída desse desespero, no qual reside a força de seu humanismo" (Rouanet, 2001:97).

117. "Enquanto ciência do subjetivo, e não do homem em geral; ciência da libertação, e não da integração social; ciência da palavra reencontrada, e não adaptada e modelada pelas estruturas; ciência do protesto e da transgressão, e não da adaptação e da acomodação do homem a seu meio; ciência do inconsciente, e não da racionalidade técnica e tecnocrática; ciência da criatividade, e não das mentalidades etiquetadas, planificadas e estereotipadas; ciência da desalienação e não um conjunto de receitas e de práticas que alienam o homem e o impedem de falar autenticamente nas estruturas [...]" (Japiassu, 1998:114).

eletivas entre as duas formas de reflexão são tamanhas, que é possível dizer que "[...] a Escola de Frankfurt teria absorvido do freudismo não somente certos instrumentos de análise, como, até certo ponto, o próprio 'estilo' que dá contornos específicos à teoria crítica" (Rouanet, 2001:99). Os *pontos de cruzamento* entre *epistemologia crítica* e *epistemologia freudiana* envolvem *questões epistêmicas, metodológicas e filosóficas.*

No *plano epistemológico, a interseção entre o freudismo e a teoria crítica se revela na hostilidade que ambos cultivam em relação ao positivismo.* Sérgio Rouanet reconhece que os detratores de Sigmund Freud tentaram propagar a tese de que seu pensamento seria uma continuação do cientificismo do século XIX, que tem de verdadeira, como argumentei anteriormente, o fato de Sigmund Freud ver na psicanálise uma ciência natural. No entanto, se ater a esse ponto é uma simplificação, pois "[...] toda a *démarche* psicanalítica é uma interminável refutação, em sua teoria e sua prática, da razão positivista. Ela se opõe, ponto por ponto, à descrição feita por Horkheimer da teoria tradicional" (Rouanet, 2001:101). O freudismo, assim, decreta a caducidade de dois critérios positivistas: as leis da lógica formal e a verificabilidade. A questão é que uma "[...] proposição psicanalítica é assim inverificável exatamente como uma proposição formulada pela teoria crítica" (Rouanet, 2001:102).

No *plano metodológico, tanto teoria crítica quanto psicanálise procedem de acordo com uma crítica imanente de seu objeto.* Sérgio Rouanet evidencia que a crítica transcendente se opõe à crítica imanente, pois não está interessada no conteúdo de um objeto da cultura (obra de arte ou reflexão filosófica, por exemplo), mas apenas na sua localização no espaço das superestruturas (cultura e ideologia). A crítica transcendente seria uma espécie de pensamento topológico que situa o objeto, mas não capta sua essência, enquanto que a crítica imanente mergulha no objeto, procurando examinar seu conteúdo de verdade, tendo em vista sua interação com o todo. O particular seria a via atra-

Uma reconstrução epistêmica

vés da qual a crítica consegue aceder ao todo. A crítica imanente também é dialética, pois compreende que precisa se relativizar e buscar as contradições, pois ela própria, apenas como mergulho no objeto, é insuficiente.

A psicanálise é uma manifestação exemplar da crítica imanente, pois ao pensamento topológico de seus antecessores, para quem o sonho, o ato falho, o sintoma e a fantasia nada significam, Sigmund Freud opõe a descoberta de que são dotados de uma coerência interna, sendo, portanto, verdadeiros, independentemente da irracionalidade aparente de seu conteúdo manifesto. Um sonho não seria, assim, um tecido de ilusões, mas a via real que possibilita o acesso ao inconsciente. Um chiste e um ato falho também são formações do inconsciente. Todas essas formações do inconsciente podem ser desvendadas como contentoras de mentiras e verdades, por meio da psicanálise, com o uso do método da associação livre e a interpretação. Assim, *há um paralelismo entre a hermenêutica freudiana e a crítica imanente frankfurtiana*: o método consiste em "[...] levar tão a sério o particular – mesmo o mais insignificante – que este acabe falando, e nesta fala revele aquilo que o transcende" (Rouanet, 2001:107).

No *plano filosófico, o ponto de cruzamento entre a psicanálise e a teoria crítica é a questão da não identidade*. Para Sérgio Rouanet, esse postulado tem capital importância na teoria crítica, e em Sigmund Freud assume sua forma mais inflexível: *trata-se da tese da impossível reconciliação entre os interesses do indivíduo e os da civilização*. Emerge assim uma dialética sem síntese, pois no plano terapêutico Sigmund Freud reconhece que não há possibilidade de cura integral, e no plano sociológico condena o indivíduo socializado à renúncia e à repressão. O indivíduo não pode sobreviver no estado de natureza, mas não pode ser feliz no estado social: esta é a chave do mal-estar na civilização (Freud, 1996o [1929-1930]). Assim, nem o freudismo e nem a teoria crítica fazem promessas para a felicidade humana, mas ambos partilham de um modesto otimismo, pois afirmam que "[...] o homem não é livre; mas pode tornar-se livre. Não é racional; mas pode tornar-se racional" (Rouanet, 2001:112).

Em síntese, a teoria crítica tem em comum com a psicanálise *um pressuposto epistemológico* (a recusa do positivismo), *uma metodologia* (a crítica imanente) e *um postulado filosófico* (o princípio da não identidade):

> Tudo leva a crer, que a teoria crítica teria absorvido da psicanálise mais do que seus instrumentos de investigação, e se teria deixado impregnar, talvez involuntariamente, em sua própria essência, por algumas características centrais do pensamento de Freud. Se essa tese é verdadeira, o freudismo teria fornecido à teoria crítica, mais do que algumas de suas características, a sua *differentia specifica*; o seu próprio estilo, vale dizer, a sua forma de pensar [Rouanet, 2001:116].

Em outras palavras, arrisco-me a afirmar que um entendimento amplo da epistemologia crítica frankfurtiana não é possível sem um conhecimento aprofundado da epistemologia freudiana. A crítica frankfurtiana da cultura, por exemplo, está completamente enraizada na visão pessimista básica de Sigmund Freud de que a civilização só é possível ao preço da mutilação do homem. A noção dialética de que a cultura é reflexo da opressão econômica (Karl Marx) e da dinâmica pulsional (Sigmund Freud) e ao mesmo tempo promessa de felicidade, ou seja, de um mundo que não seja regido pelo valor de troca e pela repressão pulsional, é, em última análise, uma derivação da crítica freudiana da civilização. Para Sérgio Rouanet, a teoria crítica é a psicanálise da modernidade, pois toda *a crítica frankfurtiana da cultura* deriva de duas categorias psicanalíticas: a *identificação* e a *projeção*.

Por meio da *falsa identificação*, integram-se todos os indivíduos no sistema. Nisso também reside o fenômeno da imitação, a *mímesis*, por meio da qual o indivíduo assimila-se à realidade

Uma reconstrução epistêmica

que percebe, ainda que não se identifique totalmente com ela. Através da *falsa projeção*, o indivíduo expulsa de si sentimentos e desejos que não admite em si mesmo, localizando-os no exterior. O indivíduo, então, constrói uma realidade delirante, se mostrando incapaz de uma reflexão subjetiva que o faria colaborar com a construção do real. Teríamos assim o indivíduo que se deixa integrar à cultura dominante (falsa identificação) e que abre mão da sua própria capacidade de criação (falsa projeção). *A falsa identificação e a falsa projeção impedem a autonomia do sujeito e obliteram sua percepção do real.* O antídoto para isso seria a crítica, pois assim como a psicanálise, a teoria crítica faz uma rememoração, não só dos vínculos esquecidos, mas principalmente dos conteúdos, tentando recuperar o passado. Além disso, enquanto a interpretação psicanalítica se preocupa com o recalque, a crítica da cultura se volta para a repressão, pois o recalque é um fenômeno do inconsciente, e a repressão, um fenômeno da sociedade. *A crítica da cultura e a interpretação analítica têm em comum lembrar o esquecido e conscientizar o inconsciente.*[118]

Em síntese, a epistemologia frankfurtiana e a freudiana não supõem somente a descoberta do existente, mas do potencial e das tendências que habitam o sujeito. Trata-se de uma estratégia teórica que privilegia o particular, recusando sua dissolução em "grandes sínteses" e tomando posição em favor da crítica imanente, recusando totalizações em nome do princípio da não identidade, ou, seja, recusando a assimilação irrefletida do sujeito, nesse caso tomado como objeto, pela realidade em que

---

118. "A consciência crítica, como a consciência artística, é também esta marcha em sentido inverso que permite desfazer o trabalho da ilusão e decifrar as aparências, através de uma hermenêutica que desvenda os conteúdos latentes e restitui a memória do esquecido. Nisso, a *démarche* da razão negativa é idêntica à da psicanálise, também ela faz uma busca do passado e uma tentativa de preencher as lacunas da memória. [...] Interpretar significa assim reviver uma latência esquecida, e nesse sentido é sinônimo de *anamnesis*, de recapitulação do passado" (Rouanet (2001:151).

este vive. O percurso realizado, que mostra o entrelaçamento dessas epistemologias, constitui a reconstrução epistêmica que nos conduz ao suporte teórico-analítico da abordagem freudo-frankfurtiana, mas pretendo a seguir aprofundar algumas de suas características, tornando-a ainda mais específica.

O freudismo na epistemologia habermasiana

Não pretendo perder de vista que edifico a abordagem freudo-frankfurtiana com o objetivo de encontrar um saber para os estudos organizacionais orientado pelo interesse emancipatório, que seja tecnicamente aplicável e guie a atividade prática/comunicativa. Como vimos, a teoria crítica e o freudismo partilham um modesto otimismo pelo futuro: o pessimismo é a marca de ambos. É importante notar que antes da publicação da *Dialética do esclarecimento*, em 1944, Theodor Adorno travou um intenso diálogo com Walter Benjamin, recebendo muitas influências de seu pensamento (Paula, 2012). Walter Benjamin também era um leitor atento de Sigmund Freud e, a despeito da melancolia que o cercava, fez elaborações otimistas a partir da psicanálise, como é possível verificar em seu obra e nos comentários do livro *Édipo e anjo*, publicado em 2008 por Sérgio Rouanet. Os ecos do estatuto do freudismo no pensamento de Walter Benjamin se fazem sentir nas elaborações dos demais frankfurtianos. Os itinerários que cruzam os pensamentos de Sigmund Freud e Walter Benjamin têm em comum a história (Rouanet, 2008): de um lado temos o mito de Édipo e o dilema que perpassa a biografia de cada um; de outro, o *angelus novus*, o anjo dialético da história, representado na pintura de Paul Klee, à qual Benjamin faz referência para apostar na utopia, com todos os riscos que ela implica – a redenção ou a catástrofe.

Herbert Marcuse, por sua vez, é ainda mais otimista, pois se singulariza por se afastar um pouco do postulado da não identida-

Uma reconstrução epistêmica

de, ao utilizar o freudismo como base para fundamentar a possibilidade de uma ordem não repressiva. Herbert Marcuse acreditava que o freudismo pode ser instrumento de transformação do real, alinhando-se com as intenções emancipatórias, de modo que no livro *Eros e civilização*, publicado em 1955, há uma crítica da cultura, mas ela convive com a perspectiva de uma síntese, ou seja, de uma possibilidade de reconciliação do sujeito com a realidade em que vive, uma realidade, entretanto, que seria transformada por ele. A crítica da cultura, que se expressa pelo monismo repressivo da sociedade unidimensional, é apresentada por Herbert Marcuse, no livro *Ideologia da sociedade industrial*, publicado em 1964, trajetória que é análoga à realizada por Theodor Adorno e Max Horkheimer em *Dialética do esclarecimento*, porém Herbert Marcuse aposta no potencial emancipatório da evolução tecnológica, uma vez que, assim como Karl Marx, argumenta que a evolução das forças produtivas poderia liberar o homem do trabalho alienado, buscando uma nova ciência e uma nova técnica.

Realizei um percurso de reconstrução epistêmica para evidenciar o estatuto do freudismo tanto em Walter Benjamin quanto em Herbert Marcuse, mas para a versão final do presente livro, decidi manter no corpo do texto apenas o estatuto do freudismo em Jürgen Habermas. Embora as contribuições de Walter Benjamin e Herbert Marcuse sejam de suma importância (e farei referência a elas em outros pontos deste capítulo), foi no pensamento de Jürgen Habermas, influenciado por todos os filósofos da primeira geração da escola de Frankfurt, que encontrei os fundamentos para uma autorreflexão coletiva, essencial para os propósitos anteriormente enunciados. Por esse motivo, prossigo com as elaborações de Jürgen Habermas, evidenciando as contribuições do freudismo para sua epistemologia, principalmente o caminho apontado pelo filósofo para a superação das armadilhas da falsa identificação e da falsa projeção, bem como para a construção coletiva de um saber técnico e prático, orientado pelo interesse emancipatório.

Utilizo novamente o livro *Teoria crítica e psicanálise*, publicado por Sérgio Rouanet em 2001, como a principal referência, pois conforme mencionei, esse é um comentador competente sobre o pensamento do estatuto do freudismo na escola de Frankfurt, de modo que suas elaborações me ajudaram a sintetizar minha argumentação e a torná-la mais clara. Sérgio Rouanet reconhece que a princípio Jürgen Habermas pode parecer desconcertante, pois declara-se de um lado como um "funcionalista historicamente orientado" e de outro como "partidário do materialismo histórico". No entanto, apesar de passar a impressão de um sincretismo extremo, o pensamento crítico é que se destaca em suas elaborações, pois, como seus predecessores, sustenta a ideia de uma razão emancipatória e denuncia o positivismo. Jürgen Habermas não pretende abandonar os postulados da teoria crítica, mas *dar-lhes maior plausibilidade* e, da mesma maneira que em outros autores da escola de Frankfurt, como foi possível constatar, o freudismo é constitutivo de seu pensamento. É o freudismo que o ajuda a manter a articulação entre o saber existente e o projeto de um novo saber. Além disso, também estão enraizadas no freudismo tanto sua defesa de um processo de autorreflexão individual e coletiva como forma de tomada de consciência quanto a constatação da importância da existência de uma comunicação livre de opressão.

Para a compreensão das proposições de Jürgen Habermas, é fundamental conhecer o que ele considera esfera da *ação instrumental* e esfera da *ação comunicativa*, conceitos que foram aprofundados por ele no livro *Teoria da ação comunicativa*, publicado em 1981.

A esfera da ação instrumental, ou trabalho, é regida por regras técnicas, baseadas num saber empírico, e implica em prognoses sobre acontecimentos observáveis, com vistas a assegurar o controle sobre a natureza, através da correta organização de meios. A esfera da ação comunicativa, ou interação, é estruturada segundo normas válidas e obrigatórias, que definem expectativas recíprocas de comportamento, formuladas numa linguagem compreendida pelos atores, isto é, num contexto simbolicamente mediatizado, e reconhecidas por pelos menos dois atores [Rouanet, 2001:260].

Jürgen Habermas associa à esfera da ação instrumental as ciências empírico-analíticas e à esfera da ação comunicativa as ciências hermenêuticas. Conforme vimos, tais ciências se constituem a partir dos interesses cognitivos técnico e prático, que, respectivamente, orientam e estão enraizados nas condições de reprodução e autoconstituição da espécie humana: o trabalho e a interação. Tais interesses fazem uma mediação entre teoria e prática, de modo que todo saber está incrustado na técnica ou na *práxis*. O problema do positivismo é ignorar isso, rompendo a conexão entre teoria e vida e é essa conexão que Jürgen Habermas tenta restabelecer a partir da teoria crítica em *Conhecimento e interesse*, pois a ideologia cientificista não cessa de converter as questões práticas, ou comunicativas, em questões técnicas. Para revelar a conexão entre o conhecimento e o interesse, Jürgen Habermas afirma que as teorias correspondentes ao interesse prático são as disciplinas críticas (a psicanálise e a crítica da ideologia), que vão além de uma mera descrição de fatos e formulação de regularidades. Essas teorias se estabelecem em um quadro metodológico, cuja validade das proposições deriva do interesse emancipatório, que é a *autorreflexão*, capaz de colocar em questão a ilusão objetivista e estabelecer uma possibilidade de livre comunicação entre os homens.

Conforme vimos no capítulo IV do presente livro, Jürgen Habermas remonta à pré-história do positivismo moderno de modo a revelar o momento em que a epistemologia cedeu lugar à filosofia da ciência e à metodologia. Georg Hegel teria aberto o caminho para a exclusão da reflexão epistemológica, enquanto Karl Marx, com sua crítica da economia política, teria privilegiado, mesmo que involuntariamente, a ação instrumental. Auguste Comte consume a dissolução da teoria do conhecimento, protegendo a pesquisa científica contra as reflexões epistêmicas, abrindo espaço para a autoconsciência objetivista da ciência. A lógica da investigação científica se torna isomorfa à lógica da ação instrumental. Jürgen Habermas, então, busca nas ciências empírico-analíticas de Charles Pierce e nas ciências hermenêuticas de Wilhelm Dilthey outra via.

> [...] não somente ambas reflexões supõem que as ciências correspondentes[119] estão incrustadas em sistemas de ação, como supõem que as investigações e as interpretações são motivadas pela emergência de situações problemáticas, que resultam, num caso, do malogro da ação instrumental e no outro, da ruptura de um consenso, isto é, no não entendimento das expectativas recíprocas entre dois ou mais atores. Se assim é, ambas estão voltadas para a *práxis*: substituir regras e técnicas ineficazes por outras mais eficazes, por um lado, e por outro, interpretar conteúdos incompreensíveis que inibem o processo interativo [Rouanet, 2001:271].

Assim, enquanto as ciências empírico-analíticas buscam regras e técnicas mais eficazes, as ciências hermenêuticas procuram traduzir conteúdos que impossibilitam a compreensão e a interação das pessoas. Ambas estariam incrustradas em sistemas de ação, e é a partir disso que Jürgen Habermas busca o conceito de interesse prático, também denominado por ele interesse comunicativo em *Teoria da ação da comunicativa*. Se o interesse cognitivo técnico leva as ciências empírico-analíticas a compreenderem a realidade do ponto de vista do controle técnico, o interesse comunicativo, ou prático, permite que as ciências hermenêuticas vejam a realidade social a partir do ponto de vista da preservação da intersubjetividade, que se baseia

---

119. Sérgio Rouanet (2001) está se referindo às ciências empírico-analíticas (Charles Pierce) e às ciências hermenêuticas (Wilhelm Dilthey).

Uma reconstrução epistêmica

em uma linguagem comum e em normas mutuamente aceitas. Wilhelm Dilthey e Charles Pierce teriam chegado ao limiar da descoberta do interesse comunicativo (prático), mas sem, no entanto, apreendê-lo. Para Jürgen Habermas, o elo ausente teria sido a psicanálise.

Jürgen Habermas concorda com Herbert Marcuse em relação a considerar a ciência e a técnica não somente como forças produtivas, mas principalmente como ideologia (Rouanet, 2001). O Estado contemporâneo não vem realizando mais decisões políticas (práticas/comunicativas), mas principalmente decisões técnicas, que por estarem radicadas na objetividade seriam invulneráveis à crítica. Nesse contexto, o homem passa a objetivar--se na perspectiva da ação instrumental e do comportamento adaptativo. As críticas das ciências e da cultura habermasiana e frankfurtiana então se articulam: a *práxis* se anula diante do comportamento condicionado e é absorvida pela *techné*. A consciência tecnocrática exclui do horizonte social as questões práticas (comunicativas), e o positivismo exclui do horizonte cognitivo as normas e valores, uma vez que as proposições descritivas são empiricamente controláveis, enquanto as proposições normativas não. As proposições normativas foram condenadas à inverificabilidade e à contingência da mera opinião, mas a teoria da ação comunicativa veio para tentar corrigir isso.

A *ação comunicativa* se baseia em uma intersubjetividade linguisticamente mediatizada, na qual o que interessa não é a sentença, as frases proferidas em si, mas o enunciado, que é um ato linguístico, ou seja, a conexão dessas sentenças com os contextos de ação. A relação interativa normal entre dois ou mais atores produz atos linguísticos (enunciados), em torno dos quais se há um consenso tácito que *tem quatro expectativas de validade*: o enunciado é compreensível, o conteúdo proposicional é verdadeiro, o locutor é veraz e agiu corretamente em seu ato linguístico e a norma implícita é justa. *Em uma ação comunicativa, essas expectativas de validade não são contestadas.* Quando ocorre uma perturbação delas, são necessários mecanismos específicos para reestabelecer o consenso. Para Jürgen Habermas, a verdade é uma expectativa de validade que se revela no curso de um processo de argumentação discursiva, de modo que "[...] uma afirmação verdadeira é aquela em torno da qual se produz um consenso razoável, no contexto de um discurso teórico, e uma recomendação válida é aquela que se justifica à base de um consenso razoável, no contexto de um discurso prático".[120] Assim, é importante fazer uma *distinção entre um consenso verdadeiro, fundado, e um consenso aparente*. Um consenso fundado seria aquele que é:

> [...] obtido num processo de argumentação que permite aos participantes levar às últimas consequências o princípio da dúvida radical, sem qualquer limitação. Isto significa que os participantes devem ter a liberdade não somente de criticar afirmações e recomendações, no marco dos sistemas conceituais e linguísticos existentes, mas de rever esses mesmos sistemas, num processo de radicalização progressiva que pode transcender o próprio marco teórico ou institucional em que os discursos foram instaurados [Rouanet, 2001:292].

Para Jürgen Habermas, as condições para um *consenso fundado* dependem de uma *situação linguística ideal*, que é aquela em que "[...] a comunicação não é perturbada nem por coações externas ao processo comunicativo, nem por distorções internas a esse processo, resultantes de uma deformação sistemática da comunicação" (Rouanet, 2001:294). O consenso fundado também exige que os participantes sejam capazes de fazer uma tríplice distinção entre realidade e ilusão, entre essência e ma-

---

120. "Discurso teórico propõe a problematização de uma afirmação e discurso prático inicia a problematização de uma recomendação (ordem ou proibição)" (Rouanet, 2001:290).

nifestação externa e entre fatos e valores. Para que *todos os participantes tenham chances simétricas de praticar atos linguísticos* (propor enunciados), eles devem ser capazes de praticar *atos comunicativos* (abrir e perpetuar discursos através de fala e contrafala, perguntas e respostas), *atos constatativos* (fazer e refutar afirmações, explicações, interpretações, de modo que nenhuma opinião fique imune à crítica), *atos representativos* (exprimir livremente atitudes, sentimentos e intenções, sem autoilusão e sem iludir a outrem) e *atos regulativos* (ordenar, proibir, prometer e receber promessas, dar contas de seu comportamento ou exigir que outros o façam).

O problema é que frequentemente os indivíduos agem de forma inconsciente, pois *sofrem obstruções de caráter psíquico ou ideológico*, o que ameaça os atos representativos – ou seja, a expressão livre de atitudes, sentimentos e intenções isentos de ilusão – que estão sujeitos, como vimos, à *falsa identificação* e à *falsa projeção*. Assim, a situação linguística ideal é improvável, mas fornece o único critério possível para avaliar se há ou não um consenso fundado. A situação linguística ideal não é um objetivo, pois dificilmente será alcançada, mas é um *modelo de referência* que permite criticar as condições discursivas existentes tendo como parâmetro condições idealizadas. Jürgen Habermas, dessa forma, propõe um novo quadro de referência que possibilita repensar a crítica do conhecimento e da cultura, além da própria organização social:

> É possível, por um lado, reexaminar a questão dos interesses cognitivos, integrando-os numa moldura que nos leve a distinguir questões relacionadas com a validade do saber, e refletir sobre o próprio estatuto epistemológico de uma teoria crítica, que se proponha a denunciar a comunicação sistematicamente deformada e propor projetos alternativos de organização social; e é possível, por outro lado, aprofundar a crítica da ideologia e da cultura [Rouanet, 2001:299].

No contexto da teoria do conhecimento, as explicações causais, baseadas em um saber empírico-analítico, podem ser convertidas em um saber tecnicamente utilizável, e as explicações narrativas, que se apoiam em um saber hermenêutico, podem ser transformadas em um saber prático. O estatuto de uma teoria social crítica está sujeito a um duplo *a priori*: "A objetividade de seus enunciados é condicionada pelo interesse emancipatório, e sua aspiração de validade, como a de toda ciência, só pode concretizar-se em contextos discursivos" (Rouanet, 2001:302-303). *E o que significa formular enunciados objetivos à luz do interesse emancipatório?* "Significa assumir, metodologicamente, o ponto de vista (hipotético) da situação linguística ideal, a única susceptível de gerar um consenso fundado, isto é, uma situação em que os interessados sejam protagonistas, em que todos protagonistas sejam livres e iguais" (Rouanet, 2001:303). O papel do cientista crítico é denunciar a situação existente (que suprime os interesses gerais) comparando-a com uma situação na qual todos os interessados pudessem participar de um processo de formação discursiva da vontade. O problema enfrentado pela teoria crítica é que ela é forçada a pensar discursivamente

> [...] situações em que a ação discursiva já foi ultrapassada ou ainda não foi percebida como essencial. Ela realiza, no plano do pensamento, o discurso que não pode se instaurar no plano da realidade social. Ela pensa o que os homens pensariam se pudessem pensar. [...] O cientista antecipa (provisoriamente) proposições cuja confirmação só pode ocorrer no futuro, em contextos discursivos adequados. Mas essas hipóteses não são fantasistas, e sim fundadas na realidade de um processo comunicativo que exige a justificação discursiva de todo saber, inclusive o saber da teoria crítica [Rouanet, 2001:304].

Em outras palavras, a teoria crítica ao "pensar o que os homens pensariam se pudessem pensar" também está agindo cientificamente, pois antecipa proposições que são possíveis de ocorrer no futuro, e essas proposições não são fantasias, pois estão fundadas na realidade. A questão da ideologia é tratada por Jürgen Habermas como uma deformação sistemática do processo comunicativo, que procura camuflar relações de violência. No contexto da legitimação tecnocrática, as normas são substituídas por regras, que representam a encarnação da racionalidade instrumental, de modo que não estão abertas à revisão por intermédio de discursos práticos. Jürgen Habermas, no entanto, considera que no longo prazo a política tecnocrática não conseguirá subsistir, pois a exigência de justificabilidade das normas, que é inerente à ação comunicativa, está arraigada na própria autoformação da espécie humana. O que Habermas quer dizer é que as contradições do capitalismo tardio em contraste com a evolução da racionalidade humana colocarão todo o sistema em xeque. O próprio Estado, ao tentar bloquear o processo comunicativo, impedindo a abertura de discursos práticos, vem criando, na sociedade civil, áreas de conflito que fazem essa racionalidade evoluir. Do mesmo modo, acrescento que as novas tecnologias de informação e a própria internet, bem como os movimentos sociais, estão abrindo espaço para esse processo comunicativo acontecer. Se em um primeiro momento esse processo comunicativo pode parecer deficiente, ao longo do tempo e do aprendizado democrático ele tende a se aprimorar.

Para Jürgen Habermas, há um paralelo entre a evolução ontogenética do ser humano, que alcança novos níveis de maturidade em relação às operações formais inerentes ao seu desenvolvimento cognitivo, que o leva ao alcançar o julgamento hipotético-dedutivo, e a evolução filogenética da humanidade, que também tende a alcançar novos patamares em relação às exigências éticas. Assim, paradoxalmente vivemos na era da ideologização total identificada por Theodor Adorno e Max Horkheimer, mas também a época em que, *pela primeira vez*, se coloca a possibilidade de se *superar as formas atuais e futuras de falsa identificação*

238 Repensando os estudos organizacionais

e falsa projeção, como percebem Herbert Marcuse (1973 [1964]) e Jürgen Habermas (2010 [1981]). No entanto, para Sérgio Rouanet há algumas diferenças nas posições desses autores:

> Mas se para Marcuse essa possibilidade resulta do grau de desenvolvimento das forças produtivas, que criou a base material da libertação, para Habermas ela está inscrita na própria estrutura da ação comunicativa, que pressupõe, em cada ato de interlocução, a autonomia dos participantes e a esperança numa sociedade justa: contra essa esperança não prevalecerão, a longo prazo, os poderes da desumanização [Rouanet, 2001:310].

Jürgen Habermas alinha-se aos frankfurtianos no que se refere à dimensão da crítica da ciência e da cultura, mas diverge deles quando traz a dimensão da teoria consensual da comunicação. É em torno da questão da verdade que essa diferença se faz sentir, sendo exatamente o que singulariza a epistemologia habermasiana, pois para Jürgen Habermas *uma verdade monológica*, alcançada por uma consciência solitária, é um conceito vazio de significação, pois, na sua visão, a verdade só pode ser alcançada em um *processo não autoritário de argumentação coletiva*. O problema é que enquanto a noção de verdade da primeira geração da escola de Frankfurt tende ao solipsismo, a de Jürgen Habermas o expõe a um risco igualmente grave, que é o relativismo, que o aproxima, ainda que involuntariamente, das versões da epistemologia positivista que reduzem a verdade das proposições aos procedimentos, ou seja, às operações necessárias para validá-la.[121]

---

121. "Para Adorno, Horkheimer e Marcuse, a razão é uma faculdade que dá acesso à verdade; para Habermas, é uma forma de organizar a comunicação humana, com vistas a alcançar uma verdade intersubjetivamente aceita. A primeira definição tem que ver com conteúdos, e a segunda, com procedimentos. Do primeiro ponto de vista, a razão deve preceder a organização da intersubjetividade: ela só pode ser constituída por homens razoáveis. Do segundo, a

Uma reconstrução epistêmica

Sustento que Jürgen Habermas, apesar de partilhar com os demais frankfurtianos a crítica da ideologia tecnocrática, da ciência e da técnica, prefere correr esse risco de fazer um apelo aos procedimentos e às metodologias, pois não acredita que as consciências estejam pervertidas de forma tão irreversível que não seja possível repensar esses procedimentos e metodologias segundo parâmetros que estejam de acordo com o interesse prático e o interesse emancipatório. Daí ele se declarar um *funcionalista historicamente orientado*, pois não abandona o interesse técnico, mas considera que outra técnica é possível, desde que a ação comunicativa seja buscada.

Isso se deve às diferentes visões de utopia[122] que os frankfurtianos têm. A utopia, para Jürgen Habermas, é ponto de partida e ponto de chegada. Faz uma remissão tácita à responsabilidade e à liberdade humanas, que estariam contidas na comunicação linguística, que para o filósofo é o fundamento objetivo da "esperança dos desesperados", que Walter Benjamin não teria conseguido estabelecer empiricamente. Enquanto Theodor Adorno

---

razão é por assim dizer uma decorrência dessa organização intersubjetiva" (Rouanet, 2001:313).

122. A utopia "[...] é pensada por Habermas sob a forma de um *telos* – a da comunicação perfeita – inerente à estrutura da interação e do discurso. Não se trata mais, como para Marcuse, fiel à tradição marxista, de uma utopia vista como possibilidade histórica objetiva, fundada no estágio atual das forças produtivas. Enquanto projeto de uma vida nova, a utopia não pode ter suas raízes na esfera da razão instrumental, e sim na esfera da ação comunicativa. Ao mesmo tempo, a utopia não é, como para Adorno e Horkheimer, apenas o ponto de fuga da dialética negativa, aquele *telos* sempre irrealizável, que permite a crítica do existente à luz do virtual, mas que não pode concretizar--se historicamente sem capitular diante do princípio da realidade. Como para Marcuse, a utopia é possível; e ao contrário de Adorno e Horkheimer, a utopia é necessária. A solução de Habermas é inscrever a utopia diretamente na esfera da ação comunicativa como virtualidade num certo sentido já real, ou como realidade ainda virtual: real como pressuposto de toda comunicação possível, virtual porque a vida nova que ela supõe permanece, apesar de tudo, irrealizável" (Rouanet, 2001:314).

se recusa radicalmente a refletir sobre a utopia em condições repressivas, Jürgen Habermas sustenta que a utopia deve ser pressuposta *a priori* nos pensamentos críticos. Theodor Adorno acredita que o Iluminismo, em sua fase atual, sucumbiu ao princípio da identidade, à assimilação do sujeito tomado, como objeto, à realidade alienada, enquanto Jürgen Habermas defende que a não identidade entre o sujeito e essa realidade estaria preservada na própria estrutura da comunicação e na dinâmica intersubjetiva, ou seja, para o filósofo, o sujeito pode, por meio da ação comunicativa, colocar essa assimilação em questão.

Jürgen Habermas admite, no entanto, que a *teoria da ação comunicativa tem lacunas*,[123] uma vez que não aponta uma saída para a superação da falsa identificação e da falsa projeção do ponto de vista psíquico. *Para preencher essas lacunas, o filósofo recorre ao modelo freudiano.* Jürgen Habermas argumenta que Sigmund Freud prossegue com a reflexão hermenêutica de Wilhelm Dilthey e vai além, pois enquanto Wilhelm Dilthey procura interpretar expressões simbólicas intencionais distorcidas, Sigmund Freud engloba também o que não é conscientemente intencionado. A hermenêutica tradicional remove os erros e distorções do texto; para Sigmund Freud, essas deformações têm um sentido imanente, pois não se trata de entender um texto corrupto, mas a própria estrutura da corrupção. O sujeito freudiano possui um "território estrangeiro interno", uma parte dele que se tornou inacessível para ele mesmo e da qual somente ele pode se reapropriar, motivo pelo qual a categoria essencial da psicanálise é a autorreflexão. O estatuto da psicanálise enquanto ciência crítica emana da intersubjetividade da relação terapêutica, que começa assimétrica, mas evolui para uma condição de igualdade.

---

123. "[...] a teoria da comunicação supõe a problematização discursiva de expectativas de validade, mas não reflete expressamente sobre as constelações objetivas e subjetivas em que acesso ao discurso seja estruturalmente vedado aos participantes de uma interação" (Rouanet, 2001:317-318).

A psicanálise é uma sistematização da intersubjetividade *sui generis* que se produz entre analista e analisando – um diálogo no início assimétrico, entre duas partes objetivamente desiguais, mas visando induzir no paciente um trabalho de autorreflexão que o leve a emancipar-se de causalidades incompreensíveis, e o torne apto a participar, em condições de igualdade, dos processos discursivos [Rouanet, 2001:320-321].

A autorreflexão ajuda o sujeito a dissolver as estruturas reificadas, e para isso a psicanálise se manifesta como interpretação geral. A narrativa generalizada é o conflito edipiano,[124] e o trabalho do analista é ajudar o analisando a preencher os nomes e papéis típicos dessa narrativa, justapondo o genérico ao individual, de forma que o individual conte sua própria história tendo como pano de fundo uma história universal. Assim, a psicanálise se encontra a meio caminho da ciência empírico-analítica e da ciência hermenêutica, pois distingue-se da ciência empírico--analítica porque a proposição científica é externa ao objeto e a proposição psicanalítica, que no caso é a interpretação, só é

---

124. Segundo Sigmund Freud (1996m [1924]), a inserção do pai, um terceiro que se impõe na relação mãe e filho, coloca limites ao desejo do menino pela mãe, instaurando-se o complexo de Édipo. A hostilidade do menino é dirigida para o pai, considerado o rival, que o ameaça de castração (ameaça simbólica que significa a interdição do desejo pela mãe). No caso da menina, é preciso abandonar o primeiro objeto de amor, que é mãe, e dirigir sua afetividade para o pai, de modo que seu complexo de Édipo se instaura no momento que se descobre castrada, o que resulta em uma hostilidade dirigida à mãe, por não ter lhe dado um pênis e uma identificação com o pai, que tem um e pode lhe dar um falo representado por um bebê. A mãe, então, passa a ser considerada a rival. Nos dois casos, ao mesmo tempo, se estabelece uma culpa pelo desejo do incesto. Sigmund Freud (1996m [1924]) afirma que isso faz parte do desenvolvimento da sexualidade de todos os seres humanos, sendo que uma travessia saudável do Édipo significa a superação desse desejo pelos pais e a capacidade de dirigir o amor sexual para um parceiro adulto, o que aponta para o alcance da genitalidade e o abandono de outras fases do desenvolvimento da sexualidade, como a fase oral e a fase anal. Perturbações nesse processo estabelecem neuroses (fobia, obsessão e histeria) em diferentes graus.

válida se aceita pelo objeto – o sujeito que está sendo analisado. Além disso, a não aceitação dessa proposição, fruto de uma interpretação, pelo analisando, não significa que ela seja inexata, pois pode evidenciar a resistência ao desvendamento de determinado material psíquico, de modo que ela fica em suspenso, a ser confirmada no curso do próprio processo de análise.

Em outras palavras, como vimos, as proposições são possíveis de serem confirmadas, mas essa confirmação é distinta da verificabilidade que ocorre na ciência tradicional. Além disso, a psicanálise visa à compreensão hermenêutica da intencionalidade inacessível ao próprio sujeito, de modo que as explicações causais são dissolvidas, pois as causas são reconvertidas em motivos. Desse modo, posso afirmar que a psicanálise está enraizada em um interesse emancipatório, que é a dissolução dos bloqueios à comunicação do sujeito consigo mesmo. A psicanálise é assim, indubitavelmente, uma ciência crítica, e o processo de investigação que lhe subjaz está diretamente ligado às condições transcendentais[125] para a obtenção do conhecimento:

> No movimento da autorreflexão, conhecimento e interesse constituem uma unidade. É somente quando essa unidade se torna transparente numa ciência crítica como a psicanálise, que se torna possível compreender com clareza a estrutura transcendental de interesses que condicionam e possibilitam as ciências naturais e culturais. A partir da percepção do saber crítico como saber imediatamente *interessado*, é possível perceber a ciência empírica e a hermenêutico-cultural como igualmente interessadas, embora de formas menos imediatas [Rouanet,2001:324-325, grifo no original].

---

125. Relembrando que o uso da palavra "transcendental", no presente livro, é feito em oposição a empírico, ou seja, transcendental é o que o ultrapassa a lógica e o formalismo da ciência.

Se no movimento da autorreflexão, conhecimento e interesse constituem uma unidade e transparecem em uma ciência crítica, não há dúvidas de que o saber psicanalítico é um saber crítico e um saber interessado. Vale a pena retomar minhas considerações iniciais, quando argumento que a epistemologia crítica frankfurtiana envolve um saber engajado. Como afirmei, o percurso feito pretendia evidenciar que no âmago da epistemologia crítica frankfurtiana está a epistemologia freudiana, de modo que tentar compreender a teoria crítica sem o auxílio do freudismo enfraquece o poder crítico da mesma. O mérito da psicanálise é fornecer, para a teoria crítica, um modelo de ciência que assume a forma de uma crítica na qual o interesse emancipatório é visível: estabelece-se assim uma mediação entre uma teoria que visa à transformação (a teoria crítica) e uma prática terapêutica (a psicanálise) que coloca esse interesse emancipatório em prática. Assim, uma vez depurada de sua autocompreensão naturalista, a psicanálise oferece um modelo para a ciência crítica, pois fornece

> [...] uma teoria, derivada da reflexão metódica da experiência da comunicação sistematicamente deformada, e que visa dissolver as falsas objetivações através de propostas de interpretação em que os interessados possam, finalmente, reconhecer-se, reapropriando, assim, uma parte perdida de sua própria subjetividade [Rouanet, 2001:326].

Um dos *desafios do percurso* realizado é partir dessa teoria e modelo de ciência para chegar a uma indicação de *como o interesse emancipatório pode ser reapropriado na prática pelos grupos e organizações*. Logo, o que busco é lançar mão do modelo de ciência colocado pelo freudismo e da epistemologia crítica frankfurtiana para evidenciar as possibilidades emancipatórias práticas de uma coletividade, um grupo ou uma organização. No entanto, para cumprir esse objetivo, ainda será necessário compreender como ocorrem as mediações entre o indivíduo e a sociedade e como a psicanálise pode nos ajudar nessa tarefa, bem como apontar caminhos para a desalienação do sujeito e dos grupos aos quais ele pertence.

A dinâmica do recalque é uma das chaves para compreender como *de uma comunicação deformada consigo mesmo, o indivíduo passa para uma comunicação deformada com os outros* (Rouanet, 2001). Uma vez que o recalque é o processo pelo qual a sociedade inibe a transformação em ação de motivações indesejáveis, ele remove de circulação as interpretações simbólicas correspondentes a essas motivações, que se convertem em motivos inconscientes. O que foi removido da comunicação pública fica sujeito a outra gramática, a gramática do inconsciente, que tem como características a deformação, a condensação e a transformação no seu contrário. O símbolo linguístico removido da linguagem pública não pode mais ser comunicado, transforma-se em símbolo pré-linguístico (emocionalmente carregado e aderente a imagens) e, assim, a comunicação real é substituída pela pseudocomunicação entre os sujeitos, que são incapazes de articular desejos incompatíveis com as normas sociais. Esses símbolos pré-linguísticos se infiltram na linguagem produzindo distorções. O material recalcado tenta aceder novamente à esfera pública, manifestando-se nos sonhos, nos atos falhos, nos chistes e nos sintomas neuróticos, que são formações do inconsciente. Além do recalque, a identificação, a projeção e a negação, que representam mecanismos de defesa psíquicos voltados para o exterior, também obstruem a comunicação.

A tarefa da psicanálise consiste em inverter esse processo: o analista procura, por meio do processo de autorreflexão, fazer com que o material banido pelo inconsciente seja reintegrado na linguagem pública e também busca expulsar os símbolos pré-linguísticos infiltrados na linguagem. No entanto, a psicanálise não se atém apenas a decifrar lapsos de texto e corrigir deformações, pois também retifica a linguagem ao restabelecer a relação dialógica entre analista e analisando. Sérgio Rouanet argumenta que "[...] não é preciso construir uma ponte, sempre mais ou menos arbitrária, entre a falsa consciência individual e as legitimações ideológicas, porque ambas são radicadas numa mesma estrutura, que é a comunicação sistematicamente deformada" (Rouanet, 2001:332). As falsas consciências individual e societária, fundamentadas na falsa identificação e na falsa projeção, estão mutuamente relacionadas e convergem para um mesmo ponto, que é a não tematização das relações de poder. Essa repressão não é, como querem os marxistas mais ortodoxos, um simples efeito da forma de organização do trabalho e nem mesmo uma condição acidental e historicamente superável, pois trata-se de uma condição estrutural do próprio processo de humanização.

> O progresso social da humanidade, se é delimitado pelas possibilidades técnicas em cada momento histórico, é alcançado, principalmente, não por qualquer automatismo da base, mas por uma atividade crítico-prática, na esfera da ação comunicativa, que contesta o poder e dissipa as ideologias legitimadoras que se tornam obsoletas. O processo pelo qual as ideologias são desmistificadas é análogo ao que leva à conscientização na relação clínica – a autorreflexão. *Os processos coletivos de autorreflexão, conduzidos por quadros e organizações que representam os grupos oprimidos, traduzem-se*, como no caso do seu equivalente terapêutico, *na dissolução das estruturas reificadas, e na reapropriação de capítulos esquecidos da autobiografia desses grupos* [Rouanet, 2001:335-336, grifos meus].

Sérgio Rouanet sustenta que *a autorreflexão individual feita na terapêutica psicanalítica pode ser reproduzida pelos grupos*, que por meio da dialogicidade dissolvem estruturas reificadas e se reapropriam do saber esquecido e oculto: nesse ponto a epistemologia freudiana e a epistemologia habermasiana se entrelaçam. O autor ainda afirma que na autorreflexão coletiva, a conscientização se realizaria sob as condições de um discurso terapêutico, e as estratégias formuladas têm de ser objeto de um discurso prático: todos os integrantes teriam de participar de ambos os discursos e precisam estar focados no desenvolvimento de uma competência interativa. Concluindo, a epistemologia habermasiana, inspirada no freudismo, não só permite criticar o positivismo como também oferece elementos para se *pensar uma ciência social crítica, fundamentada no interesse emancipatório, visando explicitamente à intervenção na realidade.*

CAPÍTULO VIII

Uma abordagem freudo-frankfurtiana para os estudos organizacionais: suporte teórico-analítico, caminhos metodológicos e estratégias de investigação

Neste último capítulo, faço uma breve discussão sobre como realizar pesquisas no campo dos estudos organizacionais de acordo com a abordagem freudo-frankfurtiana. Breve, porque pretendo apenas descrever suas linhas gerais e este referencial ainda é objeto de investigações e sistematizações que serão apresentadas em futuros trabalhos, uma vez que integra projetos de pesquisa em andamento. Assim, descrevo a seguir: (1) o suporte teórico-analítico, que é uma síntese do que foi discutido até agora para essa abordagem; (2) os caminhos metodológicos, que dialogam com a psicossociologia e a socioanálise; e (3) as estratégias de investigação – a pesquisa teórico-analítica e a pesquisa-ação.

Suporte teórico-analítico

Na reconstrução epistêmica realizada, entrelacei à articulação entre a epistemologia frankfurtiana e a epistemologia freudiana, a epistemologia habermasiana, concluindo a composição teórica da abordagem freudo-frankfurtiana. Com a intenção de guiar os leitores e leitoras, sintetizo a seguir as características do suporte teórico-analítico oferecido pela abordagem freudo-frankfurtiana, mas faço a ressalva de que esse guia não deve ser utilizado como via de simplificação, pois é preciso entender a essência dos conceitos, o que se só é possível de ser realizado seguindo todo o percurso teórico e analítico anteriormente apresentado. A ideia da síntese aqui apresentada é fazer o leitor ou leitora rememorar o que foi discutido antes de passar para a discussão dos caminhos metodológicos e das estratégias de investigação.

a) Forma de pensar a ciência – A ciência social se orienta para a emancipação e sua meta é a transformação do todo, de modo que ela é guiada pelo interesse emancipatório, que articula os interesses técnicos e práticos.

b) Forma de explicar o mundo – Os fatos sociais só podem ser compreendidos em conexão com processos sociais reais, que não se fundamentam exclusivamente em ponderações lógicas, mas precisamente nas contradições. A lógica de pensamento que permite isso é a dialética.

c) Premissas epistêmicas e filosóficas:
- a busca do conhecimento se baseia na autorreflexão individual e coletiva para que o interesse emancipatório seja reapropriado pelos indivíduos e grupos;
- o conhecimento *a priori* e as proposições especulativas são válidos, pois desinibem o pensamento e favorecem a criação de conhecimento;
- o princípio da não identidade é utilizado, ou seja, admite-se que não é possível a total reconciliação entre os interesses dos indivíduos e os interesses da sociedade, mas sem perder de vista que mudar a realidade em que se vive é um projeto viável.

d) Premissas metodológicas e analíticas:
- o método é o meio para se realizar a ciência social e não seu objetivo, pois a ciência social deve refletir sobre sua essência e finalidade;
- o método a ser seguido é a crítica imanente, ou seja, o mergulho no conteúdo do objeto até que ele se revele, complementada pela dialética, que possibilita ver as contradições e relativizar as conclusões;
- o método envolve a busca de uma situação linguística ideal com os pesquisados e a possibilidade, por meio da autorre-

flexão, de superar a falsa identificação e a falsa projeção: a via para isso é o próprio método psicanalítico;

- a experiência espontânea tem mais importância enquanto fenômeno a ser estudado do que a experiência regulamentada: a observação é preferível à experimentação;
- o fenômeno singular encerra em si toda a sociedade, de modo que o foco do cientista social e do estudioso de organizações é a relação entre o particular e o universal. O vestígio, o fato isolado, os pequenos indícios são elementos que podem levar a algo maior;
- não faz sentido utilizar conceitos como hipótese e testabilidade: a verificação é substituída pela possibilidade de confirmação;
- não existe a "verdade", mas verdades provisórias, e a incerteza é intrínseca às realidades estudadas. Além disso, o erro faz parte do processo de conhecimento;
- a partir de uma contradição, ou de um erro, é possível percorrer toda uma cadeia associativa que leve ao esclarecimento dos fenômenos, ou seja, novas interpretações e explicações;
- uma interpretação que não faz sentido em um contexto não está necessariamente errada, pois pode fazer sentido em outro contexto, com adaptações;
- não basta explicar, interpretar e compreender, pois é fundamental sustentar a posição dialética de que os fenômenos podem ser isto e aquilo ao mesmo tempo.

Caminhos metodológicos: as contribuições da psicossociologia e da socioanálise

Para melhor compreensão dos caminhos metodológicos possíveis para a abordagem freudo-frankfurtiana, é fundamental resgatar as contribuições realizadas pela psicossociologia e pela socioanálise para os estudos organizacionais. No texto "Análise das organizações: panorama da produção em língua francesa contemporânea (1950-2000)", publicado em 2006, Jean-François

Chanlat faz um levantamento que lhe permite concluir que há um grande número de correntes no campo dos estudos organizacionais, indicando entre elas a análise psicossociológica. A corrente psicossociológica é predominantemente cultivada por pesquisadores de língua francesa e não alcançou muita popularidade entre os estudiosos anglo-saxões. No "centro secundário", os investigadores vêm realizando alguns trabalhos em perspectivas psicanalíticas, mas principalmente pela via do pós-estruturalismo, a partir de Jacques Lacan.[126]

A discussão dos caminhos metodológicos para uma abordagem freudo-frankfurtiana dos estudos organizacionais passa pela corrente da análise psicossociológica, à qual se filia um grupo de pesquisadores de língua francesa que há cerca de 40 anos vem explorando obras psicológicas e psicanalíticas, em especial a de Sigmund Freud. A Associação para a Pesquisa e a Intervenção Psicossociológica (Arip) é uma representação exemplar dessa corrente e foi fundada em 1959, a partir das ideias de Max Pagès e Jean Palmade, abordando as relações afetivas que o indivíduo mantém com a organização e inspirando-se principalmente na psicologia social de Sigmund Freud (1996e [1913], 1996k [1921], 1996n [1927], 1996o [1929-1930]), que é constituída por livros publicados entre 1913 e 1930, como *Totem e tabu*, *Psicologia de grupo e análise do ego*, *O futuro de uma ilusão* e *O mal-estar na civilização*.

Max Pagès destaca-se com o livro *A vida afetiva dos grupos*, publicado em 1975, no qual descreve a intervenção psicossociológica, e também com a obra *O poder das organizações*, publicada em 1979, em parceria com Michel Bonetti, Vicent de Gaulejac e Daniel Descendre, que faz uma análise do poder utilizando conceitos psicanalíticos. Outro autor representativo da corrente psicossociológica é Eugène Enriquez,[127] que interpreta os escritos

---

126. Em um número especial da revista *Organization*, Alessa Contu, Michaela Driver e Campbell Jones (2010) organizaram uma coletânea inspirada em Jacques Lacan.
127. Eugène Enriquez tem diversos livros publicados (vários deles são coletâneas organizadas) e esses foram escolhidos pela sua importância e também

freudianos sobre a psicologia social no livro *Da horda ao Estado*, publicado em 1983 e apresenta intervenções psicossociológicas realizadas por ele no livro *Organização em análise*, publicado em 1992. Alinhadas à perspectiva psicossociológica, duas outras surgiram: a psicodinâmica do trabalho, conduzida por Christophe Dejours, e a corrente que relaciona psicanálise e administração, que advém das escolas de gestão, sustentada por autores como Laurent Lapierre e Gilles Amado e André Guittet (Dejours, 2011 [1980]; Lapierre, 1995 [1992]; Amado e Guittet, 2009 [1975]).

Em seu texto, Jean-François Chanlat ainda afirma que Georges Lapassade e René Lourau reagiram aos primeiros trabalhos da Arip propondo a análise institucional, na figura da socioanálise, que é um método de intervenção organizacional, como alternativa. No entanto, Jean-François Chanlat não aprofunda as críticas da Arip à análise institucional, limitando-se a dizer que as ideias da análise institucional marcaram a análise psicossociológica, mas que foram abandonadas porque levaram as organizações analisadas a uma "desordem indescritível". A forma como Jean-François Chanlat tratou a análise institucional chama a atenção, pois aponta um silenciamento importante sobre essa corrente e uma relativa tendência a sustentar pré-noções em relação à defesa da autogestão pelos socioanalistas.

É importante salientar que, no presente livro, optei por uma defesa da socioanálise porque, após anos discutindo textos oriundos da psicossociologia em minhas disciplinas na graduação e pós-graduação, obtive poucos avanços no que se refere aos métodos de intervenção da sociologia clínica, pois os pesquisadores e estudiosos dessa corrente costumam ser reticentes em relação à apresentação sistemática de uma metodologia, bem como em abraçar definitivamente a psicanálise. Tais hesitações e a insistência em uma pluralidade metodológica persistem mesmo em trabalhos mais recentes, como *La sociologie clinique*, organizado em 2007 por Vicent

---

porque foram traduzidos para o português sendo, portanto, mais disseminados entre nós.

de Gaulejac, Fabienne Henrique e Pierre Roche. A socioanálise se apresentou como uma saída, pois René Lourau e Georges Lapassade propõem explicitamente o método de intervenção que recomendam e este está alinhado com a perspectiva psicanalítica que ora defendo. Vale observar que as elaborações desses autores não são uma "receita" a ser seguida ou imposta, mas um procedimento que procura, acima de tudo, preservar a autonomia e independência dos participantes, como veremos mais adiante.

Georges Lapassade e René Lourau recomendam a socioanálise, que é uma forma de análise institucional baseada na pedagogia institucional e no método psicanalítico, para intervir nas organizações. Nos trabalhos de alguns autores que se aproximam da corrente psicossociológica, o foco no método psicanalítico não é muito claro. O livro de Eugène Enriquez *Organização em análise* é uma ilustração do que estou afirmando. Na introdução desse livro, o autor procura analisar a contribuição da teoria freudiana para o estudo das organizações, mas em que pese à competente avaliação do que ele considera os cinco eixos principais para especificação da abordagem freudiana,[128] não há, em nenhum momento, uma discussão mais sistemática sobre o conteúdo da clínica que orientou os casos da pesquisa-intervenção, apresentados pelo autor no livro.

Na primeira parte da obra, Eugène Enriquez descreve as sete instâncias que considera fundamentais para a análise das organizações: mítica, social-histórica, institucional, organizacional, grupal, individual e pulsional. Na visão do autor, não é possível nem amalgamar, nem reduzir as instâncias umas às outras, pois é necessário levar em consideração que não se estão analisando instâncias, mas seres concretos que vivem nas organizações.

---

128. Os eixos apresentados por Eugène Enriquez (1997 [1992]) são os seguintes: (1) a ligação entre a realidade psíquica e a realidade histórica; (2) o jogo das pulsões antagonistas e intricadas: a pulsão de vida (*Eros*) e a pulsão de morte (*Thanatos*); (3) o papel determinante do grande homem no edifício social; (4) a civilização e a organização como renúncia à satisfação das pulsões; e (5) o papel essencial da ilusão na edificação dos vínculos sociais.

A partir dessas instâncias, Eugène Enriquez busca consolidar, como diz explicitamente em seu livro, uma sociologia clínica de inspiração psicanalítica e, em seguida, apresenta três casos de intervenções realizadas por ele. No entanto, entre a apresentação das instâncias de análise das organizações e a apresentação dos casos há uma lacuna, pois Eugène Enriquez não descreve o método de intervenção psicossociológica, que ele chama de sociologia clínica, ou apresenta de forma mais sistemática sua aproximação com o método psicanalítico.

Max Pagès segue outra direção, que talvez seja ainda mais problemática. No livro *A vida afetiva dos grupos* procura descrever o que entende por intervenção psicossociológica, mas ao longo do processo acaba expurgando o método psicanalítico da mesma, fazendo duras críticas à psicanálise e cometendo o que considero alguns equívocos de interpretação.[129] Já o livro *O poder das organizações* pretendia fazer uma abordagem interdisciplinar, mas ficou conhecido na academia brasileira como um trabalho de "inspiração psicanalítica". O conflito entre Max Pagès e os parceiros mais alinhados do ponto de vista teórico com o pensamento freudiano[130] se apresenta justamente na

---

129. Trago algumas dessas críticas de Max Pagès, que parecem ser fruto de conclusões apressadas sobre a epistemologia e a metapsicologia freudiana e sobre o método psicanalítico: "Não voltaremos aqui às críticas que fizemos no corpo deste trabalho a essa teoria psicanalítica: redução do fenômeno imediato da relação e do sentimento a pulsões fechadas, fusionais, historicamente determinadas, dualismo psicanalítico e desconhecimento da unidade dos fenômenos de relação, crítica da noção de transferência, etc. Tampouco se pode negligenciar o desconhecimento da afetividade coletiva, reduzida a uma pluralidade de transferências individuais, e não reconhecida a expressão de uma solidariedade imediata que mantém o campo da psicoterapia no isolamento e impede a psicanálise, com exceção de modificações fundamentais, de servir de guia para uma prática generalizada de mudança social. Essas objeções se encontram ao nível do método psicanalítico" (Pagès, 1975 [1976]:442).

130. "Estávamos num verdadeiro círculo vicioso: precisávamos de uma teoria para enfrentar a análise, precisávamos proceder à análise para elaborar uma teoria. A 'solução' desta contradição só pôde intervir quando cada um de nós

quinta parte do trabalho – "Metodologia" – na qual é discutido o método. A leitura do método utilizado no trabalho evidencia que a análise dos dados não recorre inteiramente ao método psicanalítico e não foi totalmente orientada pela teoria freudiana. De fato, esse não era o objetivo central do trabalho, e o apelo ao pensamento de Freud acontece com mais clareza na quarta parte do livro – "A organização e o inconsciente".

Dessa forma, quando expõe a intervenção psicossociológica, Max Pagès não é um defensor do método psicanalítico, e o trabalho conduzido por ele, que é o mais conhecido pelo público acadêmico na área dos estudos organizacionais, não é uma intervenção, mas uma abordagem analítica, e nem pode ser considerado, em sua totalidade, fruto de uma perspectiva psicanalítica. O livro *Da horda ao Estado*, de Eugène Enriquez, também é uma abordagem analítica, mas bastante fiel à teoria freudiana, enquanto *Organização em análise* é um trabalho que apresenta resultados de intervenções psicossociológicas, mas que não se atém à discussão e à descrição método, embora seja possível considerar que essas intervenções se inspiram no método psicanalítico. Christophe Dejours, por sua vez, estabeleceu uma corrente que utiliza a psicanálise como referência teórica para analisar primordialmente o prazer e o sofrimento no trabalho (Dejours, 2011 [1980]), enquanto os autores que relacionam psicanálise e administração recorrem à teoria freudiana para tratar da temática da liderança (Lapierre, 1995 [1992]) e conceitos winnicottianos para sustentar uma perspectiva transicional de gestão (Amado e Guittet, 2009 [1995]).

No caso brasileiro, Fernando Cláudio Prestes Motta esteve debruçado sobre a possibilidade de uma abordagem psicanalí-

---

aceitou renunciar à fundamentação da análise sobre sua 'teoria' inicial; quando fomos capazes de definir um 'invólucro teórico' mais amplo, ainda que muito intuitivo, suscetível de conter nossas teorias iniciais, e quando pudemos conceber a análise não como ponto de chegada de uma teoria constituída mas como instrumento para a elaboração teórica futura" (Pagès et al., 1986 [1979]:190).

tica para a análise das organizações, e seu ponto de partida para isso foi uma leitura atenta da psicologia social de Sigmund Freud e dos trabalhos de Eugène Enriquez. Sua aproximação com a psicanálise foi tardia, mas resultou na coletânea *Vida psíquica e organização*, organizada em 2000, em parceria com Maria Ester de Freitas, outra pesquisadora brasileira que costuma fazer incursões pela psicossociologia francesa. Também temos o trabalho de Cristiane Godoi, *Psicanálise das organizações*, publicado em 2007, que é um texto de discussão teórica e não aborda a questão da intervenção nas organizações, bem como alguns trabalhos esparsos em congressos na área que utilizam conceitos psicanalíticos para analisar fenômenos organizacionais (Sant'Anna e Kilimnik, 2008; Rossato Neto, 2008), valendo destacar ainda um trabalho que se singulariza por fazer uma discussão de natureza mais epistemológica (Guimarães e Maestro Filho, 2012).

Essas considerações foram realizadas com intuito de evidenciar por que minha escolha recaiu sobre a análise institucional de René Lourau, que se expressa na socioanálise: a avaliação de seu trabalho revelou mais clareza no que se refere à aproximação entre a teoria freudiana e o método psicanalítico. Isso não significa, no entanto, desconsiderar o esforço dos psicossociólogos que vêm estudando as organizações, mas apenas constatar que Max Pagès não é exatamente a referência mais apropriada para uma perspectiva psicanalítica das organizações, e Eugène Enriquez, que sofreu alguma influência da análise institucional e da socioanálise (Chanlat, 2006), poderia ter sido mais sistemático no tratamento metodológico da sociologia clínica, talvez explorando mais as contribuições de René Lourau e Georges Lapassade. Por outro lado, é preciso considerar que a maior parte dos trabalhos citados realiza discussões estéticas sobre a psicanálise e as organizações, e o que estou buscando é utilizar a epistemologia inerente à abordagem freudo-frankfurtiana como orientação para pesquisas de grupos e organizações. Assim, não se trata de dizer que determinados conceitos freudianos servem para ilustrar fenômenos organizacionais, mas de recorrer à teoria e ao método psicanalítico como uma lógica de pensamento e de investigação para abordar esses fenômenos.

Nessa direção, a seguir faço uma apresentação da intervenção socioanalítica, mas adianto que não pretendo ser exaustiva, pois esta vem sendo objeto de maiores investigações e estará sujeita a um tratamento mais sistemático nos próximos anos em meus futuros trabalhos, de modo que a intenção é apenas descrever suas linhas gerais e enfatizar sua adequação enquanto caminho metodológico para a abordagem freudo-frankfurtiana. Em primeiro lugar, é importante enfatizar que a análise institucional de René Lourau, que se expressa na socioanálise, se distancia de abordagens behavioristas e psicossociais que geram novas formas de gestão da subjetividade na medida em que buscam meramente a melhoria da qualidade de vida no trabalho, sem pretensões emancipatórias. O que está em questão são duas formas de se posicionar em relação à abordagem freudo-frankfurtiana das organizações: utilizar como referência o freudismo e a escola de Frankfurt para realizar a análise das organizações e/ou se valer do método psicanalítico como inspiração para realizar uma intervenção nas organizações. No segundo caso, temos a socioanálise, que é uma perspectiva clínica utilizada para gerar "crises" que estimulam a prática da autogestão e de outras manifestações instituintes e contrainstitucionais, como veremos a seguir.

No livro *A análise institucional*, publicado em 1970, René Lourau busca na psicanálise freudiana, na psicoterapia institucional, na intervenção pedagógica e na pedagogia institucional referências para sua versão da análise institucional. No que se refere à psicanálise, o autor enfatiza principalmente as discussões de Sigmund Freud sobre a psicologia social, evidenciando que há um paralelismo entre o vínculo libidinal e o vínculo social, pois o grau de coesão de um grupo depende da ilusão da presença de um chefe que ama a todos ao mesmo tempo (referência ao pai/ mãe), da constituição de uma organização coatora que controla

Uma abordagem freudo-frankfurtiana para os estudos organizacionais **257**

a filiação e a expulsão dos membros e da presença de uma ideologia que contribui para a coesão do conjunto, sendo que os vínculos ideológicos são insuficientes se não forem libidinizados o bastante. Por outro lado, em *Psicologia de grupo e análise do ego* (Freud, 1996k [1921]) fica clara a falsa oposição entre a clínica individual e a clínica social. Assim, para René Lourau, a psicanálise é o estudo da estrutura inconsciente, e a análise institucional é o estudo da estrutura das relações sociais, mas não faz sentido isolar os dois tipos de estudo, pois eles são interdependentes.

Continuando sua composição da análise institucional, René Lourau busca referências na psicoterapia institucional, que nasceu nos hospitais e instituições de saúde mental e que se desenvolve em três fases:

- fase empírica – caracterizada pela modificação de atitude dos cuidadores em relação aos pacientes, que passam a ser reconhecidos como sujeitos;
- fase ideológica – a psicoterapia de grupo emerge como uma forma terapêutica de abordar os pacientes, e seu efeito é provocar um exame das relações sociais no interior da instituição, o que exige uma reestruturação delas, pois os pacientes são tomados como agentes da própria cura, devendo, portanto, ter cada vez mais controle das atividades da instituição, de modo que a autogestão aparece como um projeto-limite;
- fase teórica – faz uma crítica das duas primeiras fases, pois verifica-se que, na autogestão da organização, os promotores dessa "pequena revolução", entregues à alegria de instituir, às vezes se esquecem de se perguntar o que estão fazendo ao instituírem.

O passo seguinte é sair do plano consciente, no qual essa autogestão está ocorrendo, para alcançar o plano do inconsciente do grupo, questionado as novas posições de poder dos envolvidos, o que aponta para o fato de que a cura não se sustenta pelo médico e pelo próprio paciente, mas por uma rede intricada de pessoas e de relações que contribuíram para isso. Esse desenvolvimento em três fases é mais um elemento que passa a constituir a análise institucional de René Lourau.

Seguindo seu percurso, René Lourau faz diversas críticas à intervenção psicossociológica, das quais destacamos, em especial, as feitas a Max Pagès, que na sua visão teria cedido à demanda dos clientes das intervenções para que as mesmas se atenham aos indivíduos, sem tocar na dimensão institucional e política dos problemas, interpretando tal demanda como pouco significante e como mera resistência, quando estaria nessas dimensões a "pedra de toque" que faz toda diferença em uma análise institucional. Também faz um elogio a Eugène Enriquez, que se mostra política e tecnicamente consciente dos limites e contradições de suas ações em um processo de intervenção. Para René Lourau, em uma intervenção deve ficar clara a diferença entre a demanda técnica do mercado de trabalho e a demanda social, que se refere à educação para mudanças de atitudes que não se limitem ao aumento da produtividade, mas que tenham repercussões relevantes para a coletividade.

René Lourau, então, busca na intervenção pedagógica mais elementos para sua análise institucional. Seu primeiro passo é fazer uma distinção entre instituição e organização a partir do trabalho de Robert Pagès. O conceito de instituição teria três momentos:

- momento de universalidade – nesse a instituição compensa sua fraca funcionalidade com uma positividade mais ideológica do que prática, ou seja, a instituição ainda não funciona a contento, mas se estabelece como ideia-força;
- momento de particularidade – nesse a instituição se encontra em permanente evolução quanto a suas finalidades, sendo que a iniciativa, os talentos e o carisma individuais contribuem muito para isso;
- momento de singularidade – nesse a instituição se estabelece enquanto organização, com funcionalidade e finalidades muito claras. Em outras palavras, o conceito de instituição é polissêmico, constituindo-se de momentos instituintes, a partir dos quais as regras de funcionamento, as funções (serviços, postos, res-

ponsabilidades), os papéis (chefias, subordinados) e os ritos são elaborados. Assim, é possível existirem instituições e não existir uma organização, mas não há organização sem instituições.

Na sequência, René Lourau aborda a intervenção pedagógica propriamente dita, explorando, em primeiro lugar, os conceitos de não diretividade e educação negativa, afirmando que a ideia central é questionar o saber instituído, ou seja, a naturalização do que se consideram boas práticas de ensino, além de acentuar não o caráter universal do saber, mas o caráter eminentemente problemático de cada indivíduo. Depois, René Lourau (1975 [1970]:256) discute a pedagogia institucional de Georges Lapassade, que seria "[...] o método que consiste em ordenar, pela análise permanente das instituições externas,[131] a margem de liberdade na qual o grupo-classe poderá autogovernar seu funcionamento e seu trabalho, assegurar a própria regulação pela criação de instituições internas".[132] A função da pedagogia institucional seria "[...] favorecer a socialização, permitindo aos ensinandos instituir, na medida do possível, sua organização, fazendo-os adquirir consciência das coações institucionais, sociais de sua aprendizagem" (Lourau, 1975 [1970]:256). René Lourau afirma que é no momento da singularidade, ou seja, no momento em que a organização se estabelece, que deve se situar a autogestão, pois é nele que ocorre "[...] o controle do processo de simbolização, no qual é tomada a base material da instituição-classe (turma de alunos) ou escola, a saber, os recursos tecnológicos, as ligações com a economia, etc." (Lorau, 1975 [1970]:262).

---

131. Instituições externas, segundo René Lourau (1975 [1970]:256) seriam: "[...] as regras exteriores ao estabelecimento (instituição escolar) e à classe (turma de alunos), os programas, instruções, circuitos de autoridade, pessoal distribuído de acordo com a hierarquia, 'burocracia pedagógica', etc.".
132. Instituições internas, segundo René Lourau (1975 [1970]:256) seriam: "[...] de um lado as regras interiores do estabelecimento (instituição escolar), de outro lado 'o conjunto das técnicas institucionais', como o conselho (escolar) [...]".

Assim, trata-se de colocar em jogo uma tríplice descoberta sobre o professor:

a) Seu saber é problemático, é um não saber, porque sabe que se coloca em uma relação negativa com os outros saberes. *Daí resulta a não diretividade.*
b) Seu papel na estrutura libidinal do grupo é equívoco, porque o sistema de parentesco simbólico que sua intrusão perturba e arruma ao mesmo tempo, não o autoriza, senão imaginariamente, a tomar emprestado tal papel em vez de outro, pai autoritário, mãe protetora, companheiro ou irmão "semelhante". *Daí a autogestão.*
c) Sua posição no sistema institucional é ambígua, sendo ao mesmo tempo servidor do instituído e encarregado da função instituinte. Estando mal integrado no "sistema", acha-se obrigado a fazer os outros participarem de instituições, práticas e valores que lhe escapam. [...] O desconhecimento, a ingenuidade política, eis o seu destino. *Daí a análise institucional* [Lourau, 1975 [1970]:264].

René Lourau passa a descrever a intervenção socioanalítica, que é a aplicação de sua análise institucional na prática dos grupos, coletividades e organizações. Esse tipo de análise institucional se inspira em todos os elementos que foram discutidos e engloba:

[...] de um lado um método de conhecimento indutivo, situado junto da análise funcional, estrutural, estruturo-funcional, e também junto de diversos modos de análise econômica, política, etc.; de outro, mais especificamente, um modo de análise em situação que se aproxima mais da clínica psicanalítica [Lourau, 1975 [1970]:266].

Constato que a intervenção socioanalítica agrega os três interesses cognitivos de Jürgen Habermas (interesse técnico, interesse prático/comunicativo e interesse emancipatório), na medida em que considera a análise funcional em conjunto com a análise psicanalítica. O que permite construir essa situação analítica é a hipótese de que é possível uma análise que transcenda os "jogos da verdade", próprios da psicossociologia e a "higiene social", típica das consultorias organizacionais. Assim, no livro *Chaves da sociologia*, publicado em 1971, Georges Lapassade e René Lourau concluem que, na socioanálise, as seguintes operações precisam estar presentes:

- desvendar o que está oculto na solicitação de intervenção;
- avaliar os limites colocados, pelo coletivo analisado, à autogestão das sessões;
- buscar o "não dito institucional", ou seja, os rumores, os segredos e as filiações sociais do grupo;
- averiguar se há filiação dos membros a outras perspectivas que não sejam a da organização;
- elaborar ou elucidar o que aqueles que se desviam da lógica dominante no coletivo provocam nos outros membros do mesmo.

Em linhas gerais, quando se realiza a socioanálise, procura-se mobilizar as forças instituintes e considera-se que, a partir da autogestão, as pessoas podem oferecer os elementos para a análise e a elucidação de estruturas de funcionamento da organização, bem como buscar soluções para o impasse que representam (Altoé, 2004). Nesse contexto, o analista institucional é um terceiro, que procura favorecer o debate, revelar o "não dito institucional" e estimular a busca de uma nova institucionalização. Assim, seu objetivo não é uma terapia social, uma psicoterapia institucional, mas a subversão do instituído, de modo que seu projeto está mais do lado da verdade do que da eficiência.

No livro *Grupos, organizações e instituições*, publicado em 1974, Georges Lapassade conclui que as técnicas de intervenção pedagógica são úteis no processo de socioanálise. Essas técnicas envolvem as seguintes práticas:

- o pedido de intervenção e de propostas precisa ser do grupo;

- o grupo que sofrerá a intervenção deve ser informado da natureza do método que se quer empregar e dos motivos pelos quais se está empregando o mesmo, de modo que o analista encarregado precisa definir suas atitudes e os limites de sua intervenção;
- a solução dos problemas deve ser uma tomada coletiva de decisões da qual o analista é apenas um facilitador;
- as propostas do analista não podem ser apoiadas emocionalmente por ele, de modo a parecerem ordens ou ameaças;
- a intervenção do analista no conteúdo, ou seja, no próprio trabalho, deve ser discreta, de modo que o grupo precisa ser estimulado com materiais a serem analisados e não com discursos orais.

Georges Lapassade reconhece que na primeira etapa, os envolvidos podem ficar surpreendidos com a novidade da experiência, permanecendo inertes, à espera da intervenção do analista, sendo essa etapa a mais penosa, de modo que se deve esperar pacientemente que os envolvidos cheguem à formas válidas de organização. Na segunda etapa, emergem discussões sobre uma organização possível, capaz de satisfazer os desejos de todos, de modo que a intervenção do analista começa a ser solicitada nesse sentido, ao que ele deve responder de maneira curta e discreta. Na terceira etapa, o grupo se engaja no trabalho propriamente dito e então o analista pode começar a comunicar seu saber e experiência, pois os envolvidos não vão mais registrar mecanicamente "tomando notas": vão interagir criticamente com os conteúdos.

No livro *A análise institucional*, René Lourau ainda descreve os instrumentos de análise que servem de guia para o analista averiguar o nível de distanciamento, ou aproximação, do grupo em relação à autogestão:
- segmentariedade: pressuposto de que há, funcionando como a ideologia dessa comunidade de interesses convergentes, um consenso ou regra exterior ao grupo, que o transforma em um "grupo-objeto";

- transversalidade: condição necessária para que um "grupo- -objeto" se transforme em "grupo-sujeito", ou seja, consciência do grupo de sua polissegmentariedade e de sua capacidade de ação instituinte;
- distância institucional: componente objetivo e subjetivo da consciência que os sujeitos têm de sua não integração ao grupo, da insuficiência em seus modos de pertencer ao grupo e da falta de transversalidade na ação do grupo ao qual pertencem;
- distância prática: grau de afastamento dos sujeitos em relação à base racional das normas institucionais e das bases racionais das técnicas do grupo;
- implicação institucional: o conjunto de relações que existem, conscientemente ou não, entre os sujeitos e o sistema institucional;
- implicação prática: o conjunto de relações reais que os sujeitos mantêm com a base material das instituições;
- implicação sintagmática: conjunto de relações interpessoais nos sintagmas sociais, que são os grupos efêmeros ou permanentes, grandes ou pequenos;
- implicação paradigmática: consciência dos sujeitos sobre o que é possível ou não é possível saber, fazer ou pensar no grupo;
- implicação simbólica: grau de sociabilidade (vínculo social) entre os sujeitos do grupo;
- transferência institucional: se refere aos fenômenos de transferência entre o analista e o grupo.

Esses parâmetros de análise possibilitam avaliar o nível de autogestão do grupo, na medida em que traduzem a capacidade de ação instituinte do mesmo, ou seja, permitem definir se tratamos de um "grupo-sujeito" ou de um "grupo-objeto" por meio da análise de sua segmentariedade e transversalidade. Já a distância prática e a distância institucional apontam se há possibilidade de um "grupo-objeto" se tornar um "grupo-sujeito" e romper com o instituído. Essas análises permitem estabelecer as bases da intervenção, ou seja, da socioanálise, o que implica a instituição de uma "crise, se assim for a vontade do grupo, bem como de uma cuidadosa elucidação das relações transferenciais e contratransferenciais. Nesse ponto é que o paralelismo, com método psicanalítico, fica mais evidente. Mas como se caracteriza o método psicanalítico afinal? Sigmund Freud discute o método psicanalítico e suas implicações em diversos textos, mas há uma síntese valiosa em "Esboço de psicanálise", um de seus últimos escritos, publicado em 1938. Sem deixar de recorrer a esse material, utilizo também as quatro fases do tratamento psicanalítico, didaticamente identificadas por Juan-David Nasio, no texto "A técnica analítica", de 1999:

- *Primeira fase – retificação subjetiva* – Ocorre nas primeiras entrevistas com o paciente, quando o psicanalista intervém, produz e introduz uma retificação subjetiva no primeiro gesto desse paciente, que foi a decisão de recorrer à ajuda de um analista. É a fase de tentar identificar a demanda implícita da análise, uma vez que em geral a demanda de fato nunca é explicitada, de modo que a retificação subjetiva procura levar o paciente a colocar em questão qual é sua verdadeira demanda.
- *Segunda fase – sugestão* – É a fase inicial da análise, na qual o analista realiza dois atos psicanalíticos: (a) aceitar analisar o paciente, reafirmando seu interesse nele; e (b) enunciar a regra fundamental da análise, que consiste em deitar no divã e falar, sem restrições tudo que lhe vier à cabeça. Essa regra é chamada de associação livre e leva à rememoração de acontecimentos esquecidos, traumáticos ou não, retidos no inconsciente, sendo gerenciada pelo analista, que pode pedir elucidação de determinados pontos levantados pelo paciente. Esses dois atos ajudam na instalação de um "quadro transferencial" ou de "sugestão", também conhecida como "demanda de amor" do paciente em relação ao analista.
- *Terceira fase – transferência* – É a fase mais fecunda do tratamento, que consiste na transferência propriamente dita, quan-

do a demanda de amor do paciente em relação ao analista sofre uma decepção, o que torna mais clara para o analista a verdadeira demanda do paciente. Chama-se transferência justamente porque consiste na transferência dos afetos dirigidos às figuras parentais à figura do analista. É nessa fase que o paciente é confrontado com a falta e é também nela que se instala a resistência do analista, também conhecida como contratransferência em relação ao paciente, pois ele precisa lidar com os próprios sentimentos de maneira a não impedir a evolução do paciente, o que envolve preservar a independência do mesmo.

- *Quarta fase – interpretação –* É a fase na qual o analista gerencia a transferência e a contratransferência, pois o objetivo é que se faça silêncio para que o paciente lide sozinho com a falta, de modo que possa interpretá-la. É nessa fase que surge a resistência do paciente às interpretações que lhe ocorrem, que são facilitadas pelo analista, instaurando-se a "crise".

Vale notar que no curso da associação livre, a tarefa do analista é fazer com que o material banido pelo inconsciente seja reintegrado na linguagem pública; daí seu foco se voltar para o que não se encaixa no discurso do paciente, ou seja, o refugo, sendo de seu vívido interesse os sonhos, os chistes e os atos falhos. Mas o que podemos dizer a respeito da crise instalada? Em "Análise terminável e interminável", texto de 1937, Sigmund Freud elucida um pouco mais a questão, ao discutir a técnica psicanalítica:

[…] essa é a técnica que utilizamos ao tratar um conflito que já é presentemente ativo. Procurarmos levar esse conflito a um ponto culminante, desenvolvê-lo até seu tom mais alto, a fim de aumentar a força instintual disponível para a solução. A experiência analítica ensinou-nos que o melhor é sempre inimigo do bom e que em todas as fases de restabelecimento do paciente, temos que lutar contra sua inércia, que está pronta a se contentar com uma solução incompleta [Freud, 1996q [1937]:248].

Ainda falta responder a uma questão: qual é o propósito da análise e como ela chega ao fim? O propósito da análise é a resolução dessa e de outras crises, de modo que o paciente possa superar os sintomas e que um dia seja capaz de analisar a si mesmo, ou seja, que ele tome para si esse processo de conhecer seu inconsciente e se liberte do analista. Sigmund Freud admite que esse é um processo penoso, e que é polêmico dizer que algum dia ele terá fim, pois novas questões sempre surgem e pontos que não foram abordados por um analista podem ser despertados por outros. As fases listadas, bem como o propósito da técnica analítica, podem ser analogamente identificadas no processo de análise de um grupo e remetem à autorreflexão coletiva, defendida por Jürgen Habermas como a base da ação comunicativa.

Concluo que a socioanálise é um método de intervenção bastante apropriado para uma abordagem freudo-frankfurtiana das organizações, pois se orienta pelo interesse emancipatório, sem deixar de se preocupar com o tecnicamente aplicável e de guiar a atividade prática/comunicativa, uma vez que integra análise funcional, política e psicanalítica. A intervenção pedagógica e o método psicanalítico servem como "alavanca" material para conectar pensamento e ação. Logo, a socioanálise também se apresenta como uma opção para reconciliar teoria e prática nos estudos organizacionais, abrindo uma via para os "desejos nunca antes imaginados" referidos por Stewart Clegg e Cynthia Hardy (1998 [1996]:38) ao citarem o "gênio da lâmpada", fazendo uma referência aos dilemas que discuti no capítulo I do presente livro.

Estratégias de investigação: pesquisa teórico-analítica e pesquisa-ação

Os caminhos metodológicos discutidos apontam para duas vias no que se refere às estratégias de investigação para uma abordagem freudo-frankfurtiana dos estudos organizacionais:

- pesquisa *teórico-analítica*: realizar pesquisa empírica e utilizar como referência o freudismo e as teorias da escola de Frankfurt para analisar os fenômenos organizacionais observados;
- *pesquisa-ação*: realizar pesquisa intervenção, valendo-se da socioanálise.

As pesquisas apenas teóricas também são possíveis, pois sempre há importantes discussões epistêmicas e metodológicas a serem feitas. No entanto, pesquisas teóricas deveriam ser uma exceção, na medida em que reforçam a dicotomia entre teoria e prática que estamos tentando superar, especialmente porque os estudos organizacionais se encontram também no campo das ciências sociais aplicadas.

No que se refere à *pesquisa teórico-analítica* é importante destacar que há duas formas de realizá-la: (a) utilizar os conceitos teóricos freudianos e psicanalíticos para analisar fenômenos individuais e organizacionais; e (b) utilizar a epistemologia freudo-frankfurtiana e o método psicanalítico para realizar a análise desses mesmos fenômenos. A diferença pode parecer sutil, mas é relevante, pois no primeiro caso o que temos é o que alguns psicossociólogos, como Max Pagès e seus parceiros, fazem: valendo-se do conceito de neurose e do complexo de Édipo, os autores, analisando as falas, evidenciam a dependência do indivíduo em relação à organização na medida em que projeta nela seu ideal de ego, fazendo assim uma aproximação dos dados empíricos com o suporte teórico-analítico. No segundo caso, os dados são analisados seguindo a lógica do método psicanalítico, ou seja, as falas são analisadas como se ocorresse uma escuta psicanalítica, com o foco do analista nas irrupções do inconsciente, buscando-se nos dados empíricos não uma validação teórica, mas a verdade daquele sujeito ou grupo.

Para exemplificar como isso é possível, recorro ao procedimento que utilizei no livro *Estilhaços do real*, publicado em 2012, para analisar a fala dos coordenadores dos cursos de graduação e de outros indivíduos envolvidos no processo de ensino da administração:

> O fato é que não se trata aqui de seguir um método, ou relatar uma investigação, mas de interpretar a realidade de modo a contribuir para uma teoria crítica sobre a formação dos administradores, mas não se restringindo a esta interpretação, como faria Adorno, mas resgatando a ideia benjaminiana de que os estilhaços da história precisam ser recolhidos segundo uma associação livre, para que uma constelação se constitua e sua imagem seja reveladora das contradições sociais, mostrando de um lado a catástrofe e de outro, a possibilidade utópica. No caso do ensino em administração estamos lidando com uma realidade que, como todas as outras, é incompleta e fragmentada e foi por esse motivo, que decidi fazer uma análise inspirada na elaboração micrológica proposta por Benjamin, que é partilhada por Freud: minha atenção se voltou para os elementos singulares, os detalhes, os restos e as migalhas. Particular interesse foi dedicado às contradições e antinomias [Paula, 2012:103-104].

A elaboração micrológica de Walter Benjamin (Gagnebin, 2007) se baseia na ideia freudiana de "dedicação à escória do mundo das aparências", chamando a atenção para a importância das migalhas, dos restos, das sobras, dos detalhes e dos elementos singulares que, em geral, passam despercebidos, e que têm grande significado para uma interpretação analítica. Sigmund Freud dedica um trabalho inteiro a essa questão, quando escreve o livro *Sobre a psicopatologia da vida cotidiana*, publicado em 1901, no qual busca reorientar o olhar para o que não se destaca e pode transformar nossa forma de ver e nossa teoria sobre o real: um lapso, um ato falho, uma piada, um esquecimento, um sonho e outros elementos que representam irrupções do inconsciente e que podem se tornar a peça-chave para uma interpretação. Em *Estilhaços do real*, constato que por detrás do discurso oficial, que transforma o ensino da administração em mercadoria, há um desejo do indivíduo e do grupo, inconsciente ou não, por um ensino que de fato leve à formação dos sujeitos.

As duas formas apresentadas de proceder a uma *pesquisa teórico-analítica* são válidas, mas é relevante enfatizar que a abordagem freudo-frankfurtiana busca principalmente levar a lógica de pensamento do freudismo e da teoria crítica para a pesquisa e não apenas realizar trabalhos de discussão estética que validam teorias a partir dos dados empíricos, pois o foco é a *práxis*, ou seja, compreender como os sujeitos são agentes de desenvolvimento de sua própria autonomia e como nas suas falas há pistas de desejos de mudança recalcados ou reprimidos. Nesse sentido, a segunda estratégia de investigação, que é a *pesquisa-ação*, nos coloca ainda mais próximos da *práxis*, além de permitir a tentativa de contemplar o interesse técnico, o interesse prático/comunicativo e o interesse emancipatório.

A estratégia de *pesquisa-ação* se encontra alinhada com a socioanálise abordada na seção anterior, pois segue princípios muito semelhantes aos da intervenção pedagógica. As próprias definições de pesquisa-ação apontam para isso:

> [...] a pesquisa-ação é um tipo de pesquisa social com base empírica que é concebida e realizada em estreita associação com uma ação ou com a resolução de um problema coletivo e no qual os pesquisadores e os participantes representativos da situação ou do problema estão envolvidos de modo cooperativo ou participativo [Thiollent, 2011 [1985]:20].

> A pesquisa-ação torna-se a ciência da *práxis* exercida pelos técnicos no âmago de seu local de desenvolvimento. O objeto da pesquisa é a elaboração dialética da ação num processo pessoal e único de reconstrução racional pelo ator social. Esse processo é relativamente libertador quanto às imposições dos hábitos, dos costumes e da sistematização burocrática. A pesquisa-ação é libertadora, já que o grupo de técnicos se responsabiliza pela sua própria emancipação,

auto-organizando-se contra hábitos irracionais e burocráticos de coerção [Barbier, 2007 [1996]:59].

Em outras palavras, a pesquisa-ação é uma construção coletiva na qual os pesquisadores atuam como facilitadores da resolução de problemas que afetam o grupo. No livro *Metodologia da pesquisa-ação*, publicado em 1985, Michel Thiollent apresenta a pesquisa-ação como uma estratégia metodológica de pesquisa social que:

- exige uma ampla e explícita interação entre pesquisadores e pessoas implicadas na situação investigada, sendo que essa interação resulta na ordem de prioridade dos problemas a serem pesquisados e nas soluções a serem encaminhadas na forma de ação concreta;
- tem como objeto de investigação não as pessoas, mas a situação social e os problemas de diferentes naturezas encontrados nessa situação;
- tem como objetivo resolver ou, pelo menos, esclarecer os problemas da situação observada;
- envolve um processo de acompanhamento das decisões, das ações e de toda atividade intencional dos atores da situação;
- não se limita a uma forma de ação e ao ativismo, pois pretende aumentar o conhecimento dos pesquisadores e o conhecimento, ou nível de consciência, das pessoas e grupos considerados.

A pesquisa-ação tem, assim, dois objetivos: um objetivo prático e um objetivo de conhecimento. Por esse motivo, ela permite abrigar todos os interesses cognitivos: o técnico, o prático/comunicativo e o emancipatório. Michel Thiollent também revela que esse tipo de pesquisa é composto das seguintes etapas:

- diagnóstico ou fase exploratória: quando se avalia a disponibilidade dos pesquisadores e do grupo para realizar uma pesquisa com essas características, a fim de obter o consentimento e comprometimento de todos;

Uma abordagem freudo-frankfurtiana para os estudos organizacionais **271**

- seminário: é uma forma de organização do grupo utilizada para estabelecer as etapas, a divisão de tarefas e os parâmetros de monitoramento da pesquisa, sendo instaurado desde o início dos trabalhos e convocado em vários momentos da investigação;
- definição do tema da pesquisa: o tema é definido em um processo de discussão com os participantes;
- colocação dos problemas: os problemas a serem solucionados também são definidos em um processo de discussão com os participantes;
- definição do lugar da teoria: a vocação da pesquisa-ação é prática, mas a preocupação com teoria está colocada principalmente quando os problemas a serem tratados não são tão evidentes no início e trazem diversas problemáticas sociológicas;
- definição de hipóteses: o uso de procedimento hipotético não está excluído, mas se recorre a ele de forma suavizada – em geral se encontram várias hipóteses ou há polarização de hipóteses excludentes;
- definição de campo de observação e amostragem: o ideal é fazer a pesquisa com o universo do grupo, excluindo a amostragem e recorrendo a ela só quando não for viável fazer de outra forma;
- coleta de dados: efetuada pelos grupos de observação definidos, recorrendo a diversas técnicas – entrevistas, histórias de vida, aplicação de questionários, intervenções, entre outras;
- análise de dados: considerada uma etapa de aprendizagem por parte do grupo e também o momento no qual se procura equilibrar o saber dos especialistas e o saber dos interessados;
- plano de ação: procura estabelecer alguma forma de ação planejada a partir das análises realizadas;
- avaliação de resultados: os resultados obtidos das ações são analisados e avaliados pelos pesquisadores e pelo grupo.

Trata-se de uma estratégia de investigação científica aberta, que recorre à forma de experimentação, mas que ocorre em situação real, sem possibilidade de isolar variáveis, opondo-se ao positivismo. É também uma estratégia de pesquisa dialógica, remetendo à autorreflexão coletiva e à ação comunicativa de Jürgen Habermas, na medida em que apresenta características que são próprias dos processos argumentativos e deliberativos. Michel Thiollent afirma que os problemas a serem estudados e resolvidos são colocados diretamente pelos pesquisadores e participantes, as soluções apresentadas pelos pesquisadores são discutidas e modificadas pelos participantes, os meios de ação a serem implementados são deliberados pelo grupo e os resultados da pesquisa e das ações desencadeadas também são discutidos por todos. Por outro lado, essa estratégia de pesquisa permite a aplicação da socioanálise, bastando para isso seguir os parâmetros que foram anteriormente apresentados.

Michel Thiollent também discute a adequação da pesquisa-ação para as organizações, no livro *Pesquisa-ação nas organizações*, publicado em 1997, uma vez que a considera uma estratégia apropriada, na medida em que consiste na identificação e solução de problemas organizacionais por meio da implicação das pessoas que vivem e trabalham nelas. O autor cita que internacionalmente há uma longa tradição no uso de pesquisa-ação nas organizações,[133] especialmente no mundo anglo-saxão, mas que essa havia perdido espaço com o avanço de modismos gerenciais imediatistas, como a reengenharia e a imitação do modelo japonês. No entanto, está sendo resgatada e poderia ser mais explorada nos estudos organizacionais, pois traz perspectivas de mudança e *práxis*, principalmente se associada à abordagem freudo-frankfurtiana.

---

133. Não há ainda um levantamento sistemático sobre as pesquisas-ação realizadas na área de organizações no Brasil. Michel Thiollent que é um especialista no assunto não apresentou esses dados no seu livro e a autora deste livro não teve tempo hábil para realizar tal levantamento. É algo a constatar em futuras pesquisas.

Considerações finais

Neste livro, apresentei e defendi duas proposições para repensar os estudos organizacionais: o *círculo das matrizes epistêmicas* e a *abordagem freudo-frankfurtiana*. O *círculo das matrizes epistêmicas* é inédito porque oferece uma alternativa à lógica paradigmática de Thomas Kuhn: a lógica dos interesses cognitivos de Jürgen Habermas. Inspirados pela lógica paradigmática kuhniana, que se apoia na tese da incomensurabilidade dos paradigmas, Gibson Burrell e Gareth Morgan elaboraram o diagrama dos paradigmas sociológicos para guiar os estudos organizacionais. A reprodução da teoria do desenvolvimento do conhecimento kuhniana na área, no entanto, estimulou uma "guerra paradigmática", pois a tese da incomensurabilidade é erroneamente utilizada como referência para sustentar identidades epistêmicas e manter domínios separados de atuação e pesquisa.

O *círculo das matrizes epistêmicas* também oferece um esquema para orientação dos estudos organizacionais, mas, inspirado em Jürgen Habermas, defende a tese da incompletude cognitiva e sugere que o conhecimento sociológico se desenvolve de acordo com a teoria das reconstruções epistêmicas. Ele é constituído por três matrizes norteadas por diferentes interesses cognitivos, que constituem um todo, que é o conhecimento: a matriz empírico-analítica (interesse técnico), a matriz hermenêutica (interesse prático/comunicativo) e a matriz crítica (interesse emancipatório). Essas matrizes epistêmicas se desdobram em diversas abordagens sociológicas que enfrentam a incompletude cognitiva, mas procuram superá-la por meio de reconstruções epistêmicas embrionárias ou avançadas: no primeiro caso, geram novas teorias e metodologias de fronteira; no segundo, originam novas abordagens sociológicas.

Não é possível prever se o *círculo das matrizes epistêmicas* será capaz de conter a "guerra paradigmática" provocada pela inserção das elaborações kuhnianas no domínio dos estudos organizacionais. No entanto, a proposição que realizei, em relação a outras que foram apresentadas por estudiosos da área, oferece uma lógica de pensamento alternativa engendrada por uma nova teoria do desenvolvimento do conhecimento. Sua vantagem é abandonar o diagrama dos paradigmas sociológicos de Gibson Burrell e Gareth Morgan e suas posições antagônicas, que contrapõem objetividade e subjetividade; sociologia da regulação e sociologia da mudança. Essa nova lógica de pensamento supera a ideia de que o desenvolvimento do conhecimento ocorre por meio "revoluções científicas" para inserir a perspectiva de que o conhecimento sociológico evolui devido a reconstruções epistêmicas que procuram integrar interesses cognitivos. Os investigadores, assim, realizam movimentos teóricos, analíticos e metodológicos que nunca cessam, uma vez que buscam alcançar outros interesses, ainda que não seja possível alcançar a total completude cognitiva.

Buscando comprovar como essa nova teoria do desenvolvimento do conhecimento funciona, discuti seis abordagens sociológicas que atualmente perpassam os estudos organizacionais: a abordagem funcionalista, a abordagem interpretativista, a abordagem humanista, a abordagem estruturalista, a abordagem pós-estruturalista e a abordagem realista crítica. Com essa discussão, evidenciei de que forma o *círculo das matrizes epistêmicas*, a tese da incompletude cognitiva e a teoria das reconstruções epistêmicas se manifestam na prática da pesquisa organizacional. Constatei que as três primeiras abordagens (funcionalista, interpretativista e humanista) são puras, ou seja, são mais fiéis às matrizes epistêmicas que as originaram, tendendo a permanecer no registro de uma única matriz, mas também averiguei que, ainda assim, elas têm uma dinâmica, pois realizam reconstruções epistêmicas embrionárias, produzindo teorias e metodolo-

Considerações finais 275

gias de fronteira, que se encontram no limite da matriz epistêmica original. Além disso, revelei que as três últimas abordagens (estruturalista, pós-estruturalista e realista crítica) derivam de reconstruções epistêmicas avançadas, que procuram integrar interesses cognitivos, gerando as seguintes interconexões entre matrizes epistêmicas, das quais derivam novas abordagens sociológicas: abordagem estruturalista (matriz empírico-analítica e matriz hermenêutica), abordagem pós-estruturalista (matriz hermenêutica e matriz crítica) e abordagem realista crítica (as três matrizes).

A abordagem freudo-frankfurtiana se apresenta como mais uma comprovação da lógica dos interesses cognitivos e sua teoria de desenvolvimento do conhecimento, pois é uma reconstrução epistêmica avançada, realizada a partir da abordagem humanista, que agrega a epistemologia frankfurtiana, a epistemologia freudiana e a epistemologia habermasiana para estruturar uma nova forma de pensar a ciência, que é crítica. Esse esforço de reconstrução resultou em um suporte teórico-analítico, para orientar os estudos organizacionais, que procura contemplar as três matrizes epistêmicas. Reunindo o interesse técnico, o interesse prático/comunicativo e o interesse emancipatório, a abordagem freudo-frankfurtiana aponta para caminhos metodológicos que privilegiam a psicossociologia e a socioanálise, além de indicar estratégias de investigação, como a pesquisa teórico-analítica e a pesquisa-ação.

A originalidade da abordagem freudo-frankfurtiana no domínio dos estudos críticos se deve ao entrelaçamento entre as contribuições de Sigmund Freud e as elaborações da escola de Frankfurt. Essa reconstrução epistêmica apresenta uma nova forma de pensar as ciências sociais e os estudos organizacionais porque se fundamenta em uma base teórico-analítica sólida, constituída pela lógica dialética e por uma orientação para emancipação que se expressa na articulação dos interesses técnicos e práticos. Além disso, a abordagem freudo-frankfurtiana não se limita a oferecer um suporte para análises teóricas, pois se diferencia por indicar saídas para a pesquisa organizacional que privilegiam a prática. Isso porque sustenta que as investigações deveriam ter um objetivo de conhecimento, mas também um objetivo prático, de modo que o analista organizacional precisa pactuar com o grupo ou com a organização abordada quais são as metas coletivas da investigação, qual é o plano de ação a ser implementado e ainda realizar uma avaliação coletiva dos resultados.

Vale ainda notar que a abordagem freudo-frankfurtiana é apenas uma via para a integração dos interesses cognitivos, mas não é a única: outras reconstruções epistêmicas são possíveis e bem-vindas. Na realidade, essa deveria ser a nova tônica dos estudos organizacionais, pois o momento exige que os pesquisadores abandonem embates epistemológicos improdutivos e se dediquem mais a reconstruções epistêmicas, realizando "escavações" do que está na origem das abordagens sociológicas e buscando novos olhares, analisando suas fronteiras com outras epistemologias, elaborando e aperfeiçoando teorias e metodologias e também criando novas abordagens sociológicas. O caminho é ampliar o conhecimento conciliando interesses cognitivos e não se deixar restringir pelos limites colocados pelas preferências cognitivas, pois bem mais que certezas, estamos em busca de verdades, ainda que elas sejam provisórias, incompletas e parciais. Convido você, leitor ou leitora, a viver também essa experiência.

Referências

ACKROYD, Set al. (Ed.). *The Oxford handbook of work and organization.* Oxford: Oxford University Press, 2004. 680 p.

_____; FLEETWOOD, S. (Ed.). *Realist perspectives on management and organizations.* Londres: Routledge, 2000. 271 p.

ADLER, P. The future of critical management studies: a paleo-marxist critique of labour process theory. *Organization Studies*, Londres, v. 28, n. 9, p. 1313-1345, set. 2007.

_____. CMS: Resist the three complacencies! *Organization*, Londres, v. 15, n. 6, p. 925-926, nov. 2008.

ADORNO, T. Introdução à controvérsia sobre o positivismo na sociologia alemã. In: _____. *Textos escolhidos.* São Paulo: Nova Cultural, 1999 [1974]. p. 117-178. Coleção "Os Pensadores".

_____. *Dialética negativa.* Rio de Janeiro: Zahar, 2009 [1967]. 352 p.

_____. et al. (Ed.). *The authoritarian personality.* Nova York: W. W. Norton & Company, 1950/1993. [1950]. 506 p.

_____. HORKHEIMER, M. *Dialética do esclarecimento*: fragmentos filosóficos. Rio de Janeiro: Zahar, 1985 [1944]. 254 p.

AKTOUF, O. *A administração entre a tradição e a renovação.* São Paulo: Atlas, 1996 [1989]. 268 p.

_____; HOLFORD, D. Radical humanism and management: the implications of humanism for business administration and studies. *Organizações & Sociedade*, Salvador, v. 45, n. 15, p. 15-28, abr. 2008.

AL-AMONDI, I.; WILLMOTT, H. Where constructionism and critical realism converge: interrogating the domain of epistemological relativism. *Organization Studies*, Londres, v. 32, n. 1, p. 27-46, jan. 2011.

ALCADIPANI, R. *Michel Foucault, poder e a análise das organizações.* Rio de Janeiro: FGV, 2005. 167 p.

_____; HASSARD, J. Actor network theory, organization and critique: towards a politics of organizing. *Organization*, Londres, v. 17, n. 4, p. 419-435, jul. 2010.

_____; ROSA, A. R. O pesquisador como o outro: uma leitura pós-colonial do "Borat" brasileiro. *Revista de Administração de Empresas*, São Paulo, v. 50, n. 4, p. 371-382, out. 2010.

_____; TURETA, C. Teoria ator-rede e estudos críticos em administração: possibilidades de um diálogo. *Cadernos Ebape*, Rio de Janeiro, v. 7, n. 3, p. 405-418, set. 2009a.

_____; _____. Pós-estruturalismo e análise das organizações: a contribuição da teoria ator-rede. *Organizações & Sociedade*, Salvador, v. 16, n. 51, p. 161-184, out. 2009b.

ALTOÉ, S. Histórias de interseção entre psicoterapia institucional e análise institucional. In: _____ (Org.). *Saúde e loucura*: análise institucional. São Paulo: Hucitec, 2004. p. 39-64.

ALVESSON, M. A critical framework for organizational analysis. *Organization Studies*, Londres, v. 6, n. 2, p. 117-138, abr. 1985.

_____. The meaning and meaninglessness of postmodernism: some ironic remarks. *Organization Studies*, Londres, v. 16, n. 6, p. 1047-1075, nov. 1995.

_____. *Postmodernism and social research*. Buckingham: Open University Press, 2002. 200 p.

_____; DEETZ, S. Teoria crítica e abordagens pós-modernas para estudos organizacionais. In: CLEGG, S. et al. (Org.). *Handbook de estudos organizacionais*. São Paulo: Atlas, 1998 [1996]. p. 227-266. Volume 1: Modelos de análise e novas questões em estudos organizacionais.

_____; WILLMOTT, H. (Ed.). *Critical management studies*. Londres: Sage, 1992. 230 p.

AMADO, G.; GUITTET, A. *La dynamique des communications dans les groupes*. 5. ed. Paris: Armand Colin, 2009 [1975]. 206 p.

ANDERSON, P. Considerações sobre o marxismo ocidental. In: _____. *Considerações sobre o marxismo ocidental*: nas trilhas do materialismo histórico. São Paulo: Boitempo, 2004 [1979]. p. 15-140.

ARANA, H. G. *Positivismo*: reabrindo o debate. Campinas: Autores Associados, 2007. 144 p.

ASSIS, J. P. Kuhn e as ciências sociais. *Estudos Avançados*, São Paulo, v. 7, n. 19, p. 133-164, set.1993.

ASSOUN, P. L. *Introdução à epistemologia freudiana*. Rio de Janeiro: Imago, 1983. 248 p.

BARBIER, R. *A pesquisa-ação*. Brasília: Liber Livro, 2007 [1996]. 157 p.

BARLEY, S. R.; TOLBERT, P. S. Institutionalization and structuration: studying the links between action and institution. *Organization Studies*, Londres, v. 18, n. 1, p. 93-117, jan. 1997.

BARNEY, J. B.; HESTERLY, W. Economia das organizações: entendendo a relação entre as organizações e a análise econômica. In: CLEGG, S. et al. (Org.). *Handbook de estudos organizacionais*. São Paulo: Atlas, 2004 [1996]. p. 131-179. Volume 3: Ação e análise organizacionais.

BARRETO, R.; PAULA, A. P. P. Os dilemas da economia solidária: um estudo acerca da dificuldade de inserção dos indivíduos na lógica cooperativista. *Cadernos Ebape*, Rio de Janeiro, v. 7, n. 2, p. 199-213, jun. 2009.

BAUM, J. A. C. Ecologia organizacional. In: CLEGG, S. et al. (Org.). *Handbook de estudos organizacionais*. São Paulo: Atlas, 1998 [1996]. p. 137-195. Volume 1: Modelos de análise e novas questões em estudos organizacionais.

_____ (Ed.). *The Blackwell companion to organizations*. Oxford: Blackwell, 2002. 992 p.

BATISTA-DOS-SANTOS, A. C.; ALLOUFA, J. M. L.; NEPOMUCENO, L. H. Epistemologia e metodologia para as pesquisas críticas em administração: leituras aproximadas de Horkheimer e Adorno. *Revista de Administração de Empresas*, São Paulo, v. 50, n. 3, p. 312-324, jul. 2010.

Referências

BERGER, P.; LUCKMANN, T. *A construção social da realidade*: tratado de sociologia do conhecimento. 26. ed. Petrópolis: Vozes, 2006 [1966]. 247 p.

BERTERO, C. O.; CALDAS, M. P.; WOOD JR, T. Produção científica em administração de empresas: provocações, insinuações e contribuições para um debate local. *Revista de Administração Contemporânea*, Curitiba, v. 3, n. 1, p. 147-182, jan. 1999.

_____; KEINERT, T. M. M. A evolução da produção brasileira em análise organizacional a partir dos artigos publicados pela RAE no período de 1961-93. *Revista de Administração de Empresas*, São Paulo, v. 34, n. 3, p. 81-90, maio 1994.

BIRMAN, J. *Mal-estar na atualidade*: a psicanálise e as novas formas de subjetivação. 7. ed. Rio de Janeiro: Civilização Brasileira, 2009. 304 p.

BISPO, M. S.; GODOY, A. S. Etnometodologia: uma proposta teórico-metodológica para pesquisa em administração a partir das práticas cotidianas. In: ENCONTRO DE ESTUDOS ORGANIZACIONAIS, 7., 2012, Curitiba. *Anais...* Rio de Janeiro: Anpad, 2012. 1 CD-ROM.

BLEICHER, J. *Hermenêutica contemporânea*. Lisboa: Edições 70, 2002. 348 p.

BOAVA, D. L. T.; MACEDO, F. M. F. Contribuições da fenomenologia para os estudos organizacionais. In: ENCONTRO DE ESTUDOS ORGANIZACIONAIS, 6., 2010, Florianópolis. *Anais...* Rio de Janeiro: Anpad, 2010. 1 CD-ROM.

_____; _____; SETTE, R. S. Meditações funcionalistas. In: ENCONTRO DE ESTUDOS ORGANIZACIONAIS, 7., 2012, Curitiba. *Anais...* Rio de Janeiro: Anpad, 2012. 1 CD-ROM.

BOOTH, C. Beyond incommensurability in strategic management: a commentary and an application. *Organization*, Londres, v. 5, n. 2, p. 257-265, maio 1998.

BOUCHIKHI, H. Living with and building on complexity: a constructivist perspective on organizations. *Organization*, Londres, v. 5, n. 2, p. 217-232, maio 1998.

BRONNER, S. E. Introdução. In: _____. *Da teoria crítica e seus teóricos*. Campinas: Papirus, 1997a. p. 9-20.

_____. Kark Korsch: o marxismo ocidental e as origens da teoria crítica. In: _____. *Da teoria crítica e seus teóricos*. Campinas: Papirus, 1997b. p. 21-43.

_____. Pontos de partida: esboços para uma teoria crítica com fins públicos. In: _____. *Da teoria crítica e seus teóricos*. Campinas: Papirus, 1997c. p. 387-424.

BURRELL, G. Modernism, postmodernism and organizational analysis 2: the contribution of Michel Foucault. *Organization Studies*, Londres, v. 9, n. 2, p. 221-235, abr. 1988.

_____. Ciência normal, paradigmas, metáforas, discursos e genealogia da análise. In: CLEGG, S. et al. (Org.). *Handbook de estudos organizacionais*. São Paulo: Atlas, 1998 [1996]. p. 439-462. Volume 1: Modelos de análise e novas questões em estudos organizacionais.

_____; MORGAN, G. *Sociological paradigms and organisational analysis*: elements of the sociology of corporate life. Vermont: Ashgate, 1979. 432 p.

CABRAL, A. C. A. A sociologia funcionalista nos estudos organizacionais: foco em Durkheim. In: ENCONTRO NACIONAL DE PÓS-GRADUAÇÃO EM ADMINISTRAÇÃO, 27., 2003, Atibaia. *Anais...* Rio de Janeiro: Anpad, 2003. 1 CD-ROM.

CALBINO, D. Academia fragmentada: quais os indícios da incomensurabilidade? In: ENCONTRO NACIONAL DE PÓS-GRADUAÇÃO EM ADMINISTRAÇÃO, 35., 2011, Rio de Janeiro. *Anais...* Rio de Janeiro: Anpad, 2011. 1 CD-ROM.

_____; PAULA, A. P. P. "Quem educa os educadores?" Processos de formação nas incubadoras tecnológicas populares. *Gerais*: revista interinstitucional de psicologia, Belo Horizonte, v. 3, n. 1, p. 52-66, jan. 2010.

_____; _____. Herbert Marcuse, Paulo Freire e a economia solidária como alternativa emancipatória. *Revista de Ciências Humanas*, Florianópolis, v. 45, n. 2, p. 425-447, out. 2011.

CALDAS, M. P. Paradigmas em estudos organizacionais: uma introdução à série. *Revista de Administração de Empresas*, São Paulo, v. 45, n. 1, p. 53-57, jan. 2005.

_____; FACHIN, R. Paradigma funcionalista: desenvolvimento de teorias e institucionalismo nos anos 1980 e 1990. *Revista de Administração de Empresas*, São Paulo, v. 45, n. 2, p. 46-51, abr. 2005.

CARNAP, R. Die alte und die neue logik. *Erkenntnis*, Leipzig, v. 1, n. 1, p. 12-26, jan. 1930.

CARRIERI, A. P. et al. (Org.). *Identidade nas organizações*. Curitiba: Juruá, 2010. 192 p.

_____; SARAIVA, L. A. (Org.). *Simbolismo organizacional no Brasil*. São Paulo: Atlas, 2007. 307 p.

CARVALHO, C. A.; GOULART, S.; VIEIRA, M. M. F. A inflexão conservadora na trajetória histórica da teoria institucional. In: ENCONTRO NACIONAL DE PÓS-GRADUAÇÃO EM ADMINISTRAÇÃO, 28., 2004, Curitiba. *Anais...* Rio de Janeiro: Anpad, 2004. 1 CD-ROM.

CASTORIADIS, C. *A instituição imaginária da sociedade*. 5. ed. Rio de Janeiro: Paz e Terra, 2000 [1975]. 418 p.

CAVALCANTI, M. F. R.; ALCADIPANI, R. Ontologia, epistemologia e estudos organizacionais críticos: a contribuição de Deleuze para uma crítica Organizacional pós-estruturalista. In: ENCONTRO NACIONAL DE PÓS--GRADUAÇÃO EM ADMINISTRAÇÃO, 34, 2010a. Rio de Janeiro. *Anais...* Rio de Janeiro: Anpad, 2010a.1 CD-ROM.

_____; _____. Em defesa de uma crítica organizacional pós-estruturalista: recuperando o pragmatismo foucaultiano-deleuziano. In: ENCONTRO DE ESTUDOS ORGANIZACIONAIS, 6., 2010, Florianópolis. *Anais...* Rio de Janeiro: Anpad, 2010b. 1 CD-ROM.

CAVEDON, N. R. O método etnográfico em estudos sobre cultura organizacional: implicações positivas e negativas. In: ENCONTRO NACIONAL DE PÓS-GRADUAÇÃO EM ADMINISTRAÇÃO, 23., 1999, Foz do Iguaçu. *Anais...* Rio de Janeiro: Anpad, 1999. 1 CD-ROM.

Referências

_____. *Antropologia para administradores*. Porto Alegre: EdUFRGS, 2003. 182 p.

_____; LENGLER, J. F. B. (Org.). *Pós-modernidade e etnografia nas organizações*. Santa Cruz do Sul: EdUNISC, 2005. 195 p.

CHANLAT, J. F. Análise das organizações: panorama da produção em língua francesa contemporânea (1950-2000). In: _____; FACHIN, R.; FISCHER, T. (Org.). *Análise das organizações*: perspectivas latinas. Porto Alegre: EdUFRGS, 2006. p. 21-62. Volume 1: Olhar histórico e constatações atuais.

CHASIN, J. *Marx*: estatuto ontológico e resolução metodológica. São Paulo: Boitempo, 2009. 253 p.

CHIA, R. From modern to postmodern organizational analysis. *Organization Studies*, Londres, v. 16, n. 4, p. 579-604, jul. 1995.

CHILD, J. Strategic choice in the analysis of action, structure, organizations and environment: retrospect and prospect. *Organization Studies*, Londres, v. 18, n. 1, p. 43-76, jan. 1997.

CLARK, P. *Organizations in action*: competition between contexts. Londres: Routledge, 1999. 368 p.

_____. *Organizational innovations*. Londres: Sage, 2002. 226 p.

CLEGG, S. Review of Burrell and Morgan. *Organization Studies*, Londres, v. 3, n. 4, p. 380-381, out. 1982.

_____; DUNKERLEY, D. *Organization, class and control*. Londres: Routledge, 1980. 500 p.

_____; HARDY C. Introdução: organização e estudos organizacionais. In: CLEGG, S. et al. (Org.). *Handbook de estudos organizacionais*. São Paulo: Atlas, 1998 [1996]. p. 27-57. Volume 1: Modelos de análise e novas questões em estudos organizacionais.

_____; _____. Conclusão: representação. In: CLEGG, S. et al. (Org.). *Handbook de estudos organizacionais*. São Paulo: Atlas, 2001 [1996]. p. 295-343. Volume 2: Reflexões e novas direções.

_____ et al. (Org.). *Handbook de estudos organizacionais*: modelos de análise e novas questões em estudos organizacionais. São Paulo: Atlas, 1998 [1996]. 465 p. Volume 1: Modelos de análise e novas questões em estudos organizacionais.

_____ et al. (Org.). *Handbook de estudos organizacionais*: reflexões e novas direções. São Paulo: Atlas, 2001 [1996]. 352 p. Volume 2: Reflexões e novas direções.

_____ et al. (Org.). *Handbook de estudos organizacionais*. São Paulo: Atlas, 2004 [1996]. 420 p. Volume 3: Ação e análise organizacionais.

COCK, C.; RICHARDS, T. A rejoinder to and reply from Weaver and Gioia. *Organization Studies*, Londres, v. 16, n. 4, p. 699-704, jul. 1995.

CONTU, A.; DRIVER, M.; JONES, C. Editorial: Jacques Lacan with organization studies. *Organization*, Londres, v. 17, n. 3, p. 307-315, maio 2010.

_____; WILLMOTT, H. You spin me round: the realist turn in organization and management studies. *Journal of Management Studies*, Oxford, v. 42, n. 8, p. 1645-1662, dez. 2005.

COOKE, B. If critical management studies is your problem... *Organization*, Londres, v. 15, n. 6, p. 912-914, nov. 2008.

COOPER, R. Modernism, postmodernism and organizational analysis 3: the contribution of Jacques Derrida. *Organization Studies*, Londres, v. 10, n. 4, p. 479-502, out. 1989.

_____; BURRELL, G. Modernism, postmodernism and organizational analysis: an introduction. *Organization Studies*, Londres, v. 9, n. 1, p. 91-112, jan. 1988.

COURPASSON, D. et al. *Organization studies* on the look-out? Being read, being listened to. *Organization Studies*, Londres, v. 29, n. 11, p. 1383-1390, nov. 2003.

CRUBELLATE, J. M. Três contribuições conceituais neo-funcionalistas à teoria institucional em organizações. *Revista de Administração Contemporânea*, Curitiba, v. 11, n. 1, p. 199-222, 2007. Edição especial.

CUNLIFFE, A. Will you still need me... When I'm 64? The future of CMS. *Organization*, Londres, v. 15, n. 6, p. 936-938, nov. 2008.

CZARNIAWSKA, B. Who is afraid incommensurability? *Organization*, Londres, v. 5, n. 2, p. 273-275, maio 1998.

_____. Social constructionism and organization studies. In: WESTWOOD, R.; CLEGG, S. *Debating organization*: point-counterpoint in organization studies. Oxford: Blackwell, 2003. p. 128-139.

_____. Has organization theory a tomorrow? *Organization Studies*, Londres, v. 28, n. 1, p. 27-29, jan. 2007.

DAGNINO, R. A Tecnologia social e seus desafios. In: DAGNINO, R. (Org.). *Tecnologia social, uma estratégia para o desenvolvimento*. Rio de Janeiro: Fundação Banco do Brasil, 2004. p. 187-210.

_____. Em direção a uma teoria crítica da tecnologia. In: DAGNINO, R. (Org.). *Tecnologia social*: ferramenta para construir uma outra sociedade. Campinas: EdUnicamp, 2009. p. 73-112.

D'AGOSTINI, F. *Lógica do niilismo*: dialética, diferença e recursividade. São Leopoldo: EdUnisinos, 2002. 520 p.

DALMORO, M. et al. Dominância epistemológica em estudos do campo: são ainda os administradores positivistas? In: ENCONTRO NACIONAL DE PÓS-GRADUAÇÃO EM ADMINISTRAÇÃO, 31., 2007, Rio de Janeiro. *Anais...* Rio de Janeiro: Anpad, 2007. 1 CD-ROM.

DAVEL, E.; VERGARA, S. C. *Gestão de pessoas com subjetividade*. São Paulo: Atlas, 2001. 320 p.

DEETZ, S. Describing difference in approaches to organization science: rethinking Burrell and Morgan and their legacy. *Organization Science*, Hanover, v. 7, n. 2, p. 191-207, abr. 1996.

DEJOURS, C. *Da psicopatologia à psicodinâmica do trabalho*. Brasília: Paralelo 15, 2011 [1980]. 512 p.

DIMAGGIO, P. J.; POWELL, W. W. The iron cage revisited: institutional isomorphism and collective rationality in organizational fields. *American Sociological Review*, Washington, v. 48, n. 2, p. 147-160, abr. 1983.

DONALDSON, L. *In defence of organization theory*: a reply to the critics. Cambridge: Cambridge University Press, 1985. 196 p.
_____. *For positivist organization theory*. Londres: Sage, 1996. 190 p.
_____. A positivist alternative to structure-action approach. *Organization Studies*, Londres, v. 18, n. 1, p. 77-82, jan. 1997.
_____. Teoria da contingência estrutural. In: CLEGG, S. et al. (Org.). *Handbook de estudos organizacionais*. São Paulo: Atlas, 1998a [1996]. p. 105-133. Volume 1: Modelos de análise e novas questões em estudos organizacionais.
_____. The myth of paradigm incommensurability in management studies: comments by an integrationist. *Organization*, Londres, v. 5, n. 2, p. 273-275, maio 1998b.
_____. Position statement for positivism. In: WESTWOOD, R.; CLEGG, S. *Debating organization*: point-counterpoint in organization studies. Oxford: Blackwell, 2003. p. 116-127.
DOSSE, F. *O império do sentido*: a humanização das ciências humanas. Bauru: EdUSC, 2003 [1993]. 450 p.
_____. *História do estruturalismo*. Bauru: EdUSC, 2007a [1992]. 513 p. Volume 1: O campo do signo.
_____. *História do estruturalismo*. Bauru: EdUSC, 2007b [1992]. 575 p. Volume 1: O camto do cisne.
DUFOUR, D. R. *A arte de reduzir as cabeças*: Sobre a nova servidão na sociedade ultraliberal. Rio de Janeiro: Companhia de Freud, 2005. 214 p.
ECKBERG, D. L.; HILL, L. The paradigm concept and sociology: a critical review. *American Sociological Review*, Washington, v. 44, n. 6. p. 925-937, dez. 1979.
ENRIQUEZ, E. *A organização em análise*. Petrópolis: Vozes, 1997 [1992]. 300 p.
_____. *Da horda ao Estado*: psicanálise do vínculo social. Rio de Janeiro: Jorge Zahar, 1999 [1983]. 404 p.
FACHIN, R.; FISCHER, T.; CALDAS, M. Prefácio ao volume 2 da edição brasileira. In: CLEGG, S. et al. (Org.). In: *Handbook de estudos organizacionais*. São Paulo: Atlas, 2001 [1996]. p. 23-29. Volume 2: Reflexões e novas direções.
FARIA, A. Redes e cooperação vertical sob uma abordagem reflexiva de realismo crítico: repensando o relativismo e o debate entre organizações e estratégia. In: ENCONTRO NACIONAL DE PÓS-GRADUAÇÃO EM ADMINISTRAÇÃO, 25., 2001, Rio de Janeiro. *Anais...* Rio de Janeiro: Anpad, 2001. 1 CD-ROM.
_____. Theorizing networks from a critical realist standpoint. In: FLEETWOOD, S.; ACKROYD, S. (Ed.). *Critical realist applications in organization and management studies*. Londres: Routledge, 2004. p. 211-233.
_____. Réplica: ampliando questionamentos sobre crítica em administração. *Revista de Administração Contemporânea*, Curitiba, v. 9, n. 1, p. 233-238, jan. 2005.
FARIA, J. H. Poder e participação: a delinquência acadêmica na interpretação tragtenberguiana. *Revista de Administração de Empresas*, São Paulo, v. 41, n. 3, p. 70-76, jul. 2001.

_____. O poder na obra de Fernando Prestes Motta. *Eccos*, São Paulo, v. 5, n. 1, p. 162-169, jun. 2003.

_____. *Economia política do poder*: fundamentos. Curitiba: Juruá, 2004a. 202 p. v. 1.

_____. *Economia política do poder*: uma crítica da teoria geral da administração. Curitiba: Juruá, 2004b. 250 p. v. 2.

_____. *Economia política do poder*: as práticas do controle nas organizações. Curitiba: Juruá, 2004c. 192 p. v. 3.

_____; MARANHÃO, C. M. S. A.; MENEGHETTI, F. K. Reflexões epistêmicas para a pesquisa em administração a partir das contribuições de Theodor W. Adorno. In: ENCONTRO NACIONAL DE PÓS-GRADUAÇÃO EM ADMINISTRAÇÃO, 35., 2011, Rio de Janeiro. *Anais...* Rio de Janeiro: Anpad, 2011. 1 CD ROM.

_____; MENEGHETTI, F. K. A organização e a sociedade unidimensional: as contribuições de Marcuse. *Revista Ciência Empresarial*, Curitiba, v. 2, n. 1, p. 1-16, jan. 2002.

_____; _____. Dialética negativa: Adorno e o atentado contra a tradição epistemológica nos estudos organizacionais. In: ENCONTRO NACIONAL DE PÓS-GRADUAÇÃO EM ADMINISTRAÇÃO, 31., 2007, Rio de Janeiro. *Anais...* Rio de Janeiro: Anpad, 2007. 1 CD-ROM.

_____; _____. Gênese e estruturação da organização burocrática na obra de Maurício Tragtenberg. *Gestão e sociedade*, Belo Horizonte, v. 3, n. 6, p. 167-203, jul. 2009.

_____; _____. Dialética negativa e a tradição epistemológica nos estudos organizacionais. *Organização & Sociedade*, Salvador, v. 18, n. 56, p. 119-137, jan. 2011.

FEITOSA, I.; POPADIUK, S.; DROUVOT, H. Estruturação de pesquisa acadêmicas: a perspectiva multiparadigmática. In: ENCONTRO NACIONAL DE PÓS-GRADUAÇÃO EM ADMINISTRAÇÃO, 33., 2009, Rio de Janeiro. *Anais...* Rio de Janeiro: Anpad, 2009. 1 CD ROM.

FERREIRA, P. A.; ALENCAR, E. Administração, sociologia e análise multiparadigmática. In: ENCONTRO DE ESTUDOS ORGANIZACIONAIS, 6., 2010, Florianópolis. *Anais...* Rio de Janeiro: Anpad, 2010. 1 CD-ROM.

FLEETWOOD, S. Ontology in organization and management studies: a critical realist perspective. *Organization*, Londres, v. 12, n. 2, p. 197-222, mar. 2005.

_____; ACKROYD, S. (Ed.). *Critical realist applications in organization and management studies*. Londres: Routledge, 2004. 366 p.

FLORES, R. K. O discurso como estratégia de luta contra a mercantilização da água. *Sociedade, Contabilidade e Gestão*, Rio de Janeiro, v. 4, n. 1, p. 55-71, 2009.

FORESTER, J. Critical theory and organizational analysis. In: MORGAN, G. (Ed.). *Beyond method*: strategies for social research. Beverly Hills: Sage, 1983. p. 234-246.

FREUD, S. Projeto para uma psicologia científica. In: FREUD, S. *Edição standard brasileira das obras psicológicas completas de Sigmund Freud*. Rio de Janeiro: Imago, 1996a [1895]. p. 335-468. v. I.

Referências

285

_____. Sobre a psicopatologia da vida cotidiana. In: FREUD, S. *Edição standard brasileira das obras psicológicas completas de Sigmund Freud*. Rio de Janeiro: Imago, 1996b [1901]. 307 p. v. VI.

_____. Três ensaios sobre a teoria sexualidade. In: FREUD, S. *Edição standard brasileira das obras psicológicas completas de Sigmund Freud*. Rio de Janeiro: Imago, 1996c [1905]. p. 119-231. v. VII.

_____. Minhas teses sobre o papel da sexualidade na etiologia das neuroses. In: FREUD, S. *Edição standard brasileira das obras psicológicas completas de Sigmund Freud*. Rio de Janeiro: Imago, 1996d [1905-1906]. p. 255-265. v. VII.

_____. Totem e tabu. In: FREUD, S. *Edição standard brasileira das obras psicológicas completas de Sigmund Freud*. Rio de Janeiro: Imago, 1996e [1913]. p. 13-163. v. XIII.

_____. O instinto e suas vicissitudes. In: FREUD, S. *Edição standard brasileira das obras psicológicas completas de Sigmund Freud*. Rio de Janeiro: Imago, 1996f [1915]. p. 117-144. v. XIV.

_____. O inconsciente. In: FREUD, S. *Edição standard brasileira das obras psicológicas completas de Sigmund Freud*. Rio de Janeiro: Imago, 1996g [1915]. p. 165-222. v. XIV.

_____. Conferências introdutórias sobre psicanálise – Parte II: Sonhos. In: FREUD, S. *Edição standard brasileira das obras psicológicas completas de Sigmund Freud*. Rio de Janeiro: Imago, 1996h [1915]. p. 35-48. v. XV.

_____. Conferências introdutórias sobre psicanálise – Parte III: Parapraxias. In: FREUD, S. *Edição standard brasileira das obras psicológicas completas de Sigmund Freud*. Rio de Janeiro: Imago, 1996i [1915]. p. 49-66. v. XV.

_____. Além do princípio de prazer. In: FREUD, S. *Edição standard brasileira das obras psicológicas completas de Sigmund Freud*. Rio de Janeiro: Imago 1996j [1920]. p. 13-75. v. XVIII.

_____. Psicologia de grupo e análise do ego. In: FREUD, S. *Edição standard brasileira das obras psicológicas completas de Sigmund Freud*. Rio de Janeiro: Imago, 1996k [1921]. p. 79-154. v. XVIII.

_____. O ego e o id. In: FREUD, S. *Edição standard brasileira das obras psicológicas completas de Sigmund Freud*. Rio de Janeiro: Imago, 1996l [1923-1925]. p. 15-85. v. XIX.

_____. A dissolução do complexo de Édipo. In: FREUD, S. *Edição standard brasileira das obras psicológicas completas de Sigmund Freud*. Rio de Janeiro: Imago, 1996m [1924]. p. 191-199. v. XIX.

_____. O futuro de uma ilusão. In: FREUD, S. *Edição standard brasileira das obras psicológicas completas de Sigmund Freud*. Rio de Janeiro: Imago, 1996n [1927]. p. 13-63. v. XXI.

_____. O mal-estar na civilização. In: FREUD, S. *Edição standard brasileira das obras psicológicas completas de Sigmund Freud*. Rio de Janeiro: Imago, 1996o [1929-1930]. p. 13-63.v. XXI.

_____. Conferência XXXI: a dissecação da personalidade psíquica. In: FREUD, S. *Edição standard brasileira das obras psicológicas completas de Sigmund Freud*. Rio de Janeiro: Imago, 1996p [1932-1933]. p. 63-84. v. XXII.

_____. Análise terminável e interminável. In: FREUD, S. *Edição standard brasileira das obras psicológicas completas de Sigmund Freud*. Rio de Janeiro: Imago, 1996q [1937]. p. 225-270. v. XXIII.

_____. Esboço de psicanálise. In: FREUD, S. *Edição standard brasileira das obras psicológicas completas de Sigmund Freud*. Rio de Janeiro: Imago, 1996r [1938]. p. 153-221. v. XXIII.

GAGNEBIN, J. M. Divergências e convergências sobre o método dialético entre Adorno e Benjamin. In: PUCCI, B.; GOERGEN, P.; FRANCO, R. (Org.). *Dialética negativa, estética e educação*. Campinas: Alínea, 2007. p. 67-87.

GARCIA-ROZA, L. A. *Freud e o inconsciente*. 22. ed. Rio de Janeiro: Zahar, 2007. 236 p.

GAULEJAC, V.; HANIQUE, F.; ROCHE, P. (Dir.). *La sociologie clinique*: enjeux theoriques et methodologiques. Paris: Eres, 2007. 353 p.

GERGEN, M. Proliferation discourses: resources for relationships. *Organization*, Londres, v. 5, n. 2, p. 277-280, maio 1998.

GODOI, C. K. *Psicanálise das organizações*: contribuições da teoria psicanalítica aos estudos organizacionais. Itajaí: Univali, 2007. 131 p.

GIOIA, D. A.; PITRE, E. Multiparadigm perspectives on theory building. *Academy of Management Review*, Nova York, v. 15, n. 4, p. 584-602, out. 1990.

GODOY, A. S. Introdução à pesquisa qualitativa e suas possibilidades. *Revista de Administração de Empresas*, São Paulo, v. 35, n. 2, p. 57-63, abr. 1995.

GRIMES, A. J.; ROOD, D. L. Beyond objectivism and relativism: descriptive epistemologies. In: JONES III, J. P.; NATTER, W.; SCHATZKI, T. R. (Ed.). *Objectivity and its other*. Nova York: Guilford, 1995. p. 161-178.

GUEDES, A. L.; VIEIRA, M. M. F. Editorial. *Cadernos Ebape*, Rio de Janeiro, v. 7, n. 3, set. 2009.

GUIMARÃES, L. V. M.; MAESTRO FILHO, A. D. Epistemologia freudiana e estudos organizacionais: novas possibilidades para a pesquisa. In: ENCONTRO DE ESTUDOS ORGANIZACIONAIS, 7., 2012, Curitiba. *Anais...* Rio de Janeiro: Anpad, 2012. 1 CD-ROM.

GUIMARÃES, T. A. Editorial. *Revista de Administração Contemporânea*, Curitiba, v. 9, n. 1, jan. 2005.

HABERMAS, J. *Conhecimento e interesse*: com um novo posfácio. Rio de Janeiro: Zahar, 1982 [1968]. 367 p.

_____. A filosofia como guardador de lugar e como intérprete. In: _____. *Consciência moral e agir comunicativo*. Rio de Janeiro: Tempo Brasileiro, 1989a [1983]. p. 17-35.

_____. Ciências sociais reconstrutivas *versus* ciências sociais compreensivas. In: _____. *Consciência moral e agir comunicativo*. Rio de Janeiro: Tempo Brasileiro, 1989b [1983]. p. 37-60.

_____. *O discurso filosófico da modernidade*. Lisboa: Dom Quixote, 1990 [1985]. 350 p.

_____. *Pensamento pós-metafísico*. Tempo Brasileiro: Rio de Janeiro, 2002 [1988]. 271 p.

_____. *A lógica das ciências sociais*. Petrópolis: Vozes, 2009 [1967]. 336 p.

Referências

_____. *Teoría de la acción comunicativa*. Madri: Trotta, 2010 [1981]. 992 p. t. I e II, v. único

_____. Depois de trinta anos: notas acerca de conhecimento e interesse. *Problemata*: revista internacional de filosofia, João Pessoa, v. 2, n. 2, p. 332-341, 2011 [2008].

HASSARD, J. Multiple paradigms and organizational analysis: a case study. *Organization Studies*, Londres, v. 12, n. 2, p. 275-299, abr. 1991.

_____. *Sociology and organization theory*: positivism, paradigms e postmodernity. Cambridge: Cambridge University Press, 1993. 168 p.

_____. Postmodern organizational analysis: toward a conceptual framework. *Journal of Management Studies*, Oxford, v. 31, n. 3, p. 303-324, maio 1994.

_____; HOGAN, J.; ROWLINSON, M. From labor process theory to critical management studies. *Administrative Theory & Praxis*, Phoenix, v. 23, n. 3, p. 339-362, jul. 2001.

_____; KELEMEN, M. Production and consumption in organizational knowledge: the case of the "paradigms" debate. *Organization*, Londres, v. 9, n. 2, p. 331-355, maio 2002.

_____; PARKER, M. *Postmodernism and organizations*. Londres: Sage, 1993. 224 p.

HICKSON, D. et al. Offence and defence: a symposium with Hinings, Clegg, Child, Aldrich, Karpik and Donaldson. *Organization Studies*, Londres. v. 14, n. 1, p. 1-32, jan. 1988.

HILL, M. R. Epistemology, axiology, and ideology in sociology. *Mid-American Review of Sociology*, Kansas, v. 9, n. 2, p. 59-77, primavera 1984.

HOFSTEDE, G.; KASSEN, S. (Ed.). *European contributions of organization theory*. Amsterdan: Van Gorcum, 1976. 320 p.

HORKHEIMER, M. Teoria tradicional e teoria crítica. In: BENJAMIN, W.; HORKHEIMER, M.; ADORNO, T. W. *Textos escolhidos*. São Paulo: Abril Cultural, 1980a [1937]. p. 117-154. Coleção "Os Pensadores".

_____. Filosofia e teoria crítica. In: BENJAMIN, W.; HORKHEIMER, M.; ADORNO, T. W. *Textos escolhidos*. São Paulo: Abril Cultural, 1980b [1937]. p. 155-161. Coleção "Os Pensadores".

HUDSON, R. *Producing places*. Nova York: Guilford, 2001. 386 p.

IBARRA-COLORADO, E. Is there any future for critical management studies in Latin America? Moving from epistemic coloniality to "trans-discipline". *Organization*, Londres, v. 15, n. 6, p. 932-935, nov. 2008.

JACKSON, N.; CARTER, P. In defence of paradigm incommensurability. *Organization Studies*, Londres, v. 12, n. 1, p. 109-127, jan. 1991.

_____. "Paradigms wars": a response to Hugh Willmott. *Organization Studies*, Londres, v. 14, n. 5, p. 727-730, set. 1993.

JAIME JR., P. Etnografia, antropologia e o universo organizacional. *Revista de Administração Pública*, Rio de Janeiro, v. 30, n. 6, p. 105-121, nov. 1996.

JAMESON, F. *Pós-modernismo*: a lógica cultural do capitalismo tardio. 2. ed. São Paulo: Ática, 1997. 432 p.

JAPIASSU, H. O problema da verdade. In: _____. *Questões epistêmicas*. Rio de Janeiro: Imago, 1981a. p. 27-43.

_____. O problema da objetividade. In: _____. *Questões epistêmicas*. Rio de Janeiro: Imago, 1981b. p. 67-91.

_____. O estatuto epistemológico das ciências humanas. In: _____. *Questões epistêmicas*. Rio de Janeiro: Imago, 1981c. p. 93-125.

_____. *Psicanálise*: ciência ou contraciência? Rio de Janeiro: Imago, 1998. 260 p.

JUNQUILHO, G. S. Condutas gerenciais e suas "raízes": uma proposta de análise à luz da teoria da estruturação. *Revista de Administração Contemporânea*, Curitiba, v. 7, n. esp., p. 101-120, 2003.

KAGHAN, W.; PHILIPS, N. Building the Tower of Babel: communities of practice and paradigmatic pluralism in organization studies. *Organization*, Londres, v. 5, n. 2, p. 191-215, maio 1998.

KEAT, R.; URRY, J. *Social theory as science*. Londres: Routledge, 1975. 284 p.

KLECHEN, C. F.; BARRETO, R.; PAULA, A. P. P. Pilares para a compreensão da autogestão: o caso de um programa de habitação da prefeitura de Belo Horizonte. *Revista de Administração Pública*, Rio de Janeiro, v. 45, n. 3, p. 669-694, maio 2011.

KNIGHTS, D. Hanging out the dirty washing: labour process theory in the age of deconstruction. In: INTERNATIONAL LABOUR PROCESS CONFERENCE, 13., 1995, Blackpool. *Proceedings...* Blackpool: LPC, 1995. 1 CD-ROM.

_____. Organization theory in the age of deconstruction: dualism, gender and postmodernism revisited. *Organization Studies*, Londres, v. 18, n. 1, p. 1-19, jan. 1997.

KUHN, T. *A estrutura das revoluções científicas*. 5. ed. São Paulo: Perspectiva, 1997 [1962]. 264 p.

LAMMERS, C. J. Sociology of organizations around the globe: similarities and differences between American, British, French, German and Dutch brands. *Organization Studies*, Londres, v. 11, n. 2, p. 179-205, jan. 1990.

LAPASSADE, G. *Grupos, organizações e instituições*. Rio de Janeiro: Francisco Alves, 1977 [1974]. 316 p.

_____; LOURAU, R. *Chaves da sociologia*. Rio de Janeiro: Civilização Brasileira, 1972 [1971]. 203 p.

LAPIERRE, L. (Org.). *Imaginário e liderança*. São Paulo: Atlas, 1995 [1992]. 302 p.

_____. Management as creating. *International Journal of Arts Management*, Montreal, v. 7, n. 3, p. 4-10, primavera 2005.

LÉVI-STRAUSS, C. *Antropologia estrutural*. São Paulo: Cosac Naify, 1998 [1958]. 448 p.

LEWIS, M. W.; GRIMES, A. J. Metatriangulation: building theory from multiple paradigms. *Academy of Management Review*, Nova York, v. 24, n. 4, p. 672-690, out. 1999.

LEXIKON, H. *Dicionário de símbolos*. São Paulo: Cultrix, 1994 [1978]. 216 p.

LOUNSBURY, M.; VENTRESCA, M. The new structuralism in organizational theory. *Organization*, Londres, v. 10, n. 3, p. 457-480, ago. 2003.

Referências

LOURAU, R. *A análise institucional*. Petrópolis: Vozes, 1975 [1970]. 294 p.

LÖWY, M. *As aventuras de Karl Marx contra o barão de Münchhausen*: marxismo e positivismo na sociologia do conhecimento. 6. ed. São Paulo: Cortez, 1998. 220 p.

MACEDO, F. M. F.; BOAVA, D. L. T. Fenomenologia social: possibilidades para a pesquisa organizacional. In: ENCONTRO DE ESTUDOS ORGANIZACIONAIS, 7., 2012, Curitiba. *Anais...* Rio de Janeiro: Anpad, 2012. 1 CD-ROM.

MACH, E. *Erkenntnis und irrtum*. Charleston: Bibliolife, 2009 [1905]. 490 p.

MACHADO-DA-SILVA, C. L.; CUNHA, V. C.; AMBONI, N. Organizações: o estado da arte da produção acadêmica no Brasil. In: ENCONTRO NACIONAL DE PÓS-GRADUAÇÃO EM ADMINISTRAÇÃO, 14., 1990, Florianópolis. *Anais...* Rio de Janeiro: Anpad, 1990. v. 6, p. 11-28.

_____; FONSECA, V. S.; CRUBELLATTE, J. M. Estrutura, agência e interpretação: elementos para uma abordagem recursiva do processo de institucionalização. *Revista de Administração Contemporânea*, Curitiba, v. 9, n. 1, p. 9-39, 2005. Edição especial.

MARANHÃO, C. M. S. A.; VILELA, J. R. P. X. Teoria crítica e pesquisa empírica: um estudo sobre Theodor Adorno. In: ENCONTRO NACIONAL DE PÓS-GRADUAÇÃO EM ADMINISTRAÇÃO, 34., 2010, Rio de Janeiro. *Anais...* Rio de Janeiro: Anpad, 2010. 1 CD-ROM.

MARCH, J. G. (Ed.). *Handbook of organizations*. Chicago: Rand McNally, 1965. 1247 p.

_____. The study of organizations in organizing since 1945. *Organization Studies*, Londres, v. 28, n. 1, p. 9-19, jan. 2007.

MARCUSE, H. *Eros e civilização*: uma interpretação filosófica do pensamento de Freud. 8. ed. Rio de Janeiro: LTC, 1999 [1955]. 232 p.

_____. *A ideologia da sociedade industrial*: o homem unidimensional. 4. ed. Rio de Janeiro: Zahar, 1973 [1964]. 238 p.

MASTERMAN, H. The nature of a paradigm. In: LAKATOS, I.; MUSGRAVE, A. *Criticism and the growth of knowledge*. Cambridge: Cambridge University Press, 1970. p. 59-89.

MCKINLEY, W.; MONE, M. A. The re-construction of organization studies: wrestling with incommensurability. *Organization*, Londres, v. 5, n. 2, p. 169-189, maio 1998.

MENDONÇA, J. R. C. Interacionismo simbólico: uma sugestão metodológica para a pesquisa em administração. In: ENCONTRO NACIONAL DE PÓS-GRADUAÇÃO EM ADMINISTRAÇÃO, 25., 2001, Campinas. *Anais...* Rio de Janeiro: Anpad, 2001. 1 CD-ROM.

MERTON, R. K. *Social theory and social structure*. Chicago: Free Press, 1968 [1949]. 702 p.

MEYER, J. W.; ROWAN, B. Institutionalized organizations: formal structure as myth and ceremony. *American Journal of Sociology*, Chicago, v. 83, n. 2, p. 340-363, set. 1977.

MISOCZKY, M. C. A. Implicações do uso das formulações sobre campo de poder e ação de Bourdieu nos estudos organizacionais. *Revista de Administração Contemporânea*, Curitiba, v. 7, n. esp., p. 9-30, 2003.

_____; ANDRADE, J. A. Uma crítica à crítica domesticada nos estudos organizacionais. *Revista de Administração Contemporânea*, Curitiba, v. 9, n. 1, p. 193-212, jan. 2005a.

_____; _____. Quem tem medo do fazer acadêmico enquanto práxis? *Revista de Administração Contemporânea*, Curitiba, v. 9, n. 1, p. 239-246, jan. 2005b.

_____; FLORES, R. K.; MORAES, J. (Org.). *Organização e práxis libertadora*. Porto Alegre: Dacasa, 2010. 232 p.

_____; MORAES, J.; FLORES, R. K. Bloch, Gramsci e Paulo Freire: referências fundamentais para os atos da denúncia e do anúncio. *Cadernos Ebape*, Rio de Janeiro, v. 7, n. 3, p. 448-471, set. 2009.

MONTEIRO, L. A.; FONTOURA, Y. S. R. A perspectiva multiparadigmática e o debate objetividade-subjetividade em estudos organizacionais: possibilidades, alcances e limites. In: ENCONTRO DE ESTUDOS ORGANIZACIONAIS, 7., 2012, Curitiba. *Anais...* Rio de Janeiro: Anpad, 2012. 1 CD-ROM.

MOREIRA, D. A. *O método fenomenológico na pesquisa*. São Paulo: Pioneira Thomson, 2004. 152 p.

MORGAN, G. Paradigms, metaphors, and puzzle solving in organization theory. *Administrative Science Quarterly*, Ithaca, v. 5, n. 4, p. 605-622, dez. 1980.

_____. *Imagens da organização*. São Paulo: Atlas, 1996 [1986]. 421 p.

_____; SMIRCICH, L. The case for qualitative research. *Academy of Management Review*, Nova York, v. 5, n. 4, p. 491-500, out. 1980.

MOSER, P. K.; MULDER, D. H. M.; TROUT, J. D. *A teoria do conhecimento*: uma introdução temática. 2. ed. São Paulo: Martins Fontes, 2009. 233 p.

MOTTA, F. C. P.; ALCADIPANI, R. O pensamento de Michel Foucault na teoria das organizações. *Revista de Administração*, São Paulo, v. 39, n. 2, p. 117-128, abr. 2004.

_____; FREITAS, M. E. *Vida psíquica e organização*. Rio de Janeiro: FGV, 2000. 152 p.

MUTCH, A. Critical realism, managers and information. *British Journal of Management*, Londres, v. 10, n. 4, p. 323-334, dez. 1999.

NASIO, J. D. A técnica analítica. In: _____. *Como trabalha um psicanalista?* Rio de Janeiro: Jorge Zahar, 1999. p. 7-29.

NEDER, R. T. (Org.). *A teoria crítica de Andrew Feenberg*: racionalização democrática, tecnologia e poder. Brasília: Kako, 2010. 341 p.

NEWTON, T. Knowledge and practice: organization studies within a historical and figurational context. *Organization Studies*, Londres, v. 31, n. 9-10, p. 1369-1395, set. 2010.

O'DOHERTY, D.; WILLMOTT, H. The question of subjectivity and the labour process. *International Studies of Management and Organization*, Armonk, v. 30, n. 4, p. 112-131, out. 2000.

OLIVEIRA, S. A. et al. Etnometodologia: desvelando a alquimia da vivência cotidiana. In: ENCONTRO DE ESTUDOS ORGANIZACIONAIS, 6., 2010, Florianópolis. *Anais...* Rio de Janeiro: Anpad, 2010. 1 CD-ROM.

OTTOBONI, C. Perspectivas de triangulação entre diferentes paradigmas na pesquisa em administração. In: ENCONTRO NACIONAL DE PÓS-

Referências

-GRADUAÇÃO EM ADMINISTRAÇÃO, 33., 2009, São Paulo. *Anais...* Rio de Janeiro: Anpad, 2009. 1 CD-ROM.

PAÇO-CUNHA, E. Mistificação objetiva da relação social de produção. In: ENCONTRO NACIONAL DE PÓS-GRADUAÇÃO EM ADMINISTRAÇÃO, 33., 2009, São Paulo. *Anais...* Rio de Janeiro: Anpad, 2009a. 1 CD-ROM.

_____. Notas preliminares sobre as propriedades estéticas da mercadoria--trabalho. In: ENCONTRO DE GESTÃO DE PESSOAS E RELAÇÕES DE TRABALHO, 2., 2009. *Anais...* Rio de Janeiro: Anpad, 2009b. 1 CD-ROM.

_____. Marx e a organização como abstração arbitrária. In: ENCONTRO DE ESTUDOS ORGANIZACIONAIS, 6., 2010, Florianópolis. *Anais...* Rio de Janeiro: Anpad, 2010. 1 CD-ROM.

PAGÈS, M. *A vida afetiva dos grupos*: esboço de uma teoria de relação humana. Petrópolis: Vozes; São Paulo: EdUSP, 1975 [1976]. 488 p.

_____ et al. *O poder das organizações*. São Paulo: Atlas, 1986 [1979]. 234 p.

PARKER, M. Postmodern organizations or postmodern organization theory? *Organization Studies*, Londres, v. 13, n. 1, p. 1-17, jan. 1992a.

_____. Getting down from the fence: a reply to Haridimos Tsoukas. *Organization Studies*, Londres, v. 13, n. 4, p. 651-653, out. 1992b.

_____. Critique in name of what? Postmodernism and critical approaches to organization. *Organization Studies*, Londres, v. 16, n. 4, p. 553-564, jul. 1995.

_____. The sociology of organizations and the organization of sociology: some reflections on the making of a division of labour. *The Sociological Review*, Keele, v. 48, n. 1, p. 124-146, fev. 2000a.

_____. The less important sideshow: the limits of epistemology in organizational analysis. *Organization*, Londres, v. 7, n. 3, p. 519-523, ago. 2000b.

_____. *Against management*: organization in the age of managerialism. Cambridge: Polity, 2002. 250p.

_____; MCHUGH, G. Five texts in search of an author: a response to John Hassard's "multiple paradigms and organizational analysis". *Organization Studies*, Londres, v. 12, n. 3, p. 451-456, jul. 1991.

PAUL, P. Vers la transdisciplinarité. In: _____; PINEAU, G. *Transdisciplinarité et formation*. Paris: L'Harmattan, 2005. p. 69-83.

PAULA, A. P. P. Tragtenberg e a resistência da crítica: ensino e pesquisa na administração hoje. *Revista de Administração de Empresas*, São Paulo, v. 41, n. 3, p. 77-81, jul. 2001.

_____. Tragtenberg revisitado: as inexoráveis harmonias administrativas e a burocracia flexível. *Revista Brasileira de Administração Pública*, Rio de Janeiro, v. 36, n. 1, p. 127-144, jan. 2002.

_____. Eros e narcisismo nas organizações. *RAE Eletrônica*, São Paulo, v. 2, n. 2, p. 1-12, jul. 2003.

_____. *Por uma nova gestão pública*: limites e potencialidades da experiência contemporânea. Rio de Janeiro: FGV, 2005a. 201 p.

_____. Fernando Prestes Motta: em busca de uma abordagem psicanalítica das organizações. *Organizações & Sociedade*, Salvador, v. 12, n. 34, p. 13-15, jul. 2005b.

_____. Guerreiro Ramos: resgatando o pensamento de um sociólogo crítico das organizações. *Organizações & Sociedade*, Salvador, v. 14, n. 40, p. 169-188, jan. 2007.

_____. *Teoria crítica nas organizações*. São Paulo: Thomson Learning, 2008a. 135 p.

_____. Maurício Tragtenberg: contribuições de um marxista anarquizante para os estudos organizacionais críticos. *Revista Brasileira de Administração Pública*, Rio de Janeiro, v. 42, n. 5, p. 949-968, set. 2008b.

_____. Ser ou não ser, eis a questão: a crítica aprisionada na caverna de Platão. *Cadernos Ebape*, Rio de Janeiro, v. 7, n. 3, p. 493-503, set. 2009a.

_____. O que o handbook não diz: novas considerações sobre teoria crítica e abordagens pós-modernas para estudos organizacionais. In: ENCONTRO NACIONAL DE PÓS-GRADUAÇÃO EM ADMINISTRAÇÃO, 33., 2009, São Paulo. *Anais...* Rio de Janeiro: Anpad, 2009b. 1 CD-ROM.

_____. *Estilhaços do real*: o ensino da administração em uma perspectiva benjaminiana. Curitiba: Juruá, 2012. 138 p.

_____; ALCADIPANI, R. Apresentação: Fórum Estudos Críticos em Administração. *Revista de Administração de Empresas Eletrônica*, São Paulo, v. 3, n. 2, p. 1-5, jul. 2004.

_____; MARANHÃO, C. S.; BARROS, A. N. Pluralismo, pós-estruturalismo e "gerencialismo engajado": os limites do movimento Critical Management Studies. *Cadernos Ebape*, Rio de Janeiro, v. 7, n. 3, p. 393-404, set. 2009.

_____; WOOD JR., T. Pop-management. *Revista Ciência Empresarial*, Curitiba, v. 2, n. 1, p. 17-34, jan./jun. 2002.

PAVÃO, Y. M. P.; SEHNEM, S.; GODOI, C. K. A postura hermenêutica nos estudos organizacionais brasileiros. In: ENCONTRO DE ESTUDOS ORGANIZACIONAIS, 6., 2010, Florianópolis. *Anais...* Rio de Janeiro: Anpad, 2010. 1 CD-ROM.

PECI, A. Estrutura e ação nas organizações: algumas perspectivas sociológicas. *Revista de Administração de Empresas*, São Paulo, v. 43, n. 1, p. 24-35, jan. 2003.

PERROW, C. Conservative radicalism. *Organization*, Londres, v. 15, n. 6, p. 915-921, nov. 2008.

PETERS, M. *Pós-estruturalismo e filosofia da diferença*: uma introdução. Belo Horizonte: Autêntica, 2000. 96 p.

PFEFFER, J. Barriers to the advance of organizational science: paradigm development as a dependent variable. *Academy of Management Review*, Nova York, v. 18, n. 4, p. 599-620, out. 1993.

PIMENTEL, T. D. Refazendo as fundações do método de pesquisa e intervenção dos estudos clínicos de Crozier e Friedberg a partir da filosofia para a ciência do realismo crítico. In: ENCONTRO DE ESTUDOS ORGANIZACIONAIS, 7., 2012, Curitiba. *Anais...* Rio de Janeiro: Anpad, 2012. 1 CD-ROM.

_____; BRITO, M. J. Realismo crítico nos estudos organizacionais: notas introdutórias sobre seus fundamentos filosóficos. In: ENCONTRO NACIO-

Referências

NAL DE PÓS-GRADUAÇÃO EM ADMINISTRAÇÃO, 35., 2011, Rio de Janeiro. *Anais...* Rio de Janeiro: Anpad, 2011. 1 CD-ROM.

PÓVOA, A. C. S. et al. Paradigma positivista: as diferentes faces de um ilustre desconhecido. In: ENCONTRO DE ESTUDOS ORGANIZACIONAIS, 7., 2012, Curitiba. *Anais...* Rio de Janeiro: Anpad, 2012. 1 CD-ROM.

PRADO, E. F. S. *Economia, complexidade e dialética.* São Paulo: Plêiade, 2009. 165 p.

PRASAD, P. *Crafting qualitative research:* working in the postpositivist traditions. Armonk: Sharpe, 2005. 340 p.

RAMOS, A. G. *A nova ciência das organizações:* uma reconceituação da riqueza das nações. 2. ed. Rio de Janeiro: FGV, 1989 [1981]. 209 p.

RAO, M. V. H.; PASMORE, W. A. Knowledge and interests in organization studies: a conflict of interpretations. *Organization Studies,* Londres, v. 10, n. 2, p. 225-239, abr. 1989.

REED, M. *Redirections in organizational analysis.* Londres: Tavistock, 1985. 180 p.

_____. The problem of human agency in organizational analysis. *Organization Studies,* Londres, v. 9, n. 1, p. 33-46, jan. 1988.

_____. In praise of duality and dualism: rethinking agency and structure in organizational analysis. *Organization Studies,* Londres, v. 18, n. 1, p. 21-42, jan. 1997.

_____. Organization, trust and control: a realist analysis. *Organization Studies,* Londres, v. 22, n. 2, p. 201-228, mar. 2001.

_____. The agency/structure dilemma in organization theory: open doors and bricks walls. In: TSOUKAS, H.; KNUDSEN, C. (Ed.). *The Oxford handbook of organization theory:* the meta-theoretical perspectives. Nova York: Oxford University Press, 2003. p. 289-309.

_____. Reflections on the "realist turn" in organization and management studies. *Journal of Management Studies,* Oxford, v. 42, n. 8, p. 1621-1644, dez. 2005a.

_____. Doing the loco-motion: response to Contu and Willmott's commentary on "The realist turn in organization and management studies". *Journal of Management Studies,* Oxford, v. 42, n. 8, p. 1665-1673, dez. 2005b.

REPA, L. *A transformação da filosofia em Jürgen Habermas:* os papéis da reconstrução, interpretação e crítica. 2004. 294 p. Tese (doutorado em filosofia) – Faculdade de Filosofia, Letras e Ciências Humanas, Universidade de São Paulo, São Paulo, 2004.

RODRIGUES, S. B; CARRIERI, A. P. A tradição anglo-saxônica nos estudos organizacionais brasileiros. *Revista de Administração Contemporânea,* Curitiba, v. 5, n. esp., p. 81-102, 2001.

ROSA, A.; ALCADIPANI, R.; MEDEIROS, C. R. O. Por uma perspectiva pós--colonial nos estudos organizacionais. In: ENCONTRO DE ESTUDOS ORGANIZACIONAIS, 6., 2010, Florianópolis. *Anais...* Rio de Janeiro: Anpad, 2010. 1 CD-ROM.

ROSSATO NETO, F. J. Do mito fundador ao mito de Édipo: possíveis contribuições psicanalíticas. In: ENCONTRO NACIONAL DE PÓS-GRADUA-

ÇÃO EM ADMINISTRAÇÃO, 32., 2008, Rio de Janeiro. *Anais...* Rio de Janeiro: Anpad, 2008. 1 CD-ROM.

ROUANET, S. P. A epistemologia freudiana. *Revista Tempo Brasileiro*, Rio de Janeiro, n. 82, p. 27-80; jul. 1985.

_____. *Teoria crítica e psicanálise*. Rio de Janeiro: Tempo Brasileiro, 2001. 360 p.

_____. *Édipo e anjo*: itinerários freudianos em Walter Benjamin. Rio de Janeiro: Tempo Brasileiro, 2008. 174 p.

ROWLINSON, M.; HASSARD, J. How come the critters came to be teaching in business schools? Contradictions in the institutionalization of critical management studies. *Organization*, Londres, v. 18, n. 5, p. 673-689, set. 2011.

SANT'ANNA, A. S.; KILIMNIK, Z. M. Estudos organizacionais, relações sujeito-trabalho e discursos contemporâneos: o que teria a dizer a psicanálise em sua extensão? In: ENCONTRO DE ESTUDOS ORGANIZACIONAIS, 5., 2008, Belo Horizonte. *Anais...* Rio de Janeiro: Anpad, 2008. 1 CD-ROM.

SCHERER, A. G. Pluralism and incommensurability in strategic management and organization theory: a problem in search of a solution. *Organization*, Londres, v. 5, n. 2, p. 147-168, maio 1998.

_____; STEINMANN, H. Some remarks on the problem of incommensurability in organization studies. *Organization Studies*, Londres, v. 20, n. 3, p. 519-544, maio 1999.

SCHULTZ, M.; HATCH, M. J. Living within multiple paradigms: the case of paradigm interplay in organizational culture studies. *Academy of Management Review*, Nova York, v. 21, n. 2, p. 529-557, abr. 1996.

SEN, A. *A ideia de justiça*. São Paulo: Companhia das Letras, 2011. 492 p.

SERVA, M. O fenômeno das organizações substantivas. *Revista de Administração de Empresas*, São Paulo, v. 33, n. 2, p. 36-46, abr. 1993.

_____. Observação participante, etnografia e pesquisa em administração: desafios e possibilidades. In: ENCONTRO NACIONAL DE PÓS-GRADUAÇÃO EM ADMINISTRAÇÃO, 26., 2002, Salvador. *Anais...* Rio de Janeiro: Anpad, 2002. 1 CD-ROM.

SILVA, A. B.; ROMAN NETO, A. B. Perspectivas multiparadigmáticas nos estudos organizacionais. In: GODOI, C. K.; BANDEIRA DE MELO, R.; SILVA, A. B. (Org.). *Pesquisa qualitativa em estudos organizacionais*: paradigmas, estratégias e métodos. São Paulo: Atlas, 2006. p. 53-87.

SILVEIRA, R. Z.; FISHER, C.; OLIVIER, M. A fenomenologia como método de pesquisa: uma análise a partir dos trabalhos publicados nos principais eventos e revistas nacionais em administração – 1997 a 2008. In: ENCONTRO NACIONAL DE PÓS-GRADUAÇÃO EM ADMINISTRAÇÃO, 34., 2010, Rio de Janeiro. *Anais...* Rio de Janeiro: Anpad, 2010. 1 CD-ROM.

SILVERMAN, D. *The theory of organisations*: a sociological framework. Londres: Heinemann, 1970. 246 p.

SOMMERMAN, A. *Inter ou transdisciplinaridade?* São Paulo: Paulus, 2006. 75 p.

SOUZA, E. M. Pós-modernidade nos estudos organizacionais: equívocos, antagonismos e dilemas. *Cadernos Ebape*, Rio de Janeiro, v. 10, n. 2, p. 270-283, abr. 2012.

Referências

_____ et al. A analítica de Foucault e suas implicações nos estudos organizacionais sobre poder. *Organizações & Sociedade*, Salvador, v. 13, n. 36, p. 13-25, jan. 2006.

_____; SOUZA, S. P.; LEITE-DA-SILVA, A. R. O pós-estruturalismo e os ECG: da busca pela emancipação à constituição do sujeito. In: ENCONTRO NACIONAL DE PÓS-GRADUAÇÃO EM ADMINISTRAÇÃO, 35., 2011, Rio de Janeiro. *Anais...* Rio de Janeiro: Anpad, 2011. 1 CD-ROM.

SOUZA, M. M. P. *O teatro como forma de se colocar no mundo*: a formação de identidades nos grupos galpões. 2010. 242 p. Dissertação (mestrado em administração) – Faculdade de Ciências Econômicas, Universidade Federal de Minas Gerais, Belo Horizonte, 2010.

SPENDER, J. C. Pluralist epistemology and the knowledge-based theory of the firm. *Organization*, Londres, v. 5, n. 2, p. 233-256, maio 1998.

STEFFY, B.; GRIMMES, A. A critical theory of organization science. *Academy of Management Review*, Nova York, v. 11, n. 2, p. 322-336, abr. 1986.

STOOKEY, S. The future of critical management studies: populism and elitism. *Organization*, Londres, v. 15, n. 6, p. 922-924, nov. 2008.

TADAJEWSKI, M. The debate that won't die? Values incommensurability, antagonism and theory choice. *Organization*, Londres, v. 16, n. 4, p. 467-485, jul. 2009.

TENÓRIO, F. G. Tem razão a administração? *Revista de Administração Pública*, Rio de Janeiro, v. 24, n. 2, p. 5-9, mar. 1990.

_____. Superando a ingenuidade: minha dívida a Guerreiro Ramos. *Revista Brasileira de Administração Pública*, Rio de Janeiro, v. 31, n. 5, p. 29-44, set. 1997.

THIÉTARTE, R.; FORGUES, B. Action, structure and chaos. *Organization Studies*, Londres, v. 18, n. 1, p. 119-143, jan. 1997.

THIOLLENT, M. *Metodologia da pesquisa-ação*. 18. ed. São Paulo: Cortez, 2011 [1985]. 136 p.

_____. *Pesquisa-ação nas organizações*. 2. ed. São Paulo: Atlas, 2009 [1997]. 165 p.

THIRY-CHERQUES, H. R. O primeiro estruturalismo: método de pesquisa para as ciências da gestão. *Revista de Administração Contemporânea*, Curitiba, v. 10, n. 2, p. 137-156, abr. 2006.

TOLBERT, P. S.; ZUCKER, L. G. A institucionalização da teoria institucional. In: CLEGG, S. et al. (Org.). *Handbook de estudos organizacionais*. São Paulo: Atlas, 1998 [1996]. p. 196-219. Volume 1: Modelos de análise e novas questões em estudos organizacionais.

TRAGTENBERG, M. *Burocracia e ideologia*. 2. ed. São Paulo: Unesp, 2006 [1974]. 288 p.

TSANG, E.; KWAN, K. M. Replication and theory development in organizational science: a critical realist perspective. *Academy of Management Review*, Nova York, v. 24, n. 4. p. 759-780, out. 1999.

TSOUKAS, H. Postmodernism, reflexive rationalism and organizational studies: a reply to Martin Parker. *Organization Studies*, Londres, v. 13, n. 4, p. 643-649, out. 1992.

_____; GARUD, R.; HARDY, C. Continuity and change for organization studies. *Organization Studies*, Londres, v. 24, n. 7, p. 1003-1014, set. 2003.

_____; KNUDSEN, C. (Ed.). *The Oxford handbook of organization theory*: meta-theoretical perspectives. Oxford: Oxford University Press, 2003. 666 p.

TURNER, B. A. Sociological aspects of symbolism. *Organization Studies*, Londres, v. 7, n. 2, p. 101-115, abr. 1986.

URRY, J. Thomas S. Kuhn as sociologist of knowledge. *British Journal of Sociology*, Londres, v. 24, n. 4, p. 462-473, dez. 1973.

ÜSDISKEN, B. Between contending perspectives and logics: organizational studies in Europe. *Organization Studies*, Londres, v. 31, n. 6, p. 715-735, jun. 2010.

VERGARA, S. C.; CALDAS, M. P. Paradigma interpretacionista: a busca da superação do objetivismo funcionalista nos anos 1980 e 1990. *Revista de Administração de Empresas*, São Paulo, v. 45, n. 4, p. 66-72, out. 2005.

_____; PINTO, M. C. S. Referências teóricas em análise organizacional: um estudo das nacionalidades dos autores referenciados na literatura brasileira. *Revista de Administração Contemporânea*, Curitiba, v. 5, n. esp., p. 103-121, 2001.

VIEIRA, M. M. F.; CALDAS, M. P. Teoria crítica e pós-modernismo: principais alternativas à hegemonia funcionalista. *Revista de Administração de Empresas*, São Paulo, v. 46, n. 1, p. 59-70, jan. 2006.

VIEIRA, P. F.; BOEIRA, S. L. Estudos organizacionais, dilemas paradigmáticos e abertura interdisciplinar. In: GODOI, C. K.; BANDEIRA DE MELO, R.; SILVA, A. B. (Org.). *Pesquisa qualitativa em estudos organizacionais*: paradigmas, estratégias e métodos. São Paulo: Atlas, 2006. p. 17-51.

VORONOV, M. Toward engaged critical management studies. *Organization*, Londres, v. 15, n. 6, p. 939-945, nov. 2008.

WATSON, T. Rhetoric, discourse and argument in organizational sense making: a reflexive tale. *Organization Studies*, Londres, v. 16, n. 5, p. 805-821, set. 1995.

_____. Ethnographic fiction science: making sense of managerial work and organizational research process with Caroline and Terry. *Organization*, Londres, v. 7, n. 3, p. 489-510, ago. 2000.

_____. Beyond managism: negotiated narratives and critical management education in practice. *British Journal of Management*, Londres, v. 12, n. 4, p. 385-396, dez. 2001.

_____. HRM and critical social science analysis. *Journal of Management Studies*, Oxford, v. 41, n. 3, p. 447-467, maio 2004.

_____. Review essay: the organization and disorganization of organization studies. *Journal of Management Studies*, Oxford, v. 43, n. 2, p. 367-382, mar. 2006.

WEAVER, G. R.; GIOIA, D. A. Paradigms lost: incommensurability vs. structurationist inquiry. *Organization Studies*, Londres, v. 15, n. 4, p. 565-590, jul. 1994.

WESTWOOD, R.; CLEGG, S. *Debating organization*: point-counterpoint in organization studies. Oxford: Blackwell, 2003a. 424 p.

_____; _____. Commentary: on being positivist and becoming constructivist. In: _____; _____. *Debating organization*: point-counterpoint in organization studies. Oxford: Blackwell, 2003b. p. 114-116.
WHITTINGTON, R. *Corporate strategies in recession and recovery*. Londres: Unwin Hyman, 1989. 150 p.
WILLMOTT, H. Breaking the paradigm mentality. *Organization Studies*, Londres, v. 14, n. 5, p. 681-719, set. 1993a.
_____. Paradigm gridlock: a reply. *Organization Studies*, Londres, v. 14, n. 5, p. 727-730, set. 1993b.
_____. From bravermania to achizophrenia: the dis(is/ec)cased condition of subjectivity in labour process theory. In: INTERNATIONAL LABOUR PROCESS CONFERENCE, 13., 1995, Blackpool. *Proceedings...* Blackpool: LPC, 1995. 1 CD-ROM.
_____. Theorizing contemporary control: some post-structuralist responses to some critical realist questions. *Organization*, Londres, v. 12, n. 5, p. 747-780, set. 2005.
_____. Critical management and global justice. *Organization*, Londres, v. 15, n. 6, p. 927-931, nov. 2008.
YBEMA, S. A. Duck-billed platypus in the theory and analysis of organization: combinations of consensus and dissensus. In: KOOT, W.; SABELIS, I.; YBEMA, S. (Ed.). *Contradictions in context*. Amsterdan: Vrije Universiteit, 1996. p. 39-61.
ZUCKER, L. G. Institutional theories of organizations. *Annual Review of Sociology*, Palo Alto, v. 13, p. 443-464, ago. 1987.
_____. The role of institutionalization in cultural persistence. In: POWELL, W. W.; DIMAGGIO, P. J. (Ed.). *The new institutionalism in organizational analysis*. Chicago: University of Chicago Press, 1991. p. 83-107.

Este livro foi produzido nas
oficinas da Imos Gráfica e Editora na
cidade do Rio de Janeiro